ジュリスト BOOKS

JURIST BOOKS

Professional

裁判官に聴く 民事裁判の 実際と要点

門口正人 編

JN193816

有斐閣

は じ め に

　民事裁判について，わかりにくいとか，使い勝手が悪いとか，裁判所の敷居が高いなどと相変わらず言われている。社会が透明性や公正性を強く求め，各分野において説明責任が問われているときに，裁判がこれらの声に耳を傾けないのは許されないであろう。裁判が権利保障の最後の砦としてその機能を十分発揮するためには，裁判が身近で使い勝手が良いものでなければならない。このことは平成13年の司法制度改革審議会意見書においても指摘されていた。また，最近では，民事裁判の一層の迅速化を図るために，裁判書類のウェブ提出などIT化と審理短縮に向けて議論が始められた。

　社会経済を振り返れば，人間関係が希薄になり軋轢を強め，あるいは価値観が多様化し，また，デジタライゼーションの発達などに伴い，解決困難な紛争が増加し，新規のあるいは複雑な問題が提起され，裁判において難しい判断を迫られることが多くなり，訴訟運営においても困難な場面が生じている。

　このような状況の下で，現在の裁判の実情とともに裁判所や当事者の取組みの状況，さらには今後の裁判運営の展望などについて，現役の裁判官に自由に語っていただき，その生の声を通じて，あるべき裁判あるいは適切な訴訟運営についてともに考えていくこととしたい。これが本書の企画である。

　座談会に登場していただいた裁判官の皆様には，日頃の事件処理にお忙しいにもかかわらず無理を言って出席をいただいた。あらためてお礼申し上げる。

　なお，各座談会の冒頭に，編者による各訴訟への「導き」を掲げたが，この部分は，あくまで座談に入りやすいように内容を展望したものにすぎないので，省略して，直ちに生の意見を読まれることも勧められる。

　本書が，裁判の運営あるいは訴訟の追行において参考にされ，ささやかなりとも現在の裁判をより充実したものとし，国民の利益にもなれば望外の喜びとする。

2019年11月

門口正人

目　次

細目次

凡例

■ 裁判例の表示

例／最大判昭和 61・6・11 民集 40 巻 4 号 872 頁

＊最高裁の法廷名は，大法廷判決（決定）についてのみ「最大判（決）」として表示し，
小法廷判決（決定）については単に「最判（決）」とする。

■ 法令名の略語

法令名の略語は，原則として有斐閣刊『六法全書』巻末掲載の「法令名略語」による。

■ その他の略語

民集 ………………… 最高裁判所民事判例集

集民 ………………… 最高裁判所裁判集民事

判時 ………………… 判例時報

判タ ………………… 判例タイムズ

金判 ………………… 金融・商事判例

労判 ………………… 労働判例

ジュリ ……………… ジュリスト

曹時 ………………… 法曹時報

編者・鼎談出席者紹介

編者

門口正人　　　MONGUCHI Masahito　　　弁護士・前名古屋高等裁判所長官
〔同前〕

鼎談出席者

No.01
通常訴訟

永谷典雄　　　NAGAYA Norio
東京地方裁判所民事第31部部総括判事
〔東京地方裁判所民事第20部部総括判事〕

谷口園恵　　　TANIGUCHI Sonoe
東京地方裁判所民事第6部部総括判事
〔東京高等裁判所第21民事部判事〕

No.02
建築訴訟

齋藤繁道　　　SAITO Shigemichi
東京地方裁判所民事第22部部総括判事

三輪方大　　　MIWA Masahiro
東京地方裁判所民事第22部判事
〔大阪地方裁判所第2民事部部総括判事〕

No.03
医療訴訟

渡部勇次　　　WATANABE Yuji
東京地方裁判所民事第30部部総括判事
〔水戸地方裁判所長〕

手嶋あさみ　　　TEJIMA Asami
東京地方裁判所民事第14部部総括判事
〔最高裁判所事務総局家庭局長〕

No.04
知的財産訴訟

東海林 保　　　SHOJI Tamotsu
東京地方裁判所民事第40部部総括判事
〔水戸家庭裁判所長〕

沖中康人　　　OKINAKA Yasuhito
東京地方裁判所民事第47部部総括判事
〔東京地方裁判所民事第16部兼第17部部総括判事〕

No.05
会社訴訟

大竹昭彦　　　OTAKE Akihiko
東京地方裁判所民事第8部部総括判事
〔仙台地方裁判所長〕

岩井直幸　　　IWAI Naoyuki
東京地方裁判所民事第8部判事
〔同前〕

No.06
行政訴訟

林 俊之　　　HAYASHI Toshiyuki
東京地方裁判所民事第2部部総括判事
〔東京地方裁判所民事第30部部総括判事〕

清水知恵子　　　SHIMIZU Chieko
東京地方裁判所民事第51部判事
〔同前〕

No.07
労働訴訟

江原健志　　　EBARA Kenji
東京地方裁判所民事第36部部総括判事
〔東京地方裁判所民事第8部部総括判事〕

西村康一郎　　　NISHIMURA Koichiro
東京地方裁判所民事第19部判事
〔同前〕

No.08
民事保全

小川直人　　　OGAWA Naoto
東京地方裁判所民事第9部判事
〔東京地方裁判所民事第23部判事〕

古谷健二郎　　　FURUYA Kenjiro
東京地方裁判所民事第9部判事
〔同前〕

No.09
控訴審

大段 亨　　　ODAN Toru
東京高等裁判所第10民事部部総括判事
〔同前〕

中西 茂　　　NAKANISHI Shigeru
東京高等裁判所第21民事部部総括判事
〔日本大学法科大学院教授〕

＊所属は収録時。〔 〕は現職。

通常訴訟

SPEAKERS

司会	門口正人	MONGUCHI Masahito
	永谷典雄	NAGAYA Norio
	谷口園恵	TANIGUCHI Sonoe

通常訴訟への導き

　民事裁判は，国民の負託にこたえるために，紛争を適切かつ迅速に解決する役割を果たさなければならない。その役割を果たすためには，第1に，裁判あるいは裁判所へのアクセスが簡便でなければならない。第2に，裁判にかかる費用と時間が納得のいくものでなければならない。第3に，裁判の仕組みがわかりやすいものでなければならない。第4に，裁判あるいは裁判手続が充実したものでなければならない。

　第1の司法アクセスに関しては，裁判所と弁護士あるいは弁護士会とは，協働して，あらゆる機会を捉えて，裁判，裁判所及び弁護士ほか裁判に関わる人々を身近なものとするための各種情報を提供することが望まれる。**第2**の裁判に要する費用については，手数料や必要印紙にとどまらず，弁護士の依頼に要する費用についても，できる限り明らかになるように説明をし，時間については，その必要度が納得されるために工程が見えるようにすることが求められる。**第3**の裁判のわかりやすさについては，裁判所あるいは弁護士会において，裁判過程について，いくつかの資料とともに，ホームページなどで明らかにするように努める必要がある。**第4**の裁判手続の充実は，裁判官が最も努力するところである。かつては，民事裁判は，五月雨式審理とか漂流型審理などと揶揄されることがあったが，司法制度改革で厳しく指摘され，集中証拠調べとともに，平成15年の民事訴訟法改正で計画審理について規定された。裁判官にあっては，争点整理段階から，積極的に関わり，必要に応じて心証を開示し，主張立証上の課題と審理の見通しについて当事者と認識を共有することが求められる。審理方式のみならず，組織の運営においても，日頃から，部の充実に努めることが必要である。

　当事者にあっては，**提訴前**に紛争の実情や背景を十分に把握し，当事者間で話合いなど交渉に努め，さらには，依頼者の言い分の裏付けや相手方から予想される反論，ひいては審理の見通しなどを検討しておく必要がある。その上で，民事訴訟法上のツールを利用して資料収集に努めることが求められる。**訴状の作成**について，請求を理由づける事実とそれに関連する事実を区別して記載し，重要な間接事実と証拠も示し，さらには，提訴前交渉の事情とそこで明らかになった争点も指摘しておくことが望ましい。紛争の実態を裁判所に的確に理解させるという意識が不可欠である。**準備書面**についても，同様に，主要事実とそれを裏付ける重要な間接事実を区別して記載し，主張の事実ごとに証拠を引用し，あわせて証拠説明書を提出す

ることを心がけるべきである。ここでも，裁判所の理解を求めるという意図が必要である。**争点等整理手続**においては，手続を充実させるために，積極的に釈明を求め，活発に議論をし，さらには暫定的な心証の開示を求め，進んで争点整理表や時系列表の作成を試みるなど裁判所と協働して，争点の整理に努めることが求められる。その過程において，依頼者との交渉を密にし，また，複数の弁護士が共同で受任している場合にあっては，意思統一を図っておく必要がある。**証拠の収集**について，調査嘱託や文書送付嘱託の申立てのほか当事者照会や文書提出命令の申立てを有効に活用するとともに，一方，事案解明に必要な証拠を所持する者の責務として提出義務があるという意識も失ってはならない。証拠の申出について，立証趣旨を的確に記載した証拠説明書の同時提出を怠ってはならない。**人証調べ**では，紛争の背景事情を陳述書に委ね，核になる部分を尋問で明らかにするなどの工夫が求められる。**最終準備書面**の作成においては，訴訟全体を振り返って，思い切って争点の部分に絞り込み，できる限り簡潔に主張を要約することが有益である。

―門口正人

はじめに——民事裁判の現況と課題

門口 民事裁判についてわかりにくいとか，裁判所の敷居が高いなどということが相変わらずいわれています。このような声は情報化社会といわれる背景があって，あるいは権利意識が高まっているという事情が与かっているのかもしれません。世の中が透明性とか公正性というようなことに敏感になってきたり，説明責任などということがいわれていることとも無縁ではないのかもしれません。裁判が権利保障の最後の砦としてその機能を十分発揮するためには，裁判が身近で使い勝手が良いものでなければならないことは申すまでもありません。このことについて平成 14 年の司法制度改革においても指摘されていたことはご案内のとおりです。

　一方，平成 8 年の民事訴訟法改正にあたって，民事手続を活性化しようという動きが法曹界の中にうねりのようにあったわけですが，最近ではそういう熱気が失われたのではないかということも法曹関係者の中では 1 つの声としてあります。さらに，懸念されることとして，民事手続の基本的なことすら，若い法曹には伝承されていないのではないかと危惧されるという指摘もあります。

　このようなことから，この機会に裁判の現状を紹介して，その問題点が浮き彫りになれば，裁判がわかりやすく，かつ，見えるものとなって，ひいては使い勝手の良いものになるのではないかということで，今回の企画が立ち上がることとなりました。

　今述べたような問題意識から，裁判の現状について，裁判を担っておられる現役の裁判官にお話しいただくのが最も有効であろうと考えた次第です。まずは通常訴訟から始めまして，続いて各種専門訴訟のお話を伺っていきたいと思います。

事件の概況と事件処理態勢

門口 本日は通常訴訟についてお話を伺いたいと思い，東京地裁の永谷典雄裁判官と谷口園恵裁判官にお越しいただきました。永谷裁判官は，平成元年に任官され，大阪地裁，新潟地裁，福島家地裁白河支部，法務省訟務局，東

京高裁等を経て，平成26年10月から東京地裁で勤務されています。谷口裁判官は，平成元年に任官され，東京地裁，最高裁民事局，福岡地裁，神戸地裁，法務省民事局，京都地裁，最高裁調査官等を経て，平成26年3月から東京地裁で勤務されています。

　お2人とも大変お忙しいところをありがとうございます。申し遅れましたが，私は，平成22年まで裁判所に奉職していた者で，在職中は主に民事裁判を担当していましたが，現在は弁護士として，あるいは企業などに関わりある者として，裁判所の外から民事裁判を見ている者です。本日は，法壇の上からと下からの目線で民事裁判の全般について伺ってまいりたいと思います。

　お2人とも現在裁判に携わっていらっしゃる方ですから，お話しをされるにはいろいろ差し障りのあることもおありでしょうが，よろしくお願いします。もちろん，本日の企画の趣旨から申し上げても，決して裁判所としてのご意見を伺うわけではありませんで，個人的なお考えをお話しいただければと思っております。

I. 通常訴訟の動向

門口　最初に事件の概況をご紹介くださいますか。

永谷　東京地裁の永谷です。全国の地方裁判所に提起された民事通常訴訟の新受件数ですが，平成12年以降，**図1**のとおり推移しています。東京地裁には全国の2割強の事件が毎年提起されています。

　平成19年以降，貸金業者に対する，いわゆる過払金返還訴訟が多数提起されて新受件数が急増し，平成21年にピークを迎えました。その後は減少に転じており，平成25年以降の新受件数は平成18年当時の水準に戻っています。過払金返還訴訟は，全国的には大幅に減少していますが，なくなってしまったわけではなく，東京地裁では平成27年にはむしろ増加傾向も見られ，手持ちの概算ですが，単独係に係属する新件のうち，いまだ2割ぐらいは過払金返還訴訟が占めているように思います。中には全国各地に居住される方々が，この訴えをまとめて本店のある東京で提訴するという例も見られます。

　過払金返還訴訟は全国的には減少傾向にありますが，それ以外の訴訟にお

図1 | 新受件数の動向

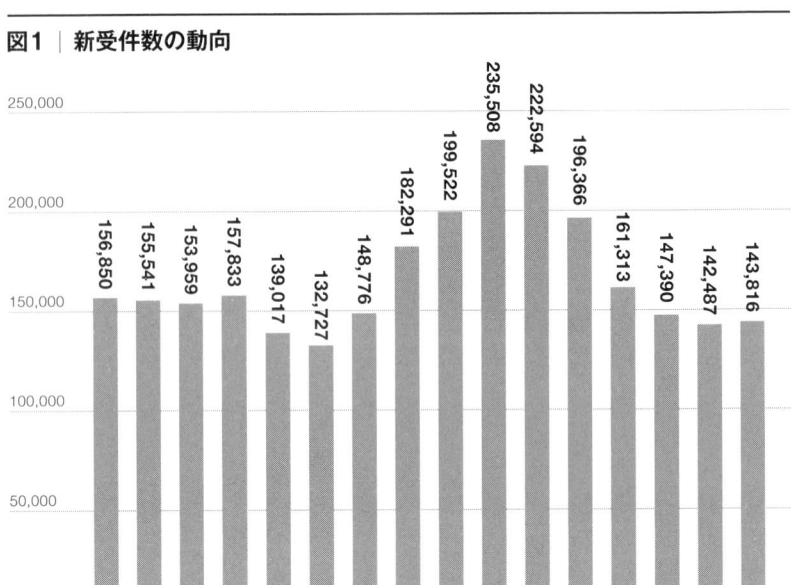

出典：司法統計第4表「民事・行政事件数―事件の種類及び新受,既済,未済―全地方裁判所及び地方裁判所別」。

いて複雑困難な訴訟が増えているというのが実感であり，価値観の多様化に伴って判断の困難さが増しています。

▶審理期間・長期係属事件

門口 審理期間とか長期係属事件の状況はいかがでしょうか。

永谷 地方裁判所に提起された民事通常訴訟の審理期間ですが，最高裁がいわゆる迅速化法（裁判の迅速化に関する法律）に基づく調査をしています（裁判の迅速化に係る検証に関する報告書〔以下「迅速化報告書」〕）。**図2**をご覧いただきますと，平成16年の既済事件の平均審理期間は8.3カ月でした。これは，昭和53年，随分前の話ですが，その当時と比べて40％強短縮したとされています[1]。急増した過払金返還訴訟の影響を除いた検討では，その後の平均審理期間は横ばいで推移していました。しかし，平成23年以降は長期化傾向が若干見られ，平成26年は9.2カ月まで伸び，平成27年も同様の

図2 │ 平均審理期間の推移

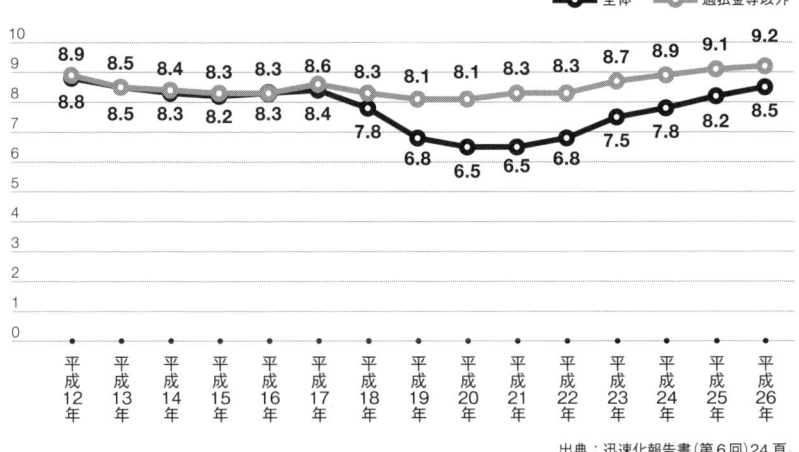

出典：迅速化報告書（第6回）24頁。

傾向が続いています。

　対席判決で終局した事件に限った場合の平均審理期間を見ても，**図3**のとおり，若干長期化傾向が見られます。

　長期係属事件の動向を見ますと，**図4**のとおり，毎年12月末時点における係属期間が2年を超える未済事件の件数，審理期間が2年を超えた既済事件の件数は，平成20年以降，いずれも増加傾向にあります。平成27年12月末時点における未済事件の件数は9万9911件でした。そのうち，平均審理期間2年を超える事件は7671件で，その割合は7.7%となっています[2]。

▶複雑困難な訴訟

門口　先ほど複雑困難な訴訟が増加しているとのご指摘がありましたが，事件の質に変化があるのかどうかという点を伺います。平成27年の迅速化報告書にも，質的に困難な事件類型が増加しているという指摘があったようで

1）迅速化報告書（第1回）53頁。
2）司法統計（平成27年）第4表「民事・行政事件数—事件の種類及び新受，既済，未済—全地方裁判所及び地方裁判所別」，第17表「第一審通常訴訟未済事件数—審理期間別—全地方裁判所」。

図3 | 平均審理期間の推移 (対席判決で終局)

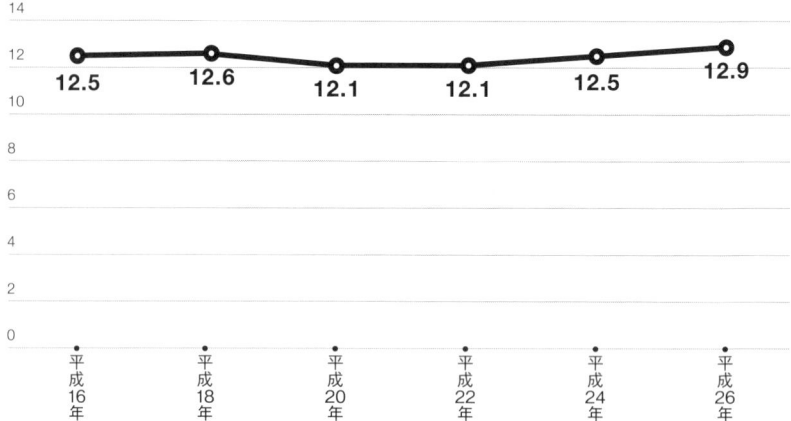

出典：迅速化報告書(第1回)19頁, 同(第2回)16頁, 同(第3回)30頁, 同(第4回)30頁, 同(第5回)30頁, 同(第6回)29頁。

すが3), 実感はいかがですか。

谷口 東京地裁の谷口です。東京でも，対席事件の多くを占めるのは遺産関係，不動産関係，金融取引関係，請負・業務委託関係等のごく一般的な事件ですが，その中でも，前提となる商品構造の理解自体が容易でないデリバティブ等の新しい金融商品取引に関する事件や，仕様に係る合意内容，実際に行われた作業内容等の把握に骨が折れるソフトウェア開発に関する事件の困難さが目につきます。また，遺産関係の事件も，親族間の深刻な感情的対立にも影響されて紛争が長期化する傾向にあり，解決困難な事件類型の1つとなっています。

事件類型としてはごく一般的といえる事件でも，関係者が多数だったり，契約関係が多面的だったり，財産・取引・不法行為等の個数が多かったり，法律構成や論点設定が多岐にわたっていたりして，1件あたりの判断事項の増大化傾向が見られるように思います。その分，審理も判決書も長くなりがちです。

---

3) 迅速化報告書（第6回）70頁等。

図4 | 長期係属事件の動向（係属期間が2年超）

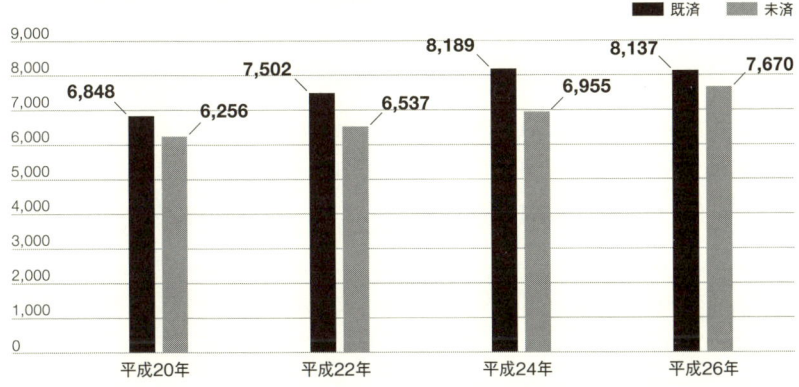

出典：迅速化報告書（第6回）26頁, 28頁。

　これに加えて，争われている問題に適用すべき法的規範が確立しておらず，前提とする規範をどのように設定するかによって結論が分かれうるという意味で価値観が問われる問題について，判断を求められることが増えていると感じます。東京地裁の事件ではありませんが，認知症罹患者の線路内立入りにより生じた事故につき妻または長男が損害賠償責任を負うかが問われた最判平成28・3・1民集70巻3号681頁は，その一例に挙げられます。

II. 事件処理態勢

門口　ご指摘のソフトウェア開発の事件やデリバティブの事件等に関しては，後ほど訴訟運営についてお伺いすることになるかと思いますが，価値観が対立する事件や新規の訴訟などが増えているというご指摘のような事情を背景として，事件の処理の態勢等で変わったことはあるのでしょうか。

永谷　東京地裁の民事通常部では，平成22年4月から新たな合議態勢の下で事件処理を行うという取組みを始めています[4]。これは合議体による民事通常事件の処理を拡充し，合議自体をこれまで以上に充実，活性化させて，民事裁判手続の利用者に対して質の高い紛争解決を迅速に提供することを目

4）齋藤繁道「東京地方裁判所民事通常部における新たな合議態勢への取組について」判タ1411号（2015年）5頁。

的とするものです。

　具体的には，単独事件における裁判長の負担を 2 係から 1 係に減らして，その分，合議事件の数を増やし，裁判長がより一層積極的に合議事件の審理に関わることができるようにしました。また，右陪席を 1 カ部あたり 2 人または 3 人配置して，右陪席主任事件の合議事件も増やしました。これを「新合議態勢」と我々は呼んでいますが，この態勢の部は毎年順次拡充され，平成 27 年 4 月に東京地裁の民事通常部のすべての部がこの態勢に移行しました。

門口　新合議態勢の目的は，事件の迅速処理あるいは活性化のどちらに力点があるのですか，あるいは両方を求めておられるのですか。その成果についての実感はいかがでしょう。

永谷　合議事件は，世代や経験年数を異にする 3 人の裁判官が審理判断に加わるものであり，事件について多角的・多面的な検討が期待できるものですから，新合議態勢の下で，裁判所は，より質の高い裁判を実現できると考えています。また，審理が充実することによって，事件をより早く解明することができ，複雑困難な事件においては，審理期間の短縮にも資するものと考えています[5]。

　この新合議態勢の下では，裁判長は，その仕事の 6 〜 7 割は合議事件の処理に充てることができ，複雑困難な事件についてより充実した審理ができるようになったといわれています。また，右陪席からは，審理判断に悩んでいる事件を合議事件にしやすくなり，合議を通じて事件解決のための糸口を見出すことができたとの声も聞かれ，左陪席からは，合議の内容がより一層充実し，事案の理解が深まったという声も聞かれています。

門口　ただいまご指摘されたことは，東京地裁に限らず，全国的にもそのような傾向があるのでしょうか。

永谷　大中規模庁を中心に少しずつこの態勢が広がっていると聞いています。

門口　平成 27 年度の長官・所長会同の最高裁判所長官の挨拶でも，裁判所における「部」の役割の意義に触れられたようですが，裁判部の機能につい

5）迅速化報告書（第 6 回）104 頁参照。

て，何か変化がありますか。

永谷　裁判所には裁判官，書記官，事務官から構成される「部」という組織があります。部ごとに合議体を構成していますが，民事訴訟の複雑困難化に対応した質の高い審理判断を実現するために，改めて，この「部」という単位に世代や経験年数を異にする裁判官が所属して事件処理を行っているという意味を問い直し，「部」の機能を活性化し，合議体による事件処理を充実させるべきという議論が広がっています。新合議態勢というのはその先駆けとなる取組みです。

　職権行使の独立性の建前から，かつては，ほかの裁判官が，どのような単独事件を扱っているか関心を持つことも少ないという実情もなくはなかったのですが，最近では，そういった単独事件の処理についても，合議相当事件は合議にしなければいけないわけですから，部内で情報が共有され，事件処理をめぐって意見交換が活発に行われるようになっています。そして，こうした意見交換は，自分の事件処理のあり方を顧みる契機になっているといわれています。

Ⅲ. 合議事件と単独事件

門口　ただいまのお話を踏まえてお伺いしますが，合議事件と単独事件の振り分けはどのようにされているのでしょうか。何か基準のようなものがあるのですか。

永谷　新合議態勢を意義のあるものにするためには，合議相当事件は漏れなく合議事件にする必要がありますから，合議事件と単独事件の振り分けは重要な問題と認識されています。部ごとに付合議基準を定めていることが多く，例えば，国家賠償訴訟，名誉毀損訴訟，労災訴訟，あるいは社会的耳目を集めたり，社会的な波及効のある，例えば介護に関わる損害賠償訴訟，新たな法律問題を含むような訴訟，多数当事者訴訟といった訴訟は，部に係属した当初から，付合議基準に従って合議事件とされることが一般的です。部によっては，左陪席や裁判長が部に配てんされた新件の訴状の内容を広く確認して，合議事件にすべきかどうかを個別的に協議することもあります。

　また，単独事件として進行していく過程で，事実認定や法律問題の判断が困難であり多角的視点からの検討が必要と考えられた場合には，部内で協議

して合議事件とされることもあります。新合議態勢を意義のあるものにするために，部に係属している単独事件の情報は部内で共有される必要がありますので，各部において定期的に，各単独係でこんな事件をやっていますという情報交換をする場——我々はこれを「棚卸し」と言っていますが，——を持つなどして，合議に付されるべき事件を選別しています。

　そして，右陪席の単独事件ですと，そのままその右陪席に当該事件の主任裁判官を務めてもらうということもありまして，東京地裁の新合議態勢では，そのような動きが広がっています。

門口　先ほど谷口さんからもご指摘がありましたが，価値観の対立する事件とか，あるいは新規の法律問題がある事件などについては，やはり多角的な議論をする場があるほうがいいのでしょうね。

谷口　おっしゃるとおりだと思います。私の部でも，新件が来たときには，まず，左陪席と裁判長が訴状にざっと目を通して，考え方が定着しているとはいえない事柄が問題となっている事案については，訴額にかかわらず合議事件にして，みんなで考えようという態勢をとるようにしています。

　また，そういう態勢をとることで，自分の単独事件として審理している事件の背景にある問題に個々の裁判官が気づく契機となり，「これはみんなで議論してみたほうがよい事件ではないか」という声が上がりやすくなっているのではないかと思います。

門口　かつてフランスの最高裁判所調査官制度について伺ったときに，調査官に「老壮青」を配置して，異なる世代で意見を闘わせて，価値対立型事件に対処していると説明を受けたことを思い出しましたが，まさに合議体も同様の配慮がされているということでしょうか。

永谷　おっしゃるとおり，日本の裁判所においても，世代や経験年数を異にする裁判官が様々な視点から意見交換をして合議体としての心証を形成しているということができます。また，新合議態勢の下では，部にはもう1人か2人の右陪席がおりまして，意見や経験を話してくれることがあり，それによって議論をより深めることができるということもあります。

谷口　今は，他職経験なども進んでいて，4，5人が同じ部屋にいますと，「私は立法作業をやったことがある」，「私は金融機関に一時身を置いたことがある」，「私は直前は刑事事件を担当していた」というように経歴は多様で

すし，専門部も増えてきておりますから，「自分はこんな専門部にいたことがある」という方も増えており，同僚と議論することで自分が念頭に置いていなかった問題点に気づくことは多くなっていると思います。

Ⅳ. 司法アクセス

門口 それはいいことですね。話題を変えて，司法へのアクセスに関して伺います。先の司法制度改革において，裁判を使い勝手の良いものにすることが強く求められ，そのため裁判所の敷居を低くするための配慮をすべきではないのかという指摘があったかと思います。今なお，一部の方から，例えば平成 25 年の「民事司法を利用しやすくする懇談会」などから，まだまだ司法アクセスが十全ではないのではないか，裁判が身近ではないのではないかと批判もされています。裁判所から見て，このような指摘について，何か感じられることはありますか。

谷口 弁護士数が急増する前と比べると，事実関係に争いがなく，支払方法についての和解の可否のみが問題となるような事件であっても，被告が法律相談等を経て弁護士を選任する例が増えていると感じます。また，原告・被告のいずれについても，当初は本人訴訟であった事件で，続行中に弁護士が選任されることや，いったん選任された弁護士が辞任した後にほかの弁護士が選任されることが増えています。顧問弁護士や弁護士の知り合いを持たない人でも，事件に遭遇したときには弁護士に相談することができるという意味でのアクセスの拡充は，確実に進んでいるように思います。裁判所の側でも，被告に対し訴状を送達するときに同封する注意書に，弁護士会の法律相談センターや法テラスの電話番号・受付時間を具体的に記載するなどの配慮をしています。

　平成 27 年の迅速化報告書[6]では，双方に代理人が選任された民事第 1 審訴訟（過払金等以外）の割合は，平成 22 年に 40.1％であったのが，平成 26 年には 48.7％となり，8.6％増えたという数字が紹介されています。一方，同報告書では，双方本人の民事第 1 審訴訟（過払金等以外）がなお 14.2％あ

---

6) 迅速化報告書（第 6 回）32 頁。

ることも紹介されていますが，弁護士に相談はしたものの，結局，本人訴訟を選択している例もあり，必ずしも「本人訴訟の存在＝司法へのアクセスの困難性」というわけではないように思います。

　そのような例のうちには，弁護士を選任したほうがよいと思いながら，費用との兼ね合いで本人訴訟を選択するケースもあるでしょうが，インターネットやマニュアル本での情報入手が比較的簡単になっていることから，この程度の問題は自分で主張立証すれば足りると判断してやっておられるケース，弁護士から示された見通しや処理方針が自らの意向に沿うものではなかったというケースなどもあるようです。

門口　本人訴訟ゆえの訴訟運営の難しさについては，いかがですか。

谷口　本人訴訟の審理にあたっては，主張立証の提出を促す際にその意味や方法を平易に説明するようにしたり，答弁書や証拠説明書の書式例を用意したりして，手続教示に努めていますし，本人訴訟であるか否かにかかわらず，記録に表れた事実関係からすれば当然に想定される主張立証が出ていない場合には，その点につき指摘して主張立証を促すことはありますが，相手方当事者との関係で公平性を欠くような助言をすることはできませんので，本人に対し，自分の言い分を代弁してもらうには弁護士を選任する必要があることを説明して，法律相談の窓口を紹介するようにしています。

門口　私も，かつて，医療訴訟で本人から控訴が申し立てられた事件を担当したことがありましたが，医療に関する専門的な部分に争点があって，当事者に釈明を求めることも叶わずに困ったことがありました。相手方を説得して相当額の和解金による和解に応諾してもらったのですが，これも受け入れられませんでした。裁判所は公平を第一としていますから，釈明するとしても，一方にのみ力を貸すことは避けなければなりません。釈明義務との関係でも，実務上は，なかなか難しい場面がありますね。

永谷　私も，本人が提出した準備書面に基づいてその趣旨を忖度して主張内容を確認し，整理することはありますが，そのようなものもない中で，どうすればよいかと尋ねられた場合には，弁護士の選任を勧めるようにしています。

訴訟手続

I. 訴え提起前の準備

門口　ここからは訴訟の流れに沿ってお話を進めてまいりたいと思います。まず，訴訟前の準備などについて何かお気づきの点があればお伺いしたいと思います。この点も司法制度改革で訴訟前の準備の充実化について指摘があり，平成15年には提訴前の証拠収集手続の拡充などの法改正もあったわけですが，提訴前の当事者間の交渉などについて，感じられることなどを教えていただけますか。

谷口　当事者双方の顧問弁護士の間で充実した提訴前の交渉が行われて，合意に至れる問題点については合意により先に解決した上で，見解対立を解消することができなかった問題点に絞って提訴がされている例も確かにあります。企業間の継続的取引に関する事件や，資産家の遺産に関する事件などでしばしば見られます。

　このような事件では，紛争の背景や合意による解決の障害となっている問題点を双方の代理人がよくおわかりですので，審理の見通しも立てやすく，的確かつ迅速な審理を行いやすいといえます。

　一方，提訴前には内容証明郵便の発出も含め，一切の交渉をしていないという例もあり，残念ながら最近はこのような例が増えているように見受けられます。東京地裁では，訴状提出時に併せて提出していただくようお願いしている「進行に関する照会回答書」の提出がない事件が多いように思われまして，そもそも提訴前にどういう交渉がされているのかという情報自体が乏しいのですが，被告不出頭の第1回口頭弁論期日に，次回期日の入れ方を決める過程で，原告代理人に提訴前の交渉について確認すると，「弁護士受任後には相手方と一切接触はありません」という回答が少なからずあります。

　このような事件では，原告代理人が自分の依頼者からも紛争の実情について踏み込んだ事情聴取をされていないことが多く，審理の見通しが立ちませんので，第1回期日は，とりあえず1カ月後に被告の実質答弁の提出期限を定めて，次回期日を指定するだけで終わり，第2回期日に被告の答弁がひととおり出た段階で，原告代理人にどの点が争いになる見通しかを尋ねても，「当事者に確認して，次回に」と言われるだけで，最初の2期日とも実質

な議論がされずに終わることになってしまいがちです。

門口 重ねてお伺いしますが，今おっしゃったようなネガティブな現象の原因はどこにあるのでしょうか。

谷口 一因として，先ほどの司法へのアクセスの拡充と表裏の面がありますが，依頼者と弁護士の関係の希薄化があるのは否めないと思います。顧問弁護士でも，前からの知り合いでもない弁護士が，ネット検索をして電話をかけてきた初対面の当事者から依頼を受けたような場合には，背後にある人間関係や依頼者の人間性がわかりませんので，受任直後には，依頼者の言い分にどの程度の裏付けがあるのか，予想される相手方の反論はどのようなものか，どのような背景の下でこの紛争が生じたのかといった点にまで踏み込んだ事情聴取は行われにくく，とりあえず提訴して相手方の答弁を見てから，相手方の主張に対する依頼者の言い分を段階的に聞いていくという形になりやすいのではないかと思います。

　しかし，訴訟において事案に即した適切な解決が図られるためには，紛争の背景も含めた実情について的確に裁判所に理解させることが不可欠である場合が多いはずであり，代理人となられる弁護士が個別の請求に係る訴訟追行のみを受任した場合であっても，より広い事情聴取，資料収集に努めていただくことが望ましいのではないかと思います。

Ⅱ. 訴状のあり方

門口 続いて，裁判所との最初の関わりとして訴状の提出があるわけですが，訴状のあり方などについてお話を進めたいと思います。争点の早期確定の要請から，訴状の段階でできるだけ争点が明示されるように努力をしていこうという動きがあったように思いますが，訴状について，現状とともに，現状を踏まえた感想をお伺いします。

永谷 ご案内のとおり，民事訴訟規則で訴状や答弁書の内容は決められており，これに従った理想的な訴状というのもお見受けします。こういう訴状では，請求を理由づける事実についての主張と，当該事実に関連する事実についての主張とが截然と区別され，請求を理由づける事実については附帯請求も含めて訴訟物がしっかり明示されており，要件事実的にも整理されています。請求を理由づける事実に関連する事実については，重要な間接事実が整

理して主張され，これを裏付ける証拠も引用されています。また，提訴前交渉に基づいて明らかになった争点も，予想される争点として指摘されています。

　こういう訴状が提出された事件では，往々にして，提出される答弁書も規則に従って，訴状に記載された事実の認否や被告の主張が整理されており，裁判所としても，第1回口頭弁論期日から疑問点を尋ねるなどして議論を深めることができ，ひいては，適正かつ迅速な審理を実現することができると思います。

　しかし，現実にはこのような理想的な訴状を見かけることはそんなに多くはなく，主要事実しか書かれておらず，どこに争点があるかわからないような訴状，逆に主要事実を明確にしないで，事実経過を長々と書き続けて，結局，何が訴訟物かもよくわからない訴状が散見されます。

　これではなかなか争点も定まらず，訴訟が遅延することになります。少なくとも提訴する側には十分な準備期間が通常はあるはずですので，法律の趣旨を踏まえた訴状の作成を期待したいと思っています。

　答弁書については，受任後まもない事例であればやむを得ない面もあるのですが，請求棄却の答弁のみを書いて，認否も主張もない，いわゆる3行答弁のものがかなりあります。しかし，裁判所としてはこれを当然のこととは思っておらず，答弁書において認否や被告の主張が出されることを期待しています。たとえ書面が間に合わなくても，第1回口頭弁論期日にはぜひ出頭していただいて，争点の所在や今後の予定を口頭でも説明してほしいと思っています。

門口　続いて，訴状審査について伺います。書記官による審査などを通じて，事前に釈明的な審査など実質的な作業をかなりしていると聞きますが，その辺の実情はいかがですか。

永谷　最近問題になっている点を申し上げたいのですが，この頃はインターネットを利用して原告となる方を募集し，その数が数万人にもなるという事案が見られるようになっています。そのこと自体は問題ではないのですが，そうした事案において，訴状における原告の氏名，住所等が不正確で委任状の記載とも一致しない例があったと聞いています。このような場合，裁判所において，数万人の原告について1人ひとり確認作業をすることになるわけ

ですが，提出された委任状，戸籍謄本が，訴状の原告の順番に整理されていないということもあって，照合に困難を来したそうです。そして，その点を裁判所から指摘しても，原告と連絡がとれないということで，補正が速やかにできなかったとも聞いています。迅速な審理の実現のためにも，提訴時における十分な確認をお願いできればと思っています。

Ⅲ. 準備書面のあり方

門口 先ほど答弁書に触れられましたが，最近，若い弁護士から，準備書面にどの程度書いたらいいのかわからないとか，相手方の主張に反論をしているとどうしても準備書面の記載が長くなるが，長くてもいいのか，などの質問を多く受けます。そこで，まず最近の準備書面の現状をご紹介いただいて，後ほど問題のご指摘をいただきたいと思います。

谷口 訴状についてのご指摘と重なるところがあるのですが，事実関係や意見・評価が長々と記載されているけれども，それが請求を理由づける上でいかなる意味を持つのかが明確でない準備書面が少なからずあります。

例えば，被告から受けたハラスメントについて，不法行為に基づく損害賠償請求をするという事案で，数十頁にわたり原告の体験事実が記載されているけれども，その中には被告以外の者の言動や損害発生後の出来事も混然と記載されていて，どの部分が不法行為にあたる事実であると主張するのか不明であるといったものです。

一方，事実関係がごく概略的にしか記載されておらず，背景事情が全くわからないというだけでなく，主要事実についても，生の事実としてどのような行為があったのかが明らかでないものも見受けられますが，これも困ります。

例えば，準備書面には「平成27年3月頃に解除した」とだけ記載されていて，書面を出したという趣旨か，口頭で言ったという趣旨か，態度から黙示の解除があったという趣旨かわからないので，相手方としても，いつ，いかなる行為をもって解除の意思表示をしたと言っているのか特定できず，反論のしようがないといったものです。

主張の法的位置づけを明示した上で，主要事実については，主張事実の行為者・対象者・行為時点・行為態様等を具体的に明らかにして，網羅的に主

張し，それと区別して紛争実態の理解に資するような関連事情を時系列に沿って説明し，自己の主張を裏付ける間接事実については，重要な柱立てがわかるように整理して指摘し，自己の主張に沿う証拠があれば，それを主張事実ごとに引用し，引用証拠及び証拠説明書を同時に提出するという基本的ルール（民訴規79条～81条参照）が遵守されていれば，長文であること自体が問題というわけではないと思います。ただし，反論に対する再反論の形で同旨の主張を繰り返して，準備書面がいたずらに大部となることは有益ではありませんし，20頁を超えるような大部の準備書面には，冒頭に目次や要旨を付けていただくのが適切であると思います。

門口 準備書面の記載内容については，法律や規則に規定があって，我々は法科大学院でも十分に教えていて，司法研修所でも指導していると思うのですが，それにもかかわらずご指摘のような準備書面が提出されるというのは，1つには依頼者との関係があるのでしょうが，そのほかにその原因についてお気づきのことはありますか。

谷口 1つには，司法研修所を出た後，先輩弁護士から実際の訴訟活動について実践的な指導を受けることがないまま，弁護士活動を始められる例が増えており，教育課程で習ったことを具体的事件にあてはめたとき，実際に何をどの程度書けばよいのかについて，具体的なイメージをお持ちでないという問題がありそうです。

永谷 必ずしも若手ではなく経験のある先生におかれましても，こういう書面をお見受けすることがあります。その原因の1つには準備不足というところもあるのではないかと思っています。

門口 常々申しているのですが，準備書面なり訴訟行為について，裁判所に眼が向いていない部分があるのではないかと思うのですが，いかがでしょうか。当事者間での応酬に気をとられすぎて，裁判所にいかに理解してもらおうとか，裁判所を説得しようとかいうような意図が希薄になって，依頼者の言うがままに主張を重ねたり，あるいは関連事実を主要事実と区別せずにのべつ記述するということもあるのではないでしょうか。

谷口 確かに，裁判官の心証を自分の側に寄せるためにどういった主張立証が効果的かということよりも，個々の書面の作成場面限りでの当事者の満足度——それは結果に結びつく保証がない満足度になってしまうのですが，

——を高める方向に意識が向いているように感じられることがあります。

門口 先ほど谷口さんがご指摘の証拠説明書については，後ほど証拠調べのところでまた触れることになるでしょうが，準備書面の関係で残された問題として，提出期限が守られないということが前々からいわれていますが，いかがですか。

谷口 いまだ遵守されないという嘆きの声は多いです。提出者に準備に要する時間を聞いた上で，それを尊重して期限を定めているにもかかわらず，不遵守は後を絶ちません。ちなみに，期限が遵守されるかどうかは，内容や状況によるというよりも，人によるという印象を受けています。

　期日の1週間前程度を提出期限と定めている裁判官が多いようですが，期限までに提出される例は半分にも満たないということは多くの裁判官がいわれるところです。ただし，私の手持ち事件で概算してみますと，期日の1，2日前までには8割程度が提出されているのではないかと思います。提出期限が過ぎてからあわてて作成して，期日までには何とか提出を間に合わせている弁護士が相当数おられるのが実情と思われます。

　そういう形で提出された準備書面は，証拠の引用が全くなかったり，引用証拠の同時提出がなかったりしがちで，後日証拠と突き合わせたところ，主張の訂正や撤回を要することになる頻度が上がってしまいます。裁判所や相手方の準備のためにはもちろんですが，自分のためにも，準備書面は提出期限内に時間的余裕を持って行っていただくことが有益であると思います。

門口 いわゆる時機に後れた攻撃防御方法の却下とか，あるいは何らかの制裁的措置などの運用はいかがでしょうか。

永谷 時機に後れたとされる主張立証がその訴訟の帰すうを決める重要なものである場合には，これを却下することに躊躇することもありますが，民事訴訟法の要件に照らして却下すべきものについては，適正に対応すべきであると考えており，自身の経験でも，却下したことがあるほか，訴訟の終局段階において突然に新たな主張立証の追加予定を告げられた場合には，これを控えるように求めることもあります。

Ⅳ. 計画審理・集中審理

門口 それでは，審理全体に関して，計画審理あるいは集中審理の状況につ

いて伺います。これについても，司法制度改革で指摘があって，平成15年の法改正で規定されたのですが，まず実務の概括的な状況をお知らせいただけますか。

永谷　争点整理がある程度進んだ段階において，判決を言い渡す時期を何月頃にするかということを決めたり，そこから逆算して弁論準備手続を終結する期日，人証調べを行う期日を決めて，そこに至る複数の期日を一括して指定したりするということはよくあることであり，そういう取扱いは定着していると思います。

　過去に計画審理の工夫例の1つとして，弁論期日を1回，弁論準備期日を2，3回で終わらせ集中証拠調べをして判決に至ることを目指す「ファスト・トラック」という審理方法を行う実例が紹介されたことがありましたが，現在このような名称を使った工夫例が全国の裁判所に広く定着しているという話は承知しておりません。当事者に迅速な審理を意識させるという意味では有効とも思われるのですが，当事者としては，それで主張立証が尽くせるのかという不安もあるようでして，どちらか一方の当事者がそれを望んでも，他方の当事者が反対してコンセンサスが得られないということも多いのではないか，とも思います。もう少し，個別の事案に即した柔軟な対応が期待されているようにも思います。

　しかし一方で，事件の性質上，審理期間が長くなってしまうと訴訟を提起した意味がなくなってしまう類型というのは少なからずあると思います。若干特殊な事例になるのかもしれませんが，例えば任期があって，それを過ぎてしまうと訴えの利益が失われるような地位確認の訴えとか，あるいは通常訴訟ではありませんが知財関係の訴訟とか，企業間の訴訟の中にもそういうものがあるのではないかと思いますが，このような訴訟では提訴時から計画審理を行う必要があるのではないか，当事者のコンセンサスも得られるものがあるのではないかと思います。

　ですから，審理期間が若干長期化しているといわれる現状において，どのような事件がこうした計画審理あるいは計画的審理になじむのか，改めて検討して，その意義を問い直すことも必要になっているのではないかという気もしています。

V. 争点等整理手続

▶争点等整理手続の実情

門口　計画審理，あるいは集中審理の前提として，争点等整理手続があります。争点等整理手続について，最近もいろいろな議論がされているところですが，まず実情についてお伺いします。

谷口　まずは，1，2回口頭弁論期日を行って，そこで事件の振り分けを行い，争点整理の必要がある事件は弁論準備手続に付すという形が主流と思われます。これは平成19年頃に東京地裁で行われたアンケートでもそういう結果でしたが[7]，現状も変わらないと思います。

　ただし，先ほど申し上げましたように，最近の東京地裁では第1回口頭弁論期日が振り分けのための期日として機能せず，振り分けが第2回期日にずれ込むことが多いという印象を持っています。

　弁論準備手続では，電話会議の利用例も相当数に上っています。合議事件の弁論準備手続は，裁判長と左陪席の2人受命で行われることが多いと思いますが，難しい事件では3人全員で入ることもあります。

　一方，傍聴希望者が極めて多数に上るような大規模訴訟では，口頭弁論で期日進行をしつつ，合間に進行協議期日を併用するという工夫もされています。

門口　主に弁論準備手続に絞っていただいて結構ですが，最近，争点等整理手続の活性化とか，それを図るための心証の暫定的開示というようなことがいわれています[8]。先ほどの準備書面についてのネガティブな状況から見ると，活性化も容易ではないのかもしれませんが，まず，弁論準備手続の運営について，実情をお伺いします。

谷口　裁判官側の認識としては，弁論準備手続における活発な口頭議論を通じて充実した争点整理が行われている事件も相当数あると思っているのですが，弁護士側からは，十分に活性化された口頭議論が行われていないという

---

7) 菅野雅之ほか「民事訴訟の運用に関するアンケート結果(1)『主張整理関係』（中間とりまとめ）」判タ1268号（2008年）29頁。
8) 例えば，「民事裁判シンポジウム」判タ1405号（2014年）5頁。

ご指摘もあるのが事実です。この話を裁判官同士でしますと，必ず出るのが，「準備書面の提出が当日または直前だから，充実した議論ができない」という意見です。そういう面もあるのは確かですが，多くの裁判官・弁護士は，期日の1，2日前に出た準備書面であっても，できる限り目を通して期日に臨んでいますし，これを次回の準備としてお預かりしたところで，その期日は空転しても，次回には十分な議論ができるはずですから，準備書面の直前提出だけが充実した口頭議論をできずにいる原因であると言ってはいけないのではないかと思います。

　裁判官は，各期日までに提出された双方の主張と書証を突き合わせながら，主張構造の把握や客観証拠の有無の確認を進め，疑問に思ったところは，期日に当事者に問い質して，その回答を踏まえて再検討するという作業を繰り返すことで，暫定的な心証形成を行っていくものでありまして，期日において疑問点を指摘して説明を求めるという作業自体は，大半の裁判官が実践しているのだと思います。

　また，東京では，自ら積極的に争点について口頭での確認を求めてこられる弁護士の方も少なくありませんので，弁論準備手続において，裁判所と当事者の間，あるいは当事者と当事者の間で，個々の主張の位置づけや書証との整合性，法的構成の疑問点等について突っ込んだやり取りがされることは，日常的にあります。

　ただ，それが疑問点の質問とそれに対する回答の断片的な応酬にとどまって，その後の審理がどうなるのかという見通しが立たないままですと，毎回それなりに口頭のやり取りをしていても，当事者から見て「充実した争点整理」という評価は得られないのだと思います。

　口頭議論の成果として，その時点における主張立証の到達点を確認して，以後の主張立証上の課題と審理の見通しを明確にすることができているか。すなわち，どの点が結論を分けることになりそうな中心的な争点か，その解明のためにさらに誰が何をすべきか，今後いかなる手順を踏んで結論に至るかといったことを明確に期日で確認して認識を共有することができているか，裁判官としても自戒する必要があるように思います。

▶ディベート型審理，暫定的心証開示

門口 ディベート型審理などといわれますが，当事者側からは，裁判官がどういうことを考えているかがわからないので，ディベートのしようがないといわれることがあります。この点に関して，心証の開示とか，暫定的心証開示についていかがお考えでしょうか。

永谷 私の場合も，当事者の主張のうちどこに関心があり，何が疑問かをできるだけ率直にお話しし，次回期日までに準備してほしい内容を具体的に伝えているつもりですから，何を考えているかわからないことはないのではと思っていますが，当事者としては，これに答えることによってどうなるのか先行きがわからなかったり，以前に開示された暫定的な心証に変化を感じた場合に裁判官が何を考えているのかわからないと思うことがあるのかもしれません。しかし，心証は，徐々に形成されていくものであり，審理の途中では，当然，揺れ動くものですから，争点整理のための口頭議論は，そういうものであるとして対応していただく必要もあるように思います。

　また，口頭議論には，それ相応の準備が必要になりますから，こちらから疑問点を投げかけたとしても常に対応できるわけではないでしょうし，日を決めて，この日に口頭議論をやりたいと申し上げても，当事者が大きな組織であるなどの場合には，その場で臨機応変に回答することに限界もあると認識しています。口頭議論というのは争点整理を適切に行うための手段にすぎず，それ自体を目的化すべきではないと私は思っています。裁判所や相手方の問題意識を的確に理解してもらえるのであれば，その回答というのは準備書面の形で提出しても構わないのではないか，要は，争点整理をする際に裁判所がその意図を的確に伝えて，当事者に適切に準備してもらうことが重要ではないかと考えています。

　暫定的な心証開示の関係で注意していただきたい点があるのですが，争点整理のための暫定的な心証開示と断っているにもかかわらず，その後の準備書面において裁判所の発言を有利に引用したり，相手方の暫定的な発言を殊更に引用して主張されることがあります。また，主張立証が十分ではないと指摘された当事者が，いっそう無理と思われる別の新たな主張を追加して，争点を拡散させてしまうこともありますが，趣旨を正しく理解した対応をしていただきたいと思っています。

谷口　暫定的心証開示の「暫定的」とは，必ずしも心証の確度の低さを意味するものではなくて，以後の進展によって判断を異にしうるという意味であると理解しています。

　争点整理段階で暫定的な心証を開示する目的は何かといえば，その時点における主張立証の到達点を確認して，以後の主張立証上の課題と審理の見通しを明確にすることにあります。ですから，当事者としても，暫定的心証開示がされたら，以後の主張立証の重点をどこに置くべきか，主張立証の進展により予想される結論はどのようなものか，それを見据えて進行方針や和解協議の方向性をどのようなものとするかを検討する契機として，これを活用してほしいと思います。

門口　争点等整理手続の活性化として，積極的求釈明，ディベート型審理，さらには暫定的心証開示という点が示されましたが，このことに関連して，特に配慮されていること，あるいは工夫をされている例があれば，お教えください。

谷口　最近は，弁護士と依頼者の関係の希薄化，依頼者が法人である場合に事前決裁を求められる例の増加，複数の弁護士が共同で受任し，リーダー格の弁護士は出頭しない例の増加など，様々な理由で当事者が口頭での議論を避けて，「次回に書面で」ということが増えているといわれています。こういった状況の下で，口頭議論を活性化して審理上の課題につき認識共有を進めるための1つの工夫として，集中的に口頭議論を行う期日を設けるという試みが提言されています9)。節目となる期日を設定して，あらかじめ口頭議論を求める事項を伝えておいて，まとまった時間をとって集中的に議論する形にすると，事前に弁護士が依頼者と十分に打合せをして事情を把握し，主張方針を定めた上で期日に臨んでもらいやすいし，リーダー格の弁護士も自ら出頭して裁判所との口頭議論に加わるようになり，争点整理の充実につながるのではないかというわけです。当事者の主張立証が停滞ぎみで紛争の実情がなかなか伝わってこない事案などでは，こういった工夫も審理の充実促

---

9)　山本和彦ほか「民事裁判の一層の充実・迅速化に向けて(1)」ジュリ1432号（2011年）60頁，林潤「福岡地裁における民事訴訟の争点整理の充実に向けた取組について」民事訴訟雑誌61号（2015年）168頁等。

進の一助となるのではないかと思います。

▶争点整理表・時系列表

門口　平成8年の民事訴訟法の改正のときに活発に議論された事柄の1つに，争点整理表や時系列表の作成がありました。これを，できるだけ当事者間で作成してもらって，争点等整理手続において活用しようということでした。一方では，依頼者の利益を代弁する当事者に委ねれば収拾がつかなくなっていつまでも作成されないなどといった反対の声もありました。さて，実情はいかがでしょうか。その功罪なり，あるいは具体例も示していただければ幸いです。

谷口　事案に応じて，いろいろな活用例があります。

　主張事実や論点項目が多岐にわたる事件類型では，準備書面と書証が積み重ねられていくのと並行して，双方の主張事実，法的見解，対応証拠等を対比して整理した事実経過一覧表や主張整理表を，当事者双方に交互に加筆してもらう形で作成することが行われています。

　例えば，医療事故，証券取引勧誘，不当競業等の事案で，時系列に沿って双方の主張する事実経過と対応証拠を整理したり，原状回復工事に関する事案で，引渡し時の状態・退去時の状態・行うべき工事・工事費用といった項目に分けて，双方の主張と対応証拠を整理したり，名誉毀損の事案で，表現行為ごとに行為主体，権利侵害性，違法性阻却事由等の項目に分けて，双方の主張事実とそれについての法的見解を整理したりしています。

　当事者にとっては，既に準備書面で主張した内容に基づいて，双方が交互に表を埋めていくという作業が中心になりますので，必要と考える事案で裁判所側から提案すると，積極的に協力していただけるのが通常です。

　こういう作業を行いますと，双方の認否反論漏れや，主張自体または主張と書証の不整合が発見されて，主張の補充や撤回がされるなどして，証拠関係に即した主張整理が進むことが多いですし，主張があるのみで立証を伴っていない点や，争いがあるけれども動かぬ証拠がある点を見通しやすくなり，事案の全体像を把握しやすくなりますので，当事者としても有意義な作業であると受け止めてくださっているように思います。ひととおり作業を終えた段階で，そういった見通しを共有した状態で和解協議をしてみたら，比較的

すんなりまとまったという例も経験しています。

　一方，当事者の主張が錯綜していて，口頭で疑問点を指摘しても整理が進まない事案では，裁判所側で事実摘示型の争点整理案を作成して，これを当事者に示して矛盾点や問題点を具体的に指摘した上で，整理補充を求めることがあります。

　いずれのパターンでも，作成された書面は争点整理の完了段階で調書に添付されるのが通常ですが，そのこと自体を目的として作成しているというよりは，争点整理のプロセスで問題点を可視化し，解消していくためのツールとして活用することに重点が置かれていると思います。

門口　当事者は，概して裁判所の訴訟運営に協力的なのですね。かつては，争点整理表や時系列表等の作成は，そもそも裁判所の責務ではないのかというような不満もあったようですが。

谷口　現行民事訴訟法の施行前後の時期には，弁護士会との協議等において，「どちらの責任で，誰の筆で争点整理案を作るのか」ということが随分議論されましたが，実際のところは，今申し上げたように，事案に応じて，当事者の主張の照合・対比目的であれば当事者が，裁判所から見た要件事実的整理の確認目的であれば裁判所がそれぞれ作成を担っており，特に問題は生じていないように思います。

門口　争点等整理手続において，準備手続の結果の記録化の作業の実情はいかがでしょうか。

永谷　裁判所の調書として記録化するということになりますと，それなりに深く詰めることになります。当事者も裁判所も，自ずとより深い検討をすることになりますので，争点整理の漏れとか認識の齟齬を防ぐことができますし，争点の範囲も固めることができます。ですから，合議事件とか複雑な訴訟におきましては，共同で作った争点整理案を有効に使って，それを調書に添付するという扱いがされることが多いと思います。

　一方で，そのために非常に慎重になりすぎて，時間と労力がかかりすぎてしまうということもあるので，個々の事件ごとに，記録化の目的と要否を考えていく必要もあると思っています。争点が限られて，口頭議論の結果も準備書面によくまとめられているような単独事件の場合には，裁判所による調書を使った記録化はされないことも多いのではないかと思います。

谷口　争点整理の結果の記録化は，適切に行われれば，裁判所と当事者の間における認識の離齬を防ぎ，明示的に認識共有がされるというメリットがあることは間違いないのだと思います。

　ただ，一方において，記録化するとなると，どうしても表現ぶりの細部について議論となったり，それを避けるために慎重な言い回しをしようと推敲に時間をかけたりして，記録化作業そのものに相当のエネルギーを割かざるを得ないという面があることも事実です。

　争点整理の結果の記録化を，どのような事件で，どの程度，どういう形で行うかは，事案ごとに必要性の軽重に鑑みて判断すべきであると思います。

門口　もう1つ伺いますと，谷口さんが先ほどご指摘でしたが，法的評価が争われるような事案について，ディベート型審理は，成功しているのでしょうか。

谷口　この点については，矢尾渉判事が，「争点整理のための心証開示について」[10]の中で，適用すべき法的規範が確立されていない問題について，裁判所が社会に潜在的に存在する同種事案の解決に及ぼす影響も考えて規範を定立する必要性のある事件が増えていると感じられるのに，法律問題については，裁判所が適用すべき規範の選択や内容に関する疑義を表明しても当事者に伝わらない場合があることを指摘した上，「当事者は，自己に有利な規範を一方的に主張するだけでなく，裁判所や相手方当事者とその正当性に関する議論を行い，これを基礎づける社会的知見を裁判資料として提出し，その規範が既存の確立された規範（法令，判例，学説）と整合的であることを論証して，これを裁判官の『腑に落ちる』ものとすることが必要である。この作業は，裁判所と一方当事者との間ではなく，規範の適用結果に利害関係を持ち，これを正当化する社会的知見に近い立場にある当事者相互の間で行われるべきであり，そうしてこそ，適切な規範が定立されると考える。」と述べておられますが，まさにそのとおりであると思います。

10）民事訴訟雑誌 62 号（2016 年）154 頁。

▶専門委員

門口 争点等整理手続の関係で残された問題として，先の司法制度改革でも指摘されていますが，専門委員の活用があります。この点について問題点はいろいろあろうかと思いますが，実情をご紹介いただけますか。

永谷 幸いなことに，東京地裁では様々な分野の専門委員が多数任命されており，専門訴訟においてはなくてはならない存在になっています。私自身の経験でも，ソフトウェア開発をめぐる損害賠償訴訟，賃料の増減額訴訟，あるいは半導体の製品の瑕疵に関わる損害賠償訴訟において専門委員を選任し，その専門的な知見を踏まえて争点整理した結果，比較的早期に和解で解決するなどの成果を上げた例がありました。選任した先生方は，専門委員としての経験も豊富で，訴訟対応にも慣れておられ，とても助けられています。

　専門的な事柄を正しく理解した上で裁判官が心証を形成できるという意義は大きく，専門訴訟が係属した場合には，専門委員の選任をまず考えるようになっています。

Ⅵ. 証拠調べ

▶証拠の収集

門口 いよいよ証拠調べの段階に入ります。証拠の収集・開示についても，先ほども申しましたが，司法制度改革で当事者が早期に証拠収集するための手段の拡充ということが指摘されまして，平成15年の法改正で規定されたわけですが，さらには現在弁護士会からはディスカバリーについての提言がされています。

　まず，証拠の収集についてお話をいただきたいと思います。証拠収集の困難さについて指摘されていますが，裁判実務において何か感じられたことはありましょうか。

永谷 関係する証拠を相手方が保有していることがあり，求釈明とか，文書提出命令の申立てがされることがありますが，そのような場合，争点との関係をよく吟味して，その必要性を保有する側に説明すれば，任意に提出されることが多いというのが私の実感です。

　当事者照会というのはあまり利用されていないようですが，調査嘱託や文書送付嘱託は頻繁に利用され有効に活用されていると思います。当然提出さ

れるべき証拠が提出されていない場合には，裁判所のほうから，嘱託の申立てを促すこともしています。裁判所も，できるだけ紛争の実相に迫る審理判断をしようと心がけており，必要な場合には適時に文書提出命令の発令もしています。ですから，証拠収集の困難性というのは，指摘されているほど大きな問題ではないのではないかと思っています。

門口　証拠収集の関係で，証拠の申出が出たとこ勝負であったり，探索的証拠調べであったりといった状況は，少なくなってきているのでしょうか。

谷口　探索的な証拠申出は，今でも一定数存在します。中には，ごく概括的な主張のみを記載し，何ら証拠引用のない訴状を提出するのと同時に，相手方に対し「関連資料一切」といった概括的な内容の文書提出命令の申立てをするという極端な例も見られます。もとより，裁判所が，個別具体的な必要性の検討なしに，この種の申立てをそのまま採用することはありえません。

　一方，平成 8 年の民事訴訟法改正で 220 条 4 号（一般義務）の規定が新設されたこともあって，事案解明に必要な証拠を所持する者はそれを自ら提出する責務があるという意識は着実に浸透していて，必ずしも自らに有利となるか否かにかかわらず，裁判所が事案解明上の必要性を明示して証拠の所持者に提出を促せば，任意に提出していただけることが増えていると思います。

門口　事前の証拠収集として，現在，弁護士会や当事者側で大きな関心が持たれている問題に，弁護士法 23 条の 2 の弁護士照会がありますが，この点については，最高裁の判決を待って11)，もう少し事態の推移を見守りたいと思います。

▶証拠の申出

門口　さて，証拠の申出に進みます。先ほど訴状あるいは準備書面との関係で，書証の申出と証拠説明書についてのお話がありました。かねてより問題になっていました立証趣旨が明確にされているか，あるいは最適証拠の絞りが行われているか，まずこの辺りについて実情からお話しいただけますか。

谷口　民事訴訟法の適時提出主義の下では，主張事実を裏付ける書証があれ

---

11) 編集注：収録後平成 28 年 10 月 18 日判決（民集 70 巻 7 号 1725 頁）。

ば，主張と同時にその書証も提出しなければならず，書証を提出する際には立証趣旨を記載した証拠説明書を提出すべきものとされているわけですが（民訴規80条・81条・99条），準備書面の期限内提出と同様，書証及び証拠説明書の同時提出も徹底されているとはいえない現状にあります。また，証拠説明書には，証拠の標目・作成者・作成日欄に「いつ，誰が作成した，どのような文書であるか」を正確に記載した上で，立証趣旨欄に「この証拠から何がわかるのか」を的確に記載する必要がありますが，特に立証趣旨については，無内容なもの（特定の条項のドラフト段階の記載に意味がある書証なのに，「契約書のドラフト」と記載しただけのものなど）や，的外れなもの（当該書面から直接読み取れる事実ではないのに，「契約の成立」と記載しただけのものなど）が目立ちます。

　裁判官は，準備書面を読みながら，その主張事実と整合する証拠，矛盾する証拠がどの程度あるのかを横断的に検討して，暫定的な心証形成をしていくものであり，その検討のためには，証拠説明書に適切な立証趣旨の記載があることが不可欠です。当事者の皆さんには，自己の主張立証に対する裁判官の心証の確度を高めるために，もっと証拠説明書における立証趣旨の記載に力を注いでほしいと思います。

　一方，人証の申出については，争点整理の完了段階で，どの点が主要な争点であり，どの人証にどの点を確認すべきかを確認し，あらかじめ陳述書を提出してもらった上で，必要な範囲に絞って人証調べを実施するという運用が定着していますので，大半の事件では過不足のない範囲で人証申出がされており，また，申出書における立証事項・尋問事項の記載自体は概括的なものであっても支障がないのが通常であると思います。

　当事者が，尋問事項の重複する複数の人証の採用を希望するときには，誰が，どの点について，どんな語り口で話すことができるのかをいちばん知るのは当事者ですから，いずれも採用した上で，各当事者の全体の持ち時間を定めて，その中での時間配分は当事者に委ねるというやり方もしばしば用いられていると思います。

▶証人尋問

門口　人証についてお話がありましたが，証人尋問の仕方，陳述書の活用な

どについても，実情をご紹介ください。

谷口　人証調べでは，重要な争点に係る事実関係を中心に尋問を行い，紛争の背景事情や書証の記載についての詳細な説明などは陳述書に譲ってもらう一方，重要な争点に係る事実関係は，あらかじめ陳述書に記載するのみでなく，主尋問でも人証に直接口頭で述べてもらうという運用が一般的であり，主尋問を完全に陳述書で代替してしまって，反対尋問だけやるというような運用は，現在ではあまり行われていないと思います。陳述書においては，予定される主尋問の内容が具体的に開示されることが，反対尋問の同日実施の不可欠の前提ですが，大半の事件では，その観点から見ても問題のないものが提出されているように思います。

　さて，実際の尋問の仕方ということになりますと，主尋問については，一般に相応の準備をした上で臨まれており，大きな問題がないように思うのですが，反対尋問となりますと，苦労されている当事者が多いかなという印象を受けます。どうしても，相手方に自分の意見を押しつけるような質問や，論争を仕かけるような質問が多くなってしまいがちなのですが，実は，裁判官から見ますと，そういった質問にさほどの効果はありません。主尋問では曖昧なままに済まされた点があれば，その細部を丹念に確認し，主尋問における供述と相反する客観証拠があれば，その書証を示して，矛盾につきどう説明するのか問い質すといったように，着実かつ冷静に自己に有利な事実の存在を裁判官に印象づけるように努めると，効果的な反対尋問になると思います。

門口　既にお話がありましたが，集中証拠調べのためには，主張，証拠が事前に提出されて，的確な争点整理が行われていなければならないわけですが，そういう視点から振り返って，証拠の申出やその採用に関して付け加えられることがありましょうか。

永谷　民事訴訟の建前は，争点整理によって争点を適切に絞り込んで，その争点について無駄のない証拠調べをすることだと思いますが，注意しなければいけないのは，裁判官によって事件の見立てが異なり，違う視点で事件を見ると，争点の位置づけが変わり認定しなければいけない事実が変わってくることがあるということです。高裁在職中に，原審で調べるべき人証が調べられていないと思うことがありましたので，争点整理にあたっては，多角的，

多面的に検討し，本当に重要な争点は何かよく吟味して人証の採用をしなければいけないと思います。最近気になるのは，陳述書の積極的な活用が定着したこともあってか，事件によっては，裁判所が促さないと人証の申出がされないということが増えているように感じることです。「言った」「言わない」の類の事実認定上の争点があるにもかかわらず，人証を採用しないということはあってはならないと思いますが，そうではないと思われる事案では，申出がなければ，あえて促すこともしないという意識が裁判官にあるので，人証の申出のあり方については，当事者側においても再考すべき点があるのではないかと思っています。

Ⅶ. 心証の形成

門口　当事者から非常に関心があることに，裁判官はどのようにして心証を抱くのかということがあるようです。この部分が当事者にとって最も見えにくいところだけに関心を持たれるというわけです。心証の開示については，先ほどお話がありましたが，心証の形成について付け加えられることがあれば，お願いします。

谷口　先ほどお話ししたように，裁判官は，争点整理段階から，その時点までの主張立証に依拠するとどの程度の確度の心証を形成できるかを吟味しながら手続を進めています。そのプロセスは，「動かし難い核となる事実」を見つけ，それらをつないでいくことで，重要な事実関係が仮説として構成されていくものであるなどと説明されています[12]。

　その過程での暫定的な心証開示は，主に，争点整理のために，その時点での主張立証上の課題と審理の見通しについて認識を共有することを目的としたものです。

　一方，裁判所は，和解のために，審理の結果を踏まえた裁判所の判断の見通しを開示することがあります。和解のための心証開示は，事案にもよりますが，集中証拠調べを終えた審理の最終段階で，最終的に形成された心証に基づき行われることが多いと思います。事実関係や法的評価につき当事者間

---

12) 瀧澤泉ほか「民事訴訟における事実認定」司法研究報告書 59 輯 1 号（2007 年）25 頁参照。

に真摯な対立がある事案でも，審理を尽くした上で，裁判所の判断の見通しを示して和解を勧めたところ，和解成立に至る例は少なからずありますので，多くの裁判官が，判決前にそのような機会を持つように努めていると思います。

Ⅷ. 裁判の評議

門口　ありがとうございます。それでは次に，合議についてお伺いします。これもまた当事者にとっては，見えないだけに非常に関心があるところで，いつの段階でどのようにされているのかという質問を受けます。合議というのは，それぞれの裁判体で千差万別でしょうが，実情をお伺いしたいと思います。どのような段階で，どのような方法で行われるのか，差し支えない範囲でお教えください。

永谷　合議は，各事件の期日ごとにその進行について検討する期日前合議と，和解案や判決内容について検討する心証合議があります。いずれも主任裁判官が事前に準備をしておりまして，期日前合議は，期日の前日に時間を決めて行っている部が多いと思います。部によってはもう少し前に，場合によっては前の週に合議をしているところもあるようです。

　第1回口頭弁論期日までの準備ですが，主任裁判官において，参考となる文献や関連する裁判例を調査するなどして，合議体の構成員のために事案の概要や当事者の主張の問題点，争点についてまとめた合議メモを作るほか，期日をどう進めるか記載した期日メモを作成しています。最近では，主張の要点を一覧性のある Excel 表でまとめて，これを活用する部も多くなっています。第1回期日前の合議では，審理の見通しと第1回期日をどのように進行させるのか，当事者にどのような釈明をするのかといった点を合議することが多いと思います。ただ，答弁書に被告側の認否や主張がない場合が合議事件でも結構ありますので，そうなると内容のある合議は第2回期日以降にずれ込んでしまいます。

　争点整理から尋問までの間ですが，各期日の前に提出される準備書面を検討して，前回の期日において釈明した点が答えられているかどうか，さらにそれを踏まえて釈明すべきことはないか，一方で，当事者から出された求釈明に対して裁判所としてはどう対応するかといった点を合議しています。そ

のため，期日ごとに，主任裁判官が事前に合議メモ，期日メモを作成して合議に備えています。最終的な心証は，やはり尋問後になりますが，こういった争点整理の期日を重ねることによって徐々に心証が形成されていきます。

　また，主任裁判官は，弁論準備手続の終結前や尋問期日の前までに，判決にそのまま利用できるような，いわゆる前提事実や当事者の主張の部分を作成したり，時系列表をまとめたりして尋問に備えています。

　尋問後ですが，和解を勧告することも多く，裁判所の最終的な心証を固めるとともに，勧告する和解案についても合議し，和解ができない場合に備えて，判決の構成や理由について合議しています。主任裁判官は，事実認定の要点や争点に対する結論とその理由づけを記載した合議メモを作成して合議に臨んでいます。

　このように合議には主任裁判官による事前の準備が必要ですから，先ほども話題に出ましたが，準備書面の提出期限は遵守していただきたいと思っています。合議事件の場合には，合議とその準備のための時間が必要ですから，単独事件より早めの提出をお願いしたいのです。期日の前日に出されても，主任裁判官が合議メモを作る時間などありませんし，十分な検討もできないわけで，そうすると合議も中途半端なものになり，釈明もできないまま，期日が単に準備書面を交換する場に陥ってしまいかねないわけです。それでも何とか読んで，最低限のことはしようとしますが，それも限界があり，審理が漂流してしまうおそれもあります。準備書面の提出期限は当事者のご都合を聞いて決めているはずですので，万一遅れる場合には書記官室宛に連絡を入れるぐらいの気持ちは持っていただきたいと思います。

門口　ただいまのお話によりますと，合議は節目節目で段階的に，重畳的に行われているということですね。したがって，心証形成も，その都度塗り変えられていくもので，先ほどのお話のとおり，最終の弁論終結に至るまでは，当然のことながら，常に暫定的であるということですね。

　さて，今お話しいただいたような現況を踏まえて，あるべき合議の姿や合議のあり方について付け加えられるところがあれば，お願いします。

永谷　何をもってあるべき合議，あるいは質の高い合議といえるかという点は，客観的，具体的な指標がなくてなかなか難しい問題だと思いますが，少なくとも，個々の事案の紛争の実相を的確に把握し，多角的，多面的な観点

からの検討が加えられる，そして，客観的で説得力に富んだ，社会経済の実情にも即した通用性のある理由に基づいて結論を導き出す，こういったことができる合議が，あるべき合議，質の高い合議といえると思っています。世代や経験年数を異にする3人の裁判官が，それぞれの立場でその紛争の実相に踏み込み，多角的，多面的な検討を加えるということが必要であると思います。

門口 かつては結論合議などといって，結論だけの合議を大まかにして主任裁判官が判決起案に取りかかるというようなことがありましたが，最近では争点ごとにかなりきめ細かな合議がされているということですね。

永谷 そうですね。結論に至る理由を含めて，できるだけ奥の深い合議をしたいという気持ちでいます。

IX. 和解

門口 もう1つ，当事者の関心があることに和解があります。「どうしてこの事件で，あるいはどうして今の時期に和解が勧告されるのだろう」とか，「和解の席でどの程度のことを話せばいいのだろう」などという質問を受けます。また，平成25年に行われた東京3弁護士会有志へのアンケート調査結果[13]でも，和解のあり方などが指摘されています。まず，和解の実情をお伺いします。

永谷 まず，和解の実情ですが，地方裁判所に提起された民事通常訴訟の既済事件のうち，和解で終局した件数の割合は，平成26年においては，**表1**のとおり34.5％，過払金返還訴訟等を除いた既済事件のうち和解で終局した件数の割合は35.6％で，この割合はここ10年程度，同水準で推移しています。このような統計上の結果から見ても，和解は判決とともに重要な紛争解決手段として機能していると思います。

　和解というのは付随的な争点も含めて一体的な解決，全体的な解決が図られ，上訴の問題もないという点で，早期の終局的な解決が期待できるものです。当事者双方とも，最後には納得した結果ですので，自発的な履行の確保

---

13) 志田原信三ほか「和解の現状と今後の在るべき姿について」判タ1409号（2015年）5頁。

表1 | 終局区分別の事件数及び事件割合

民事第1審訴訟（全体）

終局区分	平成15年	平成16年	平成17年	平成18年	平成19年	平成20年	平成21年	平成22年	平成23年	平成24年	平成26年
事件数	159,032	148,706	135,357	143,321	172,975	192,246	214,517	227,439	212,499	168,230	141,006
判決	77,669	71,428	63,362	60,765	61,368	62,072	68,515	83,790	70,689	69,750	61,462
	48.8%	48.0%	46.8%	42.4%	35.5%	32.3%	31.9%	36.8%	33.3%	41.5%	43.6%
うち対席	47,294	44,711	40,416	37,956	38,764	40,417	46,481	60,572	48,207	47,308	40,206
	60.9%	62.6%	63.8%	62.5%	63.2%	65.1%	67.8%	72.3%	68.2%	67.8%	65.4%
和解	53,131	51,331	46,137	46,541	49,812	55,061	59,204	72,681	68,857	57,368	48,683
	33.4%	34.5%	34.1%	32.5%	28.8%	28.6%	27.6%	32.0%	32.4%	34.1%	34.5%
取下げ	22,762	21,140	21,169	31,513	57,219	70,454	81,594	64,947	61,874	36,234	26,114
	14.3%	14.2%	15.6%	22.0%	33.1%	36.6%	38.0%	28.6%	29.1%	21.5%	18.5%
それ以外	5,470	4,807	4,689	4,502	4,576	4,659	5,204	6,021	11,079	4,878	4,747
	3.4%	3.2%	3.5%	3.1%	2.6%	2.4%	2.4%	2.6%	5.2%	2.9%	3.4%

民事第1審訴訟（過払金等以外）

終局区分	平成15年	平成16年	平成17年	平成18年	平成19年	平成20年	平成21年	平成22年	平成23年	平成24年	平成26年
事件数	116,688	108,248	94,598	91,191	88,962	87,254	87,742	91,536	92,268	90,560	87,928
判決	58,375	53,793	46,728	44,620	43,935	42,222	43,727	46,228	46,558	46,155	42,951
	50.0%	49.7%	49.4%	48.9%	49.4%	48.4%	49.8%	50.5%	50.5%	51.0%	48.8%
うち対席	35,424	33,160	29,261	27,165	26,539	26,245	27,393	28,685	29,256	29,436	27,480
	60.7%	61.6%	62.6%	60.9%	60.4%	62.2%	62.6%	62.1%	62.8%	63.8%	64.0%
和解	39,082	37,605	33,019	31,909	30,308	31,074	30,226	31,155	31,036	31,049	31,264
	33.5%	34.7%	34.9%	35.0%	34.1%	35.6%	34.4%	34.0%	33.6%	34.3%	35.6%
取下げ	15,480	13,452	11,643	11,716	11,790	11,107	11,050	11,283	11,703	10,526	10,328
	13.3%	12.4%	12.3%	12.8%	13.3%	12.7%	12.6%	12.3%	12.7%	11.6%	11.7%
それ以外	3,751	3,398	3,208	2,946	2,929	2,851	2,739	2,870	2,971	2,830	3,385
	3.2%	3.1%	3.4%	3.2%	3.3%	3.3%	3.1%	3.1%	3.2%	3.1%	3.8%

出典：迅速化報告書（第5回）29頁，同（第6回）28頁。

が図られるという利点もあり，事案にもよりますが，個人的には民事訴訟における最善の解決方法であると思っています。ですから，ほとんどの事件において，折に触れて裁判所のほうから和解の意向確認や打診をしています。

門口　続いて，勧告について，その時期がどのように選ばれるのか，当事者の意向がどれだけ尊重されるのか，あるいは，和解過程における心証の開示についてもお話しいただけますか。

永谷　先ほどお話がありました，平成25年の東京3弁護士会有志におけるアンケート調査の結果を見ますと，訴額が少額の場合には，主張立証を求めるよりも早期に和解を試みてほしいというご意見がありますので，そういった事案や，被告側の主張を前提としても，やはり相当額の支払をしなければいけないと判断される事件においては，できるだけ早い段階で和解の意向確認をしています。また，弁論準備手続の中において争点整理を行いつつ，様子を見ながら並行して和解協議をするということもあります。実際に事件を担当している者の実感ですが，和解協議には一切応じないとする事案はほとんどないのではないかと思います。しかし，そうはいっても，裁判所が確定的な心証を持たなければ和解できないような事案もあり，そういう事件では，尋問の終了後，あるいは弁論の終結後に和解勧告をすることになります。

　当事者の意向ですが，私自身の経験では，当事者のほうから和解勧告を積極的に希望してくるという事案はあまりないように思います。しかし，先ほどのアンケート調査の結果によると，その理由として，裁判所や相手方に弱みを見せることへの抵抗感もあるといわれています。ですから，機会を捉えて，当事者に和解の意向がないか裁判所のほうから確認するのが適当ではないかと思っています。感情的な対立の激しい事案では，ご本人が和解について拒否的な反応を示すような例もあります。しかし，そういう事案においても，争点整理を進め，さらに尋問まで行うと，次第にご本人の拒否的な反応も解けていき，最終的に和解に至る場合も結構あるのではないかと思います。

門口　和解の方法についてですが，かつて，別席交互方式は違法で，対席同時で行うべきであるという考えもあったようですが，現在はどのような方法で行われていますか。

永谷　代理人同士に信頼関係があり，双方とも落としどころがわかっていると思われる事案においては，裁判所が当事者を説得する必要もありませんの

で，対席での和解も可能であると思いますし，実際にそういう事件もあります。しかし，裁判所が和解協議のイニシアチブを持って当事者を説得しなければいけないような事案においては，やはり個別に話を聞きながら，双方の意向を少しずつ調整していくことが必要だろうと思います。当事者も相手方の前では語れない気持ちを話すことができるということもあってか，個別に聞いてほしいと言われることも多いと思います。そういうことで，事案に応じて対応しているという状況にあり，別席交互方式が違法であるという考え方はとられていないと思います。

X. 判決書

門口　和解について，弁護士側からそのほかにも疑問が出されているのですが，時間の関係でこの程度にさせていただきます。

　最後に，判決書についてお伺いします。判決について弁護士側から「わかりにくい」とか「十分な応答がされていない」などという意見が相変わらず強くあるようです。このような指摘を踏まえて，判決書作成の実情，さらには判決書の作成についての工夫などについてご紹介いただけますか。

谷口　判決書がわかりにくいとか，十分な応答がない，不意打ちであるというような批判があるとすれば，その原因は，判決書のあり方自体もさることながら，審理の段階での争点の所在ないし審理判断上の重点事項についての共通認識の形成がうまくいかなかったことにあるのではないかと考えられます。

　少なくとも，「ここが勝負所ですよね」と争点整理で確認した点については，判決書でも，鍵を握る証拠の取捨についての理由も含めて，意を尽くした説示をすべきであると考えます。逆に言うと，「ここで判断されるとは思っていなかった」と言われるようなことのないよう，「ここが勝負所ですよね」と，やはり審理の段階で明確に確認するようにしなければいけないのだろうと思います。

門口　冒頭に申し上げましたように，説明責任というようなことがいわれる時代に，判決書が裁判所の説明責任を果たすべき最後の場であるともいうことができます。判決書について，ただいまもご指摘がありましたが，最近では，判決書には証拠の取捨選択等までは触れなくてもよしとする考えもある

ようですが，高裁のご経験などから見て，いかがですか。

永谷　高裁の経験からしますと，事実認定が争点になっている事案において，その判決の理由が説得力のあるものだったかどうかは措いておいて，証拠の取捨について全く触れていないものはあまりなかったのではないかと思います。控訴理由書においては，よく不意打ち判決というような批判をされることがありますが，審理の経過を見ると，必ずしもそうともいえないような場合もあるように思います。

　ただ，終結後に判決を書いている段階で，それまで議論していなかった理由を思いついて，それを主な根拠にしてしまったような場合には，不意打ちといわれるような批判が妥当することもあると思います。第1審の裁判官としては，終結までに判決の理由を含めて十分に検討して，当事者に反論の機会を与えておくことが重要ではないかと思います。争点整理のための暫定的な心証開示を適切に行う。そして，終結までに，必要に応じて和解協議を尽くす。そこで，判決を見据えた裁判所の心証を，その理由を含めてきちんと説明しておけば，そういった批判を受けることもないのではないかと思っています。

　高裁の在職中に気になった地裁の判決は，紛争の基礎となる社会的事実（紛争の実態・背景事情）まで立ち入らず，表面的な判断に終始するものであり，この点は，よく指摘されているところです。裁判所において，この点を当事者に主張させなかったことが問題ですが，当事者としても，表面的な主張に終始せず，背景事情を含め，説得力のある主張立証をすることが期待されていると思います。裁判所と両当事者の3者が力を尽くしてこそ，深みのあるよりよい判決が生まれるのではないかと思っています。

おわりに──民事裁判についての提言

門口　ありがとうございます。最後にお伺いしますが，裁判所のステークホルダーと言っていいのでしょうか，当事者，その背後にいる依頼人としての国民，さらには，若い判事補や弁護士，そういう方々に対して，何かメッセージがあれば，お願いします。

永谷　司法制度改革，あるいは民事訴訟法改革の精神が後退しているかどう

かという視点で申し上げますと，冒頭でお話ししたとおり，平成23年以降，審理期間が若干長くなる傾向も見られ，注意すべきところもあると思いますが，集中証拠調べの運用は広く定着しており，改革前と比較すると，審理期間が大幅に短縮しています。大半の事件は2年以内に第1審での審理を終えている状況にありますので，司法制度改革，あるいは民事訴訟法改革の精神が後退しているという指摘は必ずしもあたらないと思っています。

　しかし，そうはいっても，裁判官も弁護士も毎年新しい人材を受け入れています。世代交代が進んでいる状況にありますので，工夫例やノウハウの承継，時代に応じた改善策の検討は不断に進めていく必要があると思っています。また，一部とはいえ複雑困難な訴訟では，審理期間が2年を超えてしまうものもありますから，こうした長期化しがちな事件をどのように計画的に審理していくかといったことが課題になっています。裁判所内部においても，様々な研究会を通じて，個々の裁判官の意識を向上させる工夫をしており，弁護士会との協議会の場においても，この点を議論しているところです。ですから，こうした機会を積極的に活用する必要性は高く，今後もこういう取組みは積極的にやっていくべきであると感じています。

門口　谷口さんから何かありますか。

谷口　冒頭で紹介したような事件の困難化傾向に伴って，期日ごとに当事者が希望する準備書面提出までの準備期間も長くなる傾向があります。東京地裁では，準備書面提出までに6週間ないし8週間程度の準備期間を置くことを希望されて，次回期日は約2カ月後となる代わりに，期日前には数十頁の準備書面と大量の書証が提出されるというパターンが日常的に見られるのが現状です。我々が旧民事訴訟法の時代に「五月雨式審理」と呼んでいたときの「五月雨」というのは，1カ月に1回ぐらいの期日というイメージでしたから，それから比べると，期日間隔はむしろ随分空くようになっている気もします。その中で，近年，審理期間の長期化傾向が見られるとはいっても，プラス1カ月程度に収まっているということは，漫然と期日を重ねていたのではありえないはずで，全体として見れば，民事訴訟法改正の精神に則り，相当頑張っているという面もあるのではないかと感じています。

　一方において，私自身が初めて単独事件を担当した平成8年当時は，改正民事訴訟法の施行に備えて，審理のあり方につき，裁判所内や弁護士会との

間で盛んに協議をする機会があったのと比較しますと，現在は，そのような
機会が相対的に少ないのは事実ですので，これまでの世代が積み上げてきた
議論を次代に伝えていくための不断の努力が必要であるということについて
は同感です。

門口　ありがとうございました。本日は，長時間にわたり，現役の裁判官で
なければ語りえないような事柄をはじめ，大変有益なお話をいただきました。
本日のお話をもとに様々な意見が寄せられることになるでしょうが，私たち
法曹が世代を超えて，社会の中の法曹として，使い勝手の良い司法の実現を
目指していければ幸いです。本日のお2人のお話がそのヒントとなることを
確信して，座談会を閉じたいと思います。

［2016 年 10 月 3 日収録］

司法制度改革審議会
「司法制度改革審議会意見書
——21 世紀の日本を支える司法制度」

(2001 年)〔抜粋〕

1. 民事裁判の充実・迅速化

> 民事訴訟事件の審理期間をおおむね半減することを目標とし，以下の方策等を実施すべきである。
>
> ・原則として全事件について審理計画を定めるための協議をすることを義務付け，計画審理を一層推進すべきである。
> ・訴えの提起前の時期を含め当事者が早期に証拠を収集するための手段を拡充すべきである。

　民事裁判については，国民に利用しやすく，分かりやすいものとするために，新民事訴訟法が制定され，少額訴訟等，裁判所へのアクセスを容易にするための工夫がなされ，また，審理の充実・迅速化を図るための様々な工夫が施されてきた。そのような審理の充実・迅速化を図る方策としては，例えば，争点及び証拠の整理手続の整備，集中証拠調べの規定の新設，釈明制度の改正，随時提出主義から適時提出主義への転換，証拠収集手続の拡充（文書提出命令の拡充，当事者照会制度の導入等。なお，公文書提出命令に関する改正法案は第 151 回国会〈平成 13 年〉に提出済み）などを挙げることができる。また，民事訴訟規則では，進行協議期日の新設のほか，大規模訴訟につき審理計画を定めるための協議を義務付けている。

　この結果，民事訴訟の審理期間は全体として短縮されてきており，地方裁判所第一審民事訴訟事件全体の平均審理期間について見ると，9.2 か月（平成 11 年）である。しかし，事実関係に争いがあることなどから証人尋問など人証調べを行った事件の平均審理期間について見ると，20.5 か月（平成 11 年）に及んでいる。

　国民の期待に応えるためには，なお一層の審理の充実を図り，民事訴訟事件全体（人証調べ事件に限る。）の審理期間（平成 11 年で 20.5 か月）をおおむね半減することを目標として，以下の諸方策を実施すべきである。

（1） 計画審理の推進

　原則として全事件について審理計画を定めるための協議をすることを義務付け，手続の早い段階で，裁判所と両当事者との協議に基づき，審理の終期を見通した審理計画を定め，それに従って審理を実施するという計画審理を一層推進すべきである。

（2） 証拠収集手続の拡充

　訴えの提起前の時期を含め当事者が早期に証拠を収集するための手段を拡充すべきである。そのため，ドイツ法上の独立証拠調べ（訴え提起前においても，法的利益がある限り，証拠保全の目的を要件とすることなく，一定の事項につき「書面による鑑定」を求めうる制度），相手方に提訴を予告する通知をした場合に一定の証拠収集方法を利用できるようにする制度を含め，新たな方策を検討し，導入すべきである。その際，証拠の所持者の側の権利の確保や濫用に伴う弊害のおそれにも配慮する必要がある。

（3） 人的基盤の拡充

　審理の充実を図りながら民事訴訟事件の審理期間を半減するためには，法曹の人的基盤を拡充することによって，期日の間隔を短縮すること等が必要となる。そのために，弁護士人口を大幅に増加させること，弁護士事務所の法人化・共同化を進めることなどにより，弁護士の執務態勢を充実強化するとともに，裁判官及び裁判所関係職員の大幅増員等裁判所の人的体制を充実強化すべきである。

　なお，簡易な訴訟を迅速に処理するとともに，裁判所の限られた人的・物的資源を複雑，高度な事件に集中させ，全体としての効率性を高めるとの観点から，地方裁判所において，訴額等を基準として通常の訴訟手続とは別に簡易迅速な処理を可能にする裁判手続を導入すべきであるか否かについては，将来の課題として引き続き検討すべきである。

資料 **2**	東京地方裁判所監修 『東京地方裁判所における 新民事訴訟法・規則に基づく実務の運用』

（司法協会，2000 年）1 頁

　新法・新規則においては，訴状，答弁書，準備書面の記載について詳細な定めがなされ，書証その他の証拠申出を適時にすべき旨が定められたが，これによる実務を工夫し，研究していくのは，基本的には弁護士その他訴訟関係者である。裁判所は，その工夫，研究に基づく実践がより大きな成果を生むよう支援しつつ，これを信頼して見守る姿勢を持つ必要がある。一方，裁判所内においては，その守備範囲である第1回口頭弁論期日の指定を規則に定めるとおり，30 日以内の日に指定し，当事者が迅速に争点を煮詰める態勢を整えることができる場を設定する必要がある。次に，そこでの議論を踏まえて，選択の幅が広がった各種の争点整理手続その他の手続を事案に応じて自由に使いこなせるように，これらの各種手続に習熟する必要がある。また，新法の趣旨に則って，書証の早期提出を促し，必要に応じて証拠説明書を整えさせ，争点と立証方法に関する十分な議論を経た上，できる限り集中して証拠調べを行うよう努める必要がある。充実した争点整理を前提とする集中証拠調べについては，当庁においても多くの裁判体が実践し，相当の成果を上げてきたが，新法・新規則においてこれが明文化されたこと（法182 条）を機に，これを幅広く定着することを目指す必要がある。

建築訴訟

SPEAKERS

司会	門口正人	MONGUCHI Masahito
	齋藤繁道	SAITO Shigemichi
	三輪方大	MIWA Masahiro

建築訴訟への導き

　建築関係訴訟は，典型的な専門訴訟の１つに位置づけられている。その分野は，設計，施工，監理の瑕疵，工事の出来高，追加変更工事の有無，さらに，工事の振動，地盤沈下等多岐にわたる。

　建築関係訴訟の特徴としては，専門技術的な知見が必要であることのほか，瑕疵等について多数の主張がされ，争点が膨大になること，その上，新しい分野において実体法の解釈が未解明な部分があることが挙げられ，審理を難しくする要因としては，建築関係取引において，契約書が作成されないことが多く，それだけに業界の慣行等に負うことが多いために，事実認定が困難であること，さらに，居住用建物について，施主にとって思い入れが強いために，感情的な対立が激しいことなどが指摘されている。

　このような事情を踏まえて，審理においては，当事者の納得度の高い解決を図るために，**第１**に，専門家の知見を有効に活用すること，**第２**に，当事者と十分な意見交換を図ること，**第３**に，裁判所にあっては合議の充実・強化をすることが挙げられる。中でも，建築関係訴訟で独自に発展してきた調停手続に関心が持たれる。建築関係訴訟における調停の目的は，専門家調停委員の関与のもとに，その専門的知見を踏まえ，主張と証拠の整理を行い，調停案を提示しつつ当事者間の利害調整を行うことにあるという。ここでは，調停委員会としての心証を適時に示した上で，これに基づき当事者との間で十分な議論が行われることによって，感情的対立を和ませるものとしても有益であると考えられる。また，審理が漂流することがないように，時機を選んで，主張立証計画を提示し，現地調査や専門家調停委員との評議の時期を決めて，さらに，調停の成立が難しい場合には，人証の取調べや口頭弁論終結の時期等を示して合意を形成するように努めている。この場合に，調停手続と並行して，弁論準備手続において主張整理や証拠提出等の手続をすることによって時間的にも無駄がないように工夫されている。

　当事者にあっては，**第１**に，提訴前の準備として，現地を見分することはもちろん，建築関係の専門用語，業界の慣行，建築技術や工法等に関する知見を得るとともに，当事者間で事前の交渉を試み，その交渉の内容・状況を踏まえて事実関係を整理し，証拠の収集をした上で，紛争処理の見立てを的確にすることが肝要である。**第２**に，訴状の作成にあたっては，訴訟物を明示し，要件事実に即して事実を提示し，その上で，紛争の経緯や背景事情を加えることが求められる。**第３**に，主張や

証拠について，あらかじめ大まかな計画を立てて，適時に提出することが望まれる。第4に，争点等整理手続あるいは調停手続において，裁判所あるいは当事者との間で積極的に議論を行い，それを通じて，あるいは裁判所からの釈明も踏まえて，主張等の整理を進め，瑕疵一覧表や追加変更工事一覧表の作成にも努めるべきである。ここでは，主張及び立証に対する問題や疑問点が互いに示され，裁判所からの心証の開示や釈明を踏まえて，積極的意見交換が行われるので，あらかじめそれに備えておく必要がある。第5に，証拠の申出にあたっては，上記の争点等の整理に基づき，ベストエビデンスの提出を心がけるべきである。　　　　　　　　　　　　　—門口正人

はじめに──建築訴訟の類型

門口 今回から，専門訴訟に入ります。専門訴訟を取り上げるにあたって3つの理由を指摘したいと思います。第1は，専門訴訟について，司法制度改革審議会意見書において，専門的知見を要する事件を，民事裁判の充実・迅速化の対象とするということが触れられていたことです。第2に，専門訴訟にあっては，訴訟遂行においておそらく通常訴訟にはない難しさがあろうかと思いますので，固有の事情などを明らかにしていただきたいこともあります。第3に，専門訴訟において，いろいろ審理の工夫をされていると思いますが，その審理の工夫のあり方が通常訴訟にどのように影響を与えているかを伺いたいことです。このような点を踏まえて，専門訴訟を取り上げたいと思います。

専門訴訟の第1回として，建築訴訟を取り上げます。本日は建築関係訴訟を専門的に取り扱っているお2人の裁判官，東京地裁の齋藤繁道裁判官と三輪方大裁判官にお話を伺います。建築関係訴訟については，おそらく一般の方はよく見えない部分があろうかと思いますので，ぜひそういう見えないところを忌憚なくお話しいただければと思います。

前回と同様，この会は公式の会ではありませんので，あくまで個人のお考えということで述べていただければ結構です。早速お話に入らせていただきますが，まずはお2人から自己紹介をお願いいたします。

齋藤 私は，昭和63年に任官し，東京地裁，神戸地家裁姫路支部，札幌地家裁，法務省訟務局，東京高裁を経て，平成24年9月から東京地裁の部総括判事をしております。建築・調停・借地非訟の専門部である民事第22部には，約2年前の平成27年4月から勤務しております。どうぞよろしくお願いいたします。

三輪 私は，平成7年に任官し，千葉地裁，京都地家裁，最高裁判所事務総局の経理局，民事局，鹿児島地家裁名瀬支部，東京地裁，最高裁事務総局の行政局，東京高裁を経て，平成26年11月から民事第22部で裁判長を務めさせていただいております。なお，任官して3年目の1年間，古河電気工業株式会社に出向し民間研修をさせていただきました。どうぞよろしくお願いいたします。

門口 齋藤判事は法務省，三輪判事は事務総局やその前には民間企業のお仕事もされたようですが，そういう他職経験というのは，裁判にも役立ちますか。

齋藤 それは，大変役に立つと考えています。客観的に裁判官を外から見ることができる非常に良い機会です。

三輪 古河電工では，採用，人材育成等の関係の業務に関与させていただき，チームで仕事をすることや組織全体で成長していくことの大切さを学びました。そういったことが勉強できたのは裁判官として非常に役に立ちました。

門口 それでは，建築関係訴訟のお話を進めていきます。まず，一般的に建築関係訴訟とはどういうものか，訴訟類型としてどういうものがあるかをご紹介していただけますか。

齋藤 建築関係訴訟としては，建物の請負代金等が請求されるものがあります。これについては，設計，施工，監理の瑕疵，工事の完成の有無，出来高，さらには追加変更工事の有無などが争点となります。また，建物の売買代金請求に関して，瑕疵担保責任が問題になるものもあります。そして，建物の施主，買主が瑕疵などを理由として，瑕疵担保責任や不法行為に基づき，損害賠償請求をするものもあります。さらに，工事の振動，地盤沈下により被害を受けたとして，不法行為に基づいて損害賠償請求をするものもあります。建築関係訴訟は，このように瑕疵，追加変更工事，工事の出来高などが主に争点になります。

事件の概況と事件処理態勢

I. 事件の概況

門口 ただいまご説明いただいた訴訟類型だけを伺っても，やはり専門性が非常に高いということが窺えますが，続いて事件の概況を教えていただけますか。

齋藤 平成 27 年 7 月に公表された裁判の迅速化に係る検証結果[1]によると，

---

1) 判タ 1415 号（2015 年）5 頁以下。

全国の建築関係訴訟の新受件数は，平成21年の2489件をピークに，その後はやや落ち着いていて2000件前後で推移しています。これは，平成20年のいわゆるリーマンショック後，住宅等の着工数が激減したことに起因するものと考えられます。ただ，最近は景気の全体的な回復傾向を背景として，住宅等の着工数が増加する傾向にあること，また，建物所有者の建物の安全性に対する意識が一層高まっていることなどを考慮すると，今後は建築紛争が増加する可能性があるのではないかと思います。

門口 そうすると，事件処理も決して容易ではないということで，自ずと審理期間も長くなるのでしょうか。

齋藤 はい。一般的に建築関係訴訟は長期化すると言われています。先ほどご紹介した裁判の迅速化に係る検証結果によると，全国の建築関係訴訟の平均審理期間は，近時，大体17カ月前後で推移しています。瑕疵の主張のある事件だけを見ると約25カ月です。瑕疵の主張のある事件のほうが，より審理期間が長期化する傾向が見られます。一般の過払事件を除く全国の民事第1審訴訟の平均期間が9カ月ちょっとですので，それに比べて審理期間が長いということが指摘できるかと思います。

門口 特に長期に係属している事件の状況はいかがでしょうか。

齋藤 裁判の迅速化に係る検証結果によると，審理期間が2年超の事件の占める割合は，全国の建築関係訴訟では，既済事件のうち約24％となっています。これは，過払事件を除く全国の民事第1審訴訟のうち，審理期間が2年超の事件の占める割合が約7％であるのに比べ，かなり大きい割合と言えます。これらによると，建築関係訴訟がいかに複雑困難な訴訟類型の1つであり，その審理にある程度の期間を要することがおわかりいただけるのではないかと思います。

門口 事件処理の流れなどをお伺いする前に，全体の様子を知るために，事件がどのような形で終わったかという事件の終局のことをご紹介いただけますか。

齋藤 平成25年7月に公表された裁判の迅速化に係る検証に関する報告書によると，平成24年の全国の建築関係訴訟では，全終局事件のうち，判決が約37％，和解が約40％，取下げ等が約23％です。建築事件の専門部である当部では，建築関係訴訟について正式な統計は取っておりませんが，今回

集計したところ，平成28年の全終局事件のうち，判決が約13％，和解が約29％，取下げ等が約58％となっていました。取下げ等のうちのほとんどが，訴訟を調停に付した上で調停が成立した結果，訴訟が擬制取下げになったものですので，和解と取下げとを足した全体の約8割以上が話合いによる解決と言えると思います。これについては，全国では約6割強が話合いで終わっているということですので，当部はそれよりも約2割ほど話合いによる解決の割合が高いということになります。

門口 ご指摘の和解件数と取下げ等を含めた件数は，通常訴訟と比べても高いと言えますね。

齋藤 一般通常訴訟の和解率は3割から4割程度ですので，かなり高いと思います。このことからも，当部においては，当事者の満足度の高い解決が図られていると言えるのではないでしょうか。

門口 ただいま，調停に触れられました。これも建築関係訴訟事件の処理の大きな特徴の1つであろうかと思いますが，後ほど詳しくお伺いします。

　さて，この段階で，事件の特徴として大まかなところを教えていただけますか。

齋藤 建築関係訴訟で一般に言われている特徴としては，争点の解明に専門技術的な知見が必要であるということ。それから，瑕疵，あるいは追加変更工事が多数主張され，争点が極めて膨大なものになるということ。判例や理論があまり確立していない分野や論点があり，実体法の解釈が未解明な部分が多いと言えます。また，建築関係訴訟では，契約書があまり作られていないため，証拠が乏しく，事実認定が非常に困難であるとも言えるかと思います。居住用建物は，一生に1度の高価な買物で，一般の施主にとっては非常に思い入れが強いということで，いったん紛争が起きると非常に感情的な対立が激しく，話合いによる解決が難しいということがあります。さらに，先ほどから申し上げておりますように，紛争が長期化しやすいということが言えるかと思います。

Ⅱ. 事件の質の変化

門口 ご指摘の項目については，それぞれの箇所で詳しく承っていきます。事件の質などが以前と比べて変わったとか，特徴的なものがあるでしょうか。

三輪 事件の質的な変化として，まずは平成 19 年 7 月 6 日の最高裁判決（民集 61 巻 5 号 1769 頁）による質的変化が挙げられます。設計者，施工者等が，建物としての基本的な安全性を損なう瑕疵について不法行為責任を負うとした平成 19 年 7 月 6 日最高裁判決の判示に依拠した損害賠償請求訴訟が増加しているということが挙げられます。建築物の施主や買主が，請負契約または売買契約の除斥期間の経過後に，施工者のみならず設計者・監理者等に対して，不法行為に基づく損害賠償請求を提起する事例です。具体的には，大型マンションに関して，外壁タイルの浮き，床スラブのたわみ等の発生を主張して，不法行為に基づく損害賠償請求を求める事案等が挙げられます。個別の事案においては，建物としての基本的な安全性を損なう瑕疵の該当性，注意義務違反の有無等に関する，当事者双方の主張が鋭く対立することも多く，審理の運営は容易ではありません。

　また，東日本大震災を契機に，瑕疵が顕在化した事件も増加しているのも特徴的です。平成 19 年 7 月 6 日最高裁判決に依拠した提訴の流れとも関係いたしますが，東日本大震災を契機に，居住するマンションの耐震性に問題があることが新たに判明したなどとして，マンションの建替えの費用を求める事件も散見されます。このようなマンションの建替え等を求める場合には，建物の構造計算に関する論点を含んだり，瑕疵が多数に及んだりして，訴額が数十億円に上ったり，争点整理にも多大な労力を要したりする事件もめずらしくありません。

門口 裁判一般に言えるのでしょうが，こういった社会的な事件が起こると，裁判に反映というか影響が出てくるのでしょうね。

三輪 そうですね。今まで誰も考えたことがないような法的論点，それから専門的な知見を要する判断が求められます。そういったときに，専門家の方々の力も借りながら，裁判官と専門家がタッグを組んで，一丸となっていちばん適切な解決を迅速に図っていくように頑張ってやっています。

Ⅲ. 事件処理の態勢

門口 次に，事件処理態勢についてお尋ねします。専門的知見を要する事件として，すべて専門部で扱われているのかどうか，合議事件と単独事件の割り振りについてもお話しいただけますか。

齋藤　全国的に建築関係訴訟を専門部あるいは集中部で処理している裁判所は４カ所あります。東京地裁，大阪地裁，千葉地裁，札幌地裁の４庁です。

東京地裁における処理態勢について申し上げます。当部では裁判官が11名おります。東京地裁本庁に提起されたすべての建築関係の訴訟及び調停を担当しております。11名のうち９名の裁判官が単独事件の訴訟を担当しており，合議体は２つあります。本日出席の２名が，それぞれ裁判長を務めております。裁判長以外の陪席裁判官の様々な組合せで合議体を構成することになっています。先ほどから専門家の話がありますが，当部には専門家調停委員，これは１級建築士等の資格をお持ちの方が多いですが，民事調停委員が137名及び専門委員が85名います。

門口　今説明された専門家調停委員は専門委員とは違うのですね。

齋藤　専門委員は，民事訴訟法92条の２に基づき，訴訟において，訴訟関係を明瞭にするなどのために必要な場合に，その事件ごとに選任され，裁判官に専門的な知見に基づく説明をするという方です。

これに対して，民事調停委員は，当事者から民事調停が申し立てられた場合や受訴裁判所によって訴訟事件が調停に付された場合に，その調停事件に関与する方です。民事調停委員には，一般の有識者や，その他いろいろな専門分野の方がいます。建築関係訴訟が調停に付された場合には，一級建築士，構造設計一級建築士，一級建築施工管理技士，建築設備士等の建築関連の資格を持つ専門家が民事調停委員になります。そういった方を総称して専門家調停委員と当部では呼んでおります。

門口　建築訴訟では，ほとんどが民事調停委員の専門的知見を活用しているとお聞きしていいのでしょうか。

齋藤　はい。主張整理の段階，補修費用相当額，出来高，追加変更工事の相当報酬額等の査定の段階のいずれの局面においても専門的知見を得ることが必要な場合が多いため，当部においては，裁判官だけで和解を成立させることができた事件を除けば，大半の建築関係訴訟で，事件を調停に付して専門家調停委員の知見をお借りしながら事件を進めています。

Ⅳ. 合議事件・単独事件

門口　合議事件と単独事件の振り分けについても，ご説明いただけますか。

齋藤　平成22年4月以降，東京地裁民事通常部において，いわゆる新合議態勢の取組みが行われております。合議体による民事通常事件の処理を拡充するとともに，合議自体をこれまで以上に充実，活性化させ，民事裁判手続の利用者に対し，迅速で質の高い紛争の解決を提供する目的で行われている取組みです。建築専門部である当部においても，建築関係訴訟は，専門的知見を必要とし，実体法の解釈に未解明な部分が多い，さらに，事実認定が困難であり，争点も多数に及ぶという特色がありますので，合議に相当する事件は漏れなく合議に付して，合議の充実・強化・活性化を図っております。

　合議とされる事件の目安として，当部では憲法または重要な法令の解釈適用が争点となっている事件，社会的耳目を集めている事件，当該事件に関する判断が他の同種事案に与える波及効の大きな事件のほか，瑕疵または追加変更工事の項目が数百を超えるような事件，こういうものを合議事件として取り扱っております。

V. ADR との関係

門口　建築関係紛争と言えば，建築関係訴訟を専門的に取り扱うにあたって，建設工事紛争審査会など ADR の活用ということがよく言われました。ADR に関して，その活用と訴訟とのすみ分けなり，訴訟に対する影響をお話しいただけますか。

三輪　ADR と裁判とは，まさに紛争解決の両輪であると考えています。ADR は，簡易・迅速に紛争を解決する点に特色を有する，他方，裁判は権利関係を最終的に確定するもので，紛争解決のための最後の手段です。これらの点を踏まえつつ，相互に連携して，全体として最大のパフォーマンスを発揮することが重要であると考えております。

　ここで，代表的な建築 ADR である国土交通省所管の建設工事紛争審査会と弁護士会に設けられた住宅紛争審査会の全国の新受件数について見てみます。建設工事紛争審査会及び住宅紛争審査会のいずれも，年間約150件程度の新受件数となっています。全国の建築訴訟の新受件数の年間約2000件と比べると，やはり両審査会の新受件数は必ずしも多いとは言えないと思われます。具体的な統計は取っていませんが，裁判の提訴前に，建設工事紛争審査会，それから住宅紛争審査会等の建築 ADR での解決を試みたものの，話

合いでの解決が得られず、結果として裁判に至った事件は、ごく少数であるように思われます。

　この両審査会も、建築の専門家、弁護士等が関与し、質の高い解決案を提供する基礎はあると考えられるだけに、まだまだ活用の余地があるように思われ、少しもったいないと感じます。建設工事紛争審査会の場合は、少なくとも当事者の一方が国土交通大臣または都道府県知事許可の建設業者であることが利用のための要件となっており、また、住宅紛争審査会の場合も、住宅の品質確保の促進等に関する法律に基づいて設けられたものであるため、建設住宅性能評価書が交付されている住宅や、住宅瑕疵担保責任保険が付されている住宅のトラブルに関するものであることが利用のための要件となっています。そういうことも、利用者数が伸びない一因であるように思われます。

　いずれにしても、この両輪であるADRと裁判が有効に機能して、国民の紛争解決に資するということがいちばん大事だと思いますので、ADRのさらなる活性化が望まれるところです。

VI. 関係団体との関係

門口　もう1つ、建築関係訴訟の専門部の発足当初から言われていたことに、専門的知見の給源として建築学会等の専門家集団との関わりについて検討されたことがあったかと思いますが、現在の状況はいかがでしょうか。

齋藤　建築関係訴訟の審理に必要な専門分野というのは、事案の内容に応じてたくさんあります。建築意匠、構造、設備、施工、工事監理、積算等多岐にわたっております。そのため、民事調停委員及び専門委員の任命には、日本建築学会、東京建築士会等からの協力を得ています。また、日本建築学会からは、最高裁判所の建築関係訴訟委員会を通じて、鑑定人等候補者の推薦もいただいています。さらに、民事調停委員や専門委員から、必要十分な専門的知見を得て、審理の充実を図るためには、裁判官においても建築に関する素養を深めることが必要ですので、当部では日本建築学会の協力を得て、一級建築士等の講師を迎え、年に数回研究会を開催しているほか、民事調停委員等との各種の研究会を開催して研鑽に努めています。

訴訟手続

I. 事件処理の心がけ

門口 これからは事件処理に入ります。その前に，建築訴訟においては事件処理に特殊な面があるようですので，理解を助けるために，事件処理について心がけていらっしゃる重要な点をご紹介してください。

齋藤 専門技術的な困難を伴う建築関係訴訟では，ともすると，当事者任せの訴訟運営を行い，双方の主張が尽きるまで待つなどの消極的かつ漂流型の訴訟運営がされないとも限りません。そこで，当部の裁判官は，当事者の意向や事件の内容を踏まえつつ，主体的に事件をコントロールし，主張及び争点の整理を積極的に行うとともに，その事件を適正迅速な解決へと導くためには，どのような進行を行うべきなのかを常に模索し続けているのです。

　そのような進行の一環として，早期の和解勧試も位置づけられます。当部では，裁判官が，例えば，事件の内容に応じて，緻密な整理をしないと解決しない事案か，ある程度大まかな整理をし，早期に当事者が最も大きな関心を抱いている争点についての心証を示せば，大筋での和解や調停ができる事案なのかを判断することも大切であると考えています。そのような観点から，常に，当事者や代理人弁護士がどのような審理や解決を望んでいるかに強い関心を持ちながら審理運営を行っているわけです。

　また，建築関係訴訟は，先ほども申し上げましたように，その大半の事件で，専門家調停委員の関与を得ながら審理を進める点に特徴があります。専門家調停委員は，専門的知見をお持ちですが，その専門性を十分活かしつつ質の高い審理・調停・判決を実現するためには，裁判官が記録を十分検討した上で法的観点からの事案の分析や心証を形成することが欠かせません。

門口 先ほど合議事件の拡充や合議事件の審理の充実について触れられましたが，合議事件において特に心がけていることがあれば，お話しください。

齋藤 建築関係訴訟の中でも特に複雑困難な訴訟の多い合議事件においては，裁判官が法的観点から調停や審理をリードすることが一層重要となります。複雑困難な合議事件を適正迅速に処理するためには，裁判官と専門家調停委員とが行う評議に先立ち，合議において，訴訟物や要件事実の再確認を行うとともに，事実認定・法解釈に関する心証や判決となった場合の見通しにつ

いて議論を深めるのは当然のことです。当部の合議では，さらに，紛争発生の背景，当事者の問題意識や紛争解決にあたっての関心事項の優先順位等の紛争を取り巻く諸事情にも相互に思いをめぐらし，スピード感をもって当事者の納得度の高い解決を導くためのロードマップ，審理計画等の構築にも努めております。

　当部では，右陪席が主任裁判官を務める事件も相当数あります。右陪席裁判官は，自らが主任を務めない事件の合議にも積極的に参加しており，合議を通じて，単独事件の処理に必要な事実認定，法解釈等の必須能力のブラッシュアップを図ったり，和解の様々なノウハウを学んだりするほか，事件全体を適切にスケジュール管理するとともにマネジメントするための技法を獲得することにも努めております。

門口　通常訴訟でも部の活性化等が言われていますのでお伺いしますが，部のパフォーマンスの向上のために，何か工夫されていることはありますか。

齋藤　当部の裁判官は，専門家調停委員等のサポートを受けながら，建築関係訴訟を専門的に取り扱うことによって，自分の力で専門的知見やスキルを獲得したり，プラクティスに習熟したりすることは，一定程度，可能な状況にあります。しかし，そのような方法だけでは自ずと限界があって，もし当部の個々の裁判官が建築事件特有の頻出論点について，それぞれ必ずしも深い検討を行うことなく異なる見解をとっているとすると，専門部としての安定感や信頼感が大幅に減殺されると思っています。

　そこで，単独事件，合議事件を問わず，建築専門部として各裁判官の叡知を結集し，建築事件特有の論点に対する考え方や，実務感覚についてのスタンダードを確立した上で，迅速で質の高い事件処理をすることが重要であるということが，部内で議論になりました。

　このような観点からの取組みの1つとして，平成27年の秋以降，毎週3回，昼休みの45分間，「審理運営ミーティング」と称する勉強会を行うようになりました。議論の対象は建築関係訴訟の審理運営のあり方，実体法・訴訟法の解釈，事実認定上の問題になる点等，多岐にわたり，各裁判官が自らの事件処理にあたって直面した具体的な疑問，悩み等を持ち寄って，活発で自由な議論や意見交換を行っています。さらに，重要な論点等については必要に応じて夕方以降の時間も利用して，裁判官全員で協議することもありま

す。

　こういった部内の裁判官の叡知の結集のための取組みは，部を活性化させる，いわば機動的，擬似的な大合議とも言えるものです。このようにして部内でのプラクティス・ノウハウの共有や蓄積を図ることを通じて，安定感があり，当事者から信頼される解決を迅速に導くよう努めているところであります。

II. 訴訟手続の流れ

門口　それでは事件処理に入ります。まず，事件受理から終局まで大まかな事件の流れを教えていただけますか。

齋藤　まず，裁判官が，専門家の力を借りずに，独力で事件記録を十分読み込んだ上で，当事者の意向を踏まえつつ，早期の和解による解決を模索します。先ほど建築関係訴訟は専門的知見が必要だということが出ていましたが，事件によっては専門的知見が事件解決にとってあまり重要でなく，裁判官の事実認定や法的判断だけで事件の解決の方向性が決められるものもあります。また，当部の裁判官は，専門的に建築事件を担当していて，ある程度知見がありますし，バランス感覚もありますので，専門家の助力を得る前に，通常の主張整理の過程で，和解で解決できそうな事案については，早期解決を目指して和解を勧めます。当部では約3割程度の事件が和解によって解決しています。裁判官だけでの和解が難しい場合，大半の建築関係訴訟事件では，事件を調停に付して，専門家調停委員に関与してもらった上で，その訴訟事件を担当する裁判官自身が調停事件を進行しています。いわゆる建築調停です。建築調停では，主張と証拠の整理をきちんと行った上で，調停案を提示します。建築の専門家と法律の専門家である裁判官とが綿密に評議をした上で提示する調停案は，当事者にとっても納得度の高いものなので，当部では調停に付された事件のうち8割近くの事件が調停によって解決しています。もし，当事者間に合意が成立せず，調停が不成立となった場合でも，判決で専門的知見を前提とする判断を示す必要がある部分について，専門家調停委員に意見書を作成してもらい，この意見を踏まえて判決をしています。

Ⅲ. 提訴前の準備

門口 提訴前の当事者の準備の状況についてお尋ねします。当事者の準備は遺漏なく行われていますか。

三輪 通常の訴訟一般に比べると，事前の交渉自体はそれなりに行われていることが多いように思われます。ただ，提訴前の事前交渉の内容・状況を十分踏まえて事実関係を整理し，証拠精査をした上で，事件に関する正しい見立てをし，訴訟提起等の手続選択を行うといった手順が踏まれていない事件が少なからずあるという印象も持っています。特に，追加変更工事代金を請求する訴訟に関しては，追加変更工事の実施の合意や，有償合意に関する証拠をきちんと整理した上で提訴することが望ましいのですが，現実には契約書，請書等の客観的な証拠がないのみならず，客観的証拠がない部分をどのような形で立証していくのかの具体的なイメージが持たれないまま提訴されていることも多いのが実情です。

門口 建築関係紛争では特に現地を見ないことには紛争の実相がわからないと思うのですが，現況も見ないで提訴するというケースもあるのですか。

三輪 残念ながらそのような例も散見されます。驚くことに，代理人弁護士が，係争となっている現地を見ないで提訴，訴訟追行していて，調停委員会が行う現地調査の際に，初めて現地を見るという例もあります。このような場合には，建物や瑕疵の実情等とはかけ離れた請求が行われるということも少なからずあります。

このような提訴や訴訟追行が行われると，当事者の訴訟に関する見通し，期待等と調停委員会や裁判所の心証等との間に大きなかい離が生じてしまい，裁判所での議論に無用な混乱を来しかねませんし，真に当事者の利益を図るという観点からも問題が大きいように思います。弁護士の方々には，真に当事者の利益を図るという観点から，依頼者と十分に意思の疎通をしていただき，信頼関係を構築した上で，訴訟提起及び訴訟遂行をしていただきたいですね。

門口 話がややそれますが，契約書等がない事案が多いというご指摘に関して，わが国の通例としても言われますが，建築関係訴訟においては特に顕著なのでしょうか。

三輪　この点については，最高裁に設置された建築関係訴訟委員会が平成17年6月に行った報告があります[2]。これによると，平成14年11月時点で，東京地裁の場合，契約書が存在しない事件が54％存在したようです。この報告では，建築関係に関する紛争の防止及び早期解決のためには，契約書の作成や内容の充実が必要であるとされています。定量的な把握はできていませんが，平成14年11月当時に比べると，契約書が存在しない事件の割合は減少しているように思います。

　日本建築学会は，厳正中立的な立場から，裁判所及び紛争処理機関を支援する目的で，内部に司法支援建築会議を設け，裁判例をはじめとする建築紛争の情報の学術的な調査分析を行い，その成果を建築関係者に還元するなどの活動を行っています。その活動の一環として，契約書の作成及びその充実の重要性に関する啓蒙活動も行っているようで，一定の成果が現れているのではないでしょうか。ただ，追加変更工事，リフォーム工事等を中心に，依然として，口頭によるやり取りしかなく，客観的な証拠に乏しい事例も多数あり，事実認定が困難である場合も多い状況です。

Ⅳ. 訴訟の開始——訴状・答弁書

門口　ありがとうございました。それでは，いよいよ訴訟が始まりましたということで，訴状や答弁書が的確に作成されているかどうかについて伺いますが，率直なご感想は，いかがでしょうか。

齋藤　先ほど弁護士の提訴前の準備の話が出ましたが，それと関連して，訴訟物が何か，要件事実に即した事実が何かの検討を十分に行わず，時間の流れに沿って生の事実が羅列されているだけの訴状とか準備書面もあります。また，事実をどのような手段で立証するのかも明確にされていなかったり，証拠の引用がされていなかったりするというものも散見されます。

　請負契約における瑕疵を例に挙げますと，請負契約における瑕疵というのは，契約で定めた工事内容と違う施工がされたということですので，施主，発注者としては，合意されたあるべき施工と実際に行われた施工とを峻別し

---

2) http://www.courts.go.jp/saikosai/iinkai/kentikukankei/tousin/index.html

た上で両方を具体的に主張立証する必要があるのですが，これがされていない事件，準備書面が割合多いと感じております。また，本訴で追加変更工事に係る代金を請求しているにもかかわらず，訴状において，追加工事の施工合意，有償合意等を裏付ける証拠が整理されていないもの，追加工事と基本工事との関係について明確にされていない事案も多いですし，追加工事代金の請求が次々と「追加」されることも多いのも現実です。十分な証拠の整理，吟味がされることなく提訴された追加変更工事に係る代金請求事件の審理の長期化は顕著であり，代理人弁護士の意識の変革を期待したいところです。

門口 訴状が的確に作成されていないということになりますと，その後の訴訟進行についての裁判所の負担も大きくなりますね。

齋藤 はい，そういったところにつきましては，当事者に瑕疵一覧表や追加変更工事一覧表を作成してもらい，この一覧表で争点整理を行っていってその要件事実を整理するということをやっております。一覧表に基づき裁判所と当事者とが議論を行うことを通じて，裁判所から当事者に対して，主張及び立証の補充に関する釈明を行うわけです。このような整理手続によって，問題は相当程度解消されていますが，迅速な訴訟運営の観点からは，裁判所の釈明を待つまでもなく，訴状，準備書面等に意識的な記載がされていることが望ましいことは言うまでもありません。

V. 準備書面

門口 さらに，準備書面の関係では，特に通常訴訟でよく言われている，期限が守られて提出されているかどうか，いかがでしょうか。

三輪 非常に残念ながら，建築訴訟におきましても，他の訴訟と同様に，準備書面や証拠が，提出期限としてお約束いただいたときまでに出してもらえないということが相当多数ございます。

門口 準備書面等について，裁判所から，当事者，特に弁護士に言っておきたいということはありますか。

三輪 後ほど話題に上るかと思いますが，調停に付された事件の大半については，弁論準備手続期日と調停期日を同時刻に指定する運用がされています。裁判所では，この期日における当事者との議論や当事者に対する釈明を充実したものとするために，準備書面や証拠が提出期限に提出されること，そし

て，専門家調停委員に提出された書面を読んできてもらうことを前提に，この期日の前に，裁判官と専門家調停委員だけで行う評議の期日を入れることも多いのです。それなのに，お約束いただいた書面が提出されないと，評議期日が空転し，ひいては，弁論準備手続期日兼調停期日における調停委員会や裁判官と当事者との間の議論や争点整理が空疎なものとなりかねません。効率的で迅速な事件の進行が阻害されるわけです。建築関係訴訟においては，通常訴訟に比べて少し長めに1カ月半程度の間隔で期日を指定することもありますが，これは，準備書面や証拠の提出を受けて記録の検討・評議を十分行うための措置なので，弁護士の方々にはくれぐれも提出期限を遵守いただきたいと思います。多くの代理人弁護士は，期限を守ってくれていますが，残念ながら，守らない人もいるのが実情です。

　また，五月雨式に主張や証拠を提出するのではなく，どのような主張立証をしていくのかというのを，きちんとグランドデザインを描いた上で，適時，適切に，計画的に主張や証拠を提出するということを，ぜひとも心がけていただきたいですね。

VI. 計画審理

門口　審理全体を見据えて，計画審理とか集中審理の状況についてお伺いしますが，その前提として，前にもお尋ねしたことと関連しますが，建築関係訴訟専門部として，事件処理上特に心がけていることを教えていただけますか。

齋藤　当部では，建築関係訴訟を適正，迅速に解決するために心がけていることがございます。まず，専門家と綿密で充実した評議をするなどして専門家の意見を最大限，有効活用するということがございます。また，当事者の意向や事件の内容に応じた訴訟運営をすること，また，当事者との徹底的な議論を踏まえて真の争点に光を当てた納得度の高い事件解決を図るということ，争点整理・心証開示・和解調停・判決をばらばらなものと見るのではなく，これらをシームレスなものとして運用するということ，それと，合議の充実・強化をするということ，また，これは非常に重要なのですが，常に裁判官がリーダーシップを発揮して事件処理にあたるということ，こういったことを心がけて，また，実践するようにいたしております。

門口　ご指摘いただいた事柄は重要な事柄ですので，それぞれの箇所で取り上げたいと思います。計画審理に関して，その実効性を確保するためには，当事者の協力が必須と思いますが，いかがでしょうか。

三輪　五月雨式の主張を阻止するための特効薬はございません。それでも，裁判官，専門家調停委員のみならず当事者及び代理人も一体となって事件を解決するための，いわばチームを構成するような意識を持った上で，「できるだけ迅速に良い解決をしよう」との意欲を共有し，皆でよく議論をすることによって，当事者の意向や事件の内容に応じた訴訟運営，審理計画を定立するといったことも効果的ではないかというような意識で進めているところです。

　正直申し上げて，建築関係訴訟では，早期の段階で判決までを見通した審理計画を定立することは難しいことが多いのが現実です。ただ，審理の中途の適時の段階で主張立証計画を粗々定め，現地調査や裁判官と専門家調停委員との評議を集中的に行う時期を決めて，調停案の提示の予定時期，それから，調停の成立が難しい場合の人証の予定時期や口頭弁論終結の時期等に関する合意を形成するといった取組みを積極的に行って，無軌道に審理期間が長期化しないようには心がけております。

Ⅶ. 争点等整理手続

門口　ただいまのお話にもありましたが，争点等整理手続について伺います。まず，争点等整理手続の方法の選択についてお教えください。

齋藤　基本的には弁論準備手続で争点整理をするということで，口頭弁論あるいは準備的口頭弁論で整理をするということはほとんどありません。

門口　次に，先ほど話に出ましたが，専門的知見の活用に関して，専門家調停委員が実際にどのような役割を果たしているのかについて教えてください。

三輪　当部の審理における専門家調停委員の役割は，建築関係の専門用語，業界慣行，建築技術・工学等に関する知見を提供いただくことにあります。これらの知見を得ることなく建築関係訴訟の妥当な解決を図ることは困難です。専門家の知見を得るまでもなく早期の和解による解決の気運の高まった事件はさておき，それ以外の建築関係訴訟事件については，裁判官だけで処理しようとすると，質の高い裁判の実現は困難であり，審理期間も長期化し

がちであると思います。

門口　具体的には，争点等整理手続の過程でどのようにして専門的知見を得るのですか。

三輪　裁判官だけでの和解が難しい場合，先ほども申し上げましたとおり，大半の事件では，事件を調停に付して，専門家調停委員に関与してもらいます。そして，訴訟事件を担当する裁判官自身が，原則として，調停主任裁判官を務め，専門家調停委員等と調停委員会を構成して，専門家調停委員から得た専門的知見を踏まえ，主張と証拠の整理をきちんと行い，調停委員会としての心証を示した上で，調停案を提示しつつ当事者間の利害調整を行います。調停手続では，調停に付された後に提出された準備書面や書証だけでなく，調停に付される前に訴訟に提出された準備書面や書証も，調停資料として取り扱い，これらをきめ細かに検討した上で，主張と証拠の整理や調停委員会としての心証の形成も行うわけです。

門口　事件を調停に付した場合，訴訟手続はどうするのですか。

三輪　かつては，建築関係訴訟を調停に付した場合には，訴訟手続を中止するとともに，調停手続についても，基本的には専門家調停委員に事件の進行を任せて，裁判官が調停にすべて立ち会うことはしないという運用を行っていたようです。そのため，裁判官は，調停手続で，主張と証拠の整理を行うわけではないし，調停手続に提出された準備書面や書証も，訴訟手続に提出されたものではないので，調停が不成立となって訴訟手続を再開した後に，まとめて陳述または提出されていたわけです。

　しかし，現在では，建築関係訴訟を調停手続に付した場合には，訴訟事件を担当する裁判官は，調停手続においても，調停主任として，リーダーシップを発揮して，適正迅速な解決を図るべく，すべての調停事件に立ち会い，専門家調停委員の専門的知見を活用しながら，主張と証拠の整理を行った上で，法的観点を踏まえた柔軟な解決を図るようにしています。裁判官と専門家調停委員とが，調停手続で，争点整理を行った上で合理的な調停案を提示するわけですが，そうすると，せっかく争点整理が進行したのだから，調停手続と並行して訴訟手続も行い，主張と証拠の整理の過程や結果を弁論準備手続期日調書に残し，取り調べるべき証拠は取り調べてしまったほうが，手戻りがなくてよいのではないか，調停不成立時に再度手続をやり直すという

時間的・経済的ロスも防げるというメリットがあるのではないか，というアイデアが自然と出てきました。そこで，調停手続の中で，各種一覧表の作成等を通じて主張と証拠の整理を行いつつ調停を進めるとともに，当事者に異議がない限り，本案の弁論準備手続についても，中止することなく進行させ，調停期日と同時刻に期日を指定して，調停手続と並行して，訴訟上の主張整理，証拠提出等の手続をしております。これは私どもでは，いわゆる「並進」と呼んでいるところです。

Ⅷ. 付調停

門口 ただいま調停に付することについて説明がありましたが，その場合の調停の目的を確認したいと思います。

三輪 建築関係訴訟を調停に付した場合の調停の目的は，専門家調停委員から得た専門的知見を踏まえ，主張と証拠の整理をきちんと行い，調停委員会としての心証を示した上で，調停案を提示しつつ当事者間の利害調整を行うことです。

　調停といいますと，足して2で割るような解決を図るのではないかというようなことがよく言われます。これを「単純調整型」とでも呼ぶならば，当部における調停は，この「単純調整型」とはほど遠い，「争点整理型」とでも呼ぶべきものです。当部における調停は，専門家調停委員に早期に関与してもらうことによって，技術的な疑問を解消するとともに，裁判官と専門家調停委員とが，当事者の主張や証拠に関して，問題点，疑問点，補充を促すべき点等を検討した上で，争点の整理を行い，調停委員会としての心証を示す点に，大きな特色があります。

門口 建築訴訟における調停も，民事調停の1つであって調停委員会が構成されて手続が進むということは同じですね。

三輪 はい。

門口 一方では，今ご説明を受けた調停は，いわゆる事件を円満に解決するという調停ではなしに，争点や証拠を整理するために行われているように思われるのですが，いかがでしょうか。

三輪 当部では主張や証拠を整理するために民事調停手続を利用しているという面があるのはご指摘のとおりです。

民事調停手続は，民事調停法 1 条に規定されているとおり，「民事に関する紛争につき，当事者の互譲により，条理にかない実情に即した解決を図ること」を目的としたものです。このような制度なので，調停手続の運用のあり方には，かなり幅があって，事案の解決に適した様々な運用がありうると思います。我々は，建築関係訴訟を調停に付した上で事案の解決を図ってきたこれまでの経験から，建築調停については，「争点整理型」の運用が，最も合理的で，当事者の納得度が高いと考えているわけです。

　つまり，調停手続で，法律の専門家である裁判官と建築の専門家である専門家調停委員とが，協働して多角的な観点から検討を重ね，主張と証拠の整理をきちんと行い，調停委員会としての心証を示すという過程を経ることによって，当事者としては，現時点で判決ということになると概ねどのような結果になることが見込まれるかや，判決となった場合の見通しを的確に把握することができます。このような過程を経て当事者間の利害調整が行われるからこそ，当事者は，調停委員会から提示された調停案や調停の結果に対して，満足することになる，これこそが，「単純調整型」にはない，「争点整理型」の調停の持ち味ではないでしょうか。

　条理の部分と法的観点の部分，これがおそらく調停を構成する 2 つの要素かと思われるのですが，一般の調停では，条理の部分に重きを置いた進行がされがちな部分もあると思います。これに対して，建築部における建築調停におきましては，法的な観点と専門的知見に基づき，争点整理や調停委員会としての心証の形成を行った上で，条理をも考慮して，当事者間の調整を行う点が，特徴的と言えます。調停委員会が，充実した評議を行い，法的観点，専門的知見と条理とを昇華させて，当事者の納得度の高い解決案を提示する点に特色があるわけです。

門口　もう一歩踏み込んでお聞きします。かつて，通常訴訟で弁論兼和解というのがあって，問題視されたことがありました。つまり，弁論手続において和解を試みるというのはおかしいのではないか，和解手続において争点整理をするというのはおかしいのではないかと。そこで，弁論兼和解が廃止されて，争点等整理手続あるいは弁論準備手続になったということがあったかと思うのです。さて，今のような観点から，建築関係訴訟の争点等整理手続の段階における付調停というものの位置づけはどのようになるのでしょうか。

三輪 当部では，専門家調停委員の専門的知見を最も効率的かつ効果的に活用するために，付調停という手続を活用しており，また，充実した当事者の納得度の高い調停を実現するために，「争点整理型」の調停を行っています。そして，せっかく調停手続で争点整理が進行したのだから，弁論準備手続の成果物としても調停手続における争点整理の過程や結果を活用するのが合理的であろうとの発想から，「並進」を行っています。

　逐次の心証の開示，そして，これに基づく調停委員会と当事者との間の十分な議論が的確に行われることによって，充実した争点整理が実現できるとともに，調停委員会が多角的な観点から検討した合理的な調停案への満足度も高まり，また，調停が成立しなかった場合に，それまでに開示した心証を前提としてなされる判決に対する納得度も高まると考えられます。

　もっとも，調停手続における争点整理の結果を訴訟手続に用いること等に違和感を抱く人もいるかもしれません。当部でも，当事者から，訴訟事件を調停に付すことや調停手続と弁論準備手続との「並進」を行うことについて異議が出された場合には，これらの手続は採らないこととしていますが，調停に付すことに異議を述べる当事者はあまりいませんし，「並進」を行うことについて異議を述べる当事者もこれまでのところほとんど見当たりません。

門口 さらにお尋ねしますと，建築紛争の解決のために専門的知見を得るために，専門委員に代えて専門家調停委員を利用するという便宜から，調停手続を利用するというようにも窺えますが，いかがでしょうか。

三輪 専門委員は，訴訟関係を明瞭にするなどのために専門的な知見に基づく説明をするもので，例外的に，双方当事者から了解が得られた場合には，専門委員から意見を述べてもらうこともできるとの取扱いもしていますが，専門家の専門的知見を活用するにあたっては，様々な制約があります。現在のところ，専門家の専門的知見を活用して充実した審理や質の高い裁判を実現するための運用としては，付調停をして専門家調停委員に関与してもらうのが，最も効果的ではないかと考えています。

齋藤 双方の利害対立状況が鋭い等の事情から，双方当事者が付調停を希望しないことも稀にあります。そのような場合には，建築関係訴訟事件に専門委員を選任し，事案の解明のために必要な説明等をしてもらいます。専門委員は，訴訟関係を明瞭にするなどのために専門的な知見に基づく説明をする

ものですが，例外的に，双方当事者から了解が得られた場合には，専門委員から意見を述べてもらうこともできると考えておりまして，そのような取扱いをしています。

門口　ただいま述べられたような付調停について，当事者あるいは代理人は，その趣旨を十分理解していると承ってよろしいでしょうか。

三輪　はい。当事者も，付調停の運用や，争点整理・心証開示・和解調停・判決を一連一体のものとして捉える進め方に，異論を述べることはほとんどなく，むしろ，的確，丁寧，かつ，わかりやすい心証開示を基礎とした進行であって，望ましいものとして，受け止めていると思います。実際，当事者からは，訴訟手続の比較的早い段階に，早く付調停にして専門家調停委員の関与を得て事件を進行させてほしいとの意見が寄せられることも多いのが実情です。

　そういった意味では，我々のやっている建築調停は，いわばあるべき調停をかなり先進的に実現していっている，各種調停の中でもリーディングヒッターと言ってもよいのではないかというような自負を持っております。

齋藤　一般の民事調停におきましても，今，成立率を上げて国民により利用してもらうために，法的観点を踏まえた調停というのが言われております。調停委員においても，出てきた主張や証拠から事実認定をして，訴訟になったら，どちらが勝つのかということをきちんと判断した上でないと説得力がないというようなことで，一般調停でも法的観点を踏まえたものを実現しようではないかと言われております。ですから建築関係訴訟の場合は，まさに調停の段階で法的観点を踏まえて進めなければ，到底，当事者の納得は得られませんので，そういった意味で専門的知見を借りながら，法的観点からはどちらに分があるのかといったところをきちんと判断して進めているというところです。

IX. 調停手続の流れ

門口　さて，調停手続は，どのように行われて，どのように進行していくのでしょうか。

三輪　まず，当事者から，事件について調停に付して専門家調停委員に関与してもらうことの是非について意見を聴きます。ほとんどの場合には，同意

いただけます。専門家が関与した上で主張や証拠の整理をした上で，調停を進めたほうが，より適切な解決が図られるということを皆さんご存じだからだと思います。

門口　この場合の調停委員会の構成を教えていただけますか。

三輪　調停委員会は，調停主任たる裁判官のほかに，法律家調停委員1名と建築専門家調停委員1名，合計3名で構成することを基本にしています。ただ，複数の分野にまたがる専門的知見が問題となる場合等には，複数の建築専門家調停委員によって調停委員会を構成する，また，裁判官だけで調停機関を構成した上で，民事調停規則21条，18条1項に基づき，民事調停委員の専門的な知識，経験に基づく意見を聴取するというやり方もしています。事件の性質，内容等に応じて構成に工夫を凝らしている。そのような状況です。

門口　当事者に対して，付調停に際して何か特別の説明はされるのでしょうか。

三輪　弁護士の方々は，当部の付調停の運用をご存じなので，特別な説明をする機会はほとんどございません。当部の運用をご存じない当事者に対しては，専門家調停委員から得た専門的知見を踏まえ，主張と証拠の整理をきちんと行い，調停委員会としての心証を示した上で，調停案を提示しつつ当事者間の利害調整を行うといった当部での調停や「並進」の運用について説明します。このような説明をすると，大概の場合，専門家に入ってもらったほうが，専門的な知見に基づいて合理的で常識的な調停案が提示されるのではないかという期待を抱き，調停に付すことについて同意いただける状況です。

なお，調停に付するタイミングは，事案にもよりますが，可能な限り争点整理のできるだけ早い段階を心がけています。専門家調停委員に早期に関与してもらうことにより，裁判官が早期に，かつ，的確に，審理運営方針を定立し，適正迅速な解決を導くことが可能になるからです。

門口　調停手続の実情についてお尋ねしますが，1回の調停期日にかけられる時間，その回数について，教えていただくことができますか。

三輪　期日としましては，1期日あたり30分から1時間程度確保することが多くて，事件の性質，内容，論点数や審理の局面次第では，2時間以上に及ぶといったことも少なくございません。頻度としましては，通例は1カ月

から1カ月半程度期間を置きまして，その間に補充すべき主張や証拠等を，調停期日に提出してもらうために準備をしてもらうこともございます。調停成立に向けて機が熟してくれば，より短いスパンで調整を図っていくこともあります。

門口　調停期日の回数について，平均的なものはあるのでしょうか。

齋藤　統計はとっていません。ケース・バイ・ケースとしか言いようがございません。

門口　冒頭で専門家調停委員と専門委員の人数の説明がありましたが，今までのお話を伺いますと，専門家調停委員がほとんどで，専門委員を活用することは，あまりないと承っていいのでしょうか。

齋藤　おっしゃるとおりです。当事者に，専門家に入っていただきたいということを申し出たときに，非常に感情的な対立が激しく話合いは絶対したくないと，調停には付したくないというような例外的な場合でない限り，原則として調停委員を活用することになっています。

X. 争点整理表

門口　私自身の経験でも，建築紛争で瑕疵だけでも百を超えるものが主張されたことがありましたが，そのような場合に，争点が整理されないと，話合いはもとより，その後の訴訟運営も困難と思われます。争点整理表などの作成について，当事者の協力はいかがでしょうか，実情を教えていただけますか。

三輪　ご指摘のとおり，建築訴訟の多くでは，瑕疵，追加変更工事，出来高が争われまして，これらのそれぞれについて，瑕疵の有無の判断や補修方法，それから工事費用相当額の認定等々，これをステップ・バイ・ステップで判断過程をきちんと経ていく必要があるわけです。その多数の判断を積み重ねて最終結論を導くためには，やはり判断すべき内容が審理の過程で意識的かつ効率的に整理されるような工夫が必要でして，先ほどもご紹介がありました，瑕疵一覧表，追加変更工事一覧表，出来高一覧表等の各種一覧表をExcelシートを用いて作成するよう，当事者にお願いしており，適切にご協力いただいています。

門口　そうしますと，ほとんどの建築関係訴訟においては，争点整理表ある

いは時系列表というのが必須と言えますね。

三輪 そうです。特に専門家調停委員に事案を早期かつ的確に把握してもらったり，それから，調停委員会の評議，期日における調停委員会と当事者との間の心証開示，議論等を効率的に進めたりするためには，こういった一覧表は不可欠です。当事者が，交互に，各種一覧表に主張や証拠を入力したExcelシートの電子データをメール等を利用して交換していくことで，主張及び証拠の整理が合理的に進められます。実際に，瑕疵一覧表を用いて主張及び証拠の整理を進めていくと，①建築物の現状がどうなっているのか，②請負契約に従えばどのような施工がされるべきであったのか，③補修の方法・費用に関する争点が明確になるほか，客観的な証拠の有無を含む証拠の提出状況が明らかになり，効率的かつ効果的な争点整理が可能となります。

門口 争点整理表の活用にあたって，そのほかに留意されていることはありますか。

三輪 各種一覧表は多数の項目に及ぶ上，その性質上，技術的な事項を正確に記載することは容易ではないため，表現の細部にこだわったり，過度に精緻なものを作成したりしようとすると多大な時間を要します。各種一覧表は，争点整理，心証開示，議論等のツールにすぎないことを十分意識する必要があります。当事者の主張立証の状況や，当事者が判決による解決に固執しているのかそれとも話合いによる早期の解決を希望しているのかなどの意向等を総合的に考慮し，事件を適正迅速な解決に導くためには，どのような進行を行うべきなのか，そして，そのために，各種一覧表をいつまでにどの程度の精度のものに仕上げる必要があるのかについて，常に考えることが大切です。また，当事者とも，各種一覧表作成の目的意識，目標とする到達点や一応の完成時期の目処等を議論し，これらについての認識を共有することも重要であると考えております。

また，代理人弁護士には，まずは，相互に主張を準備書面で十分戦わせてから，一覧表で整理するという発想を持っている人が多いように思われます。しかし，例えば，瑕疵について，準備書面で，1年程度かけて，相互に主張を行い，その後に，瑕疵一覧表を，さらに1年程度かけて作成したとすると，作業の重複感は否めず，非効率です。事件の全体像等を示すためには，準備書面という形式を採る必要があるという側面等も否定できませんが，個々の

瑕疵に関しては，基本的には瑕疵一覧表を用いて整理するのが合理的である
と考えられます。そこで，現在の当部の運用では，一般的な建築関係訴訟の
場合，準備書面を2～3往復させた段階で，一覧表の作成に着手してもらい，
各種一覧表の完成時期についても，無限定とするのではなく，一応の目処を
共有した上で，作業を進めてもらっています。

門口　争点整理表については，例えば医療訴訟の分野などではかなり定型的
なものができているようですが，建築関係訴訟でもサンプルのようなものが
あるのでしょうか。

齋藤　東京地裁のホームページに発表しておりまして，誰もが入手できる定
型的なものがございます[3]。

XI. 評議

門口　調停では，先ほど争点等整理の目的もあるということでしたが，その
場合に裁判官と専門家調停委員との間でどのような連携なりコミュニケーシ
ョンが図られているのか，実情をお教えいただけますか。

齋藤　実情に触れる前に，評議の意義について申します。建築関係訴訟を適
正迅速な解決に導くためには，専門家調停委員を交えた綿密で充実した評議
が欠かせません。合議事件に関する調停委員との評議に関しても，裁判長，
主任裁判官はもちろんのこと，主任裁判官ではない裁判官も，原則として，
評議のすべてに参加しています。1回の評議は，数時間，事案によっては終
日に及ぶため，主任裁判官ではない裁判官の負担はかなり大きいのですが，
裁判官が，リーダーシップを発揮し，事件全体のマネジメントを実効的なも
のとするためのノウハウを身につけるには，多種多様な事件の評議に参画す
ることが最も効果的です。

　評議においては，裁判長だけでなく，各陪席裁判官も，主体的かつ積極的
に意見を述べ，調停委員との議論を活発に行っており，合議体を構成する裁
判官全員と専門家調停委員との活発な議論が，審理の充実や質の高い裁判の
実現に大きく役立っています。

3）http://www.courts.go.jp/tokyo/saiban/l3/Vcms3_00000560.html

続いて，ご指摘の連携について申しますと，具体的には，その期日の前あるいは後の評議を通じて図っているところです。裁判官は，事前に記録を十分に読み込んだ上で，専門家調停委員に聴くべき技術的知見は何かを検討した上で調停委員と議論を行い，専門家調停委員の専門的知見や経験則を踏まえて技術的な疑問を解消するとともに，当事者の主張及び立証に関して，問題意識，疑問点，補充を促すべき点等を検討いたします。そして，裁判官と専門家調停委員とは，証拠や当事者との議論の結果を踏まえて，多角的検討に基づく安定した事実認定あるいは法的評価をした上で，判決になった場合どのような結論になるかを議論し，検討いたします。いわば，調停委員会としての事件の見立てをするわけです。そして，このような議論，検討を踏まえつつも，いろいろな事情を考慮して柔軟で落ち着きの良い解決策はないかということを話し合います。

　専門家調停委員は，建築に関する専門的知見，建築業界の常識を含む現場感覚等を語り，他方，裁判官は，専門家調停委員に対して，積極的に法的観点からの事案の分析や，心証を前提とした意見や素朴な疑問をぶつけることになって，この議論の過程で，法的な観点，建築業界の常識や専門家の知見等を踏まえたバランスの良い議論ができているかを常に意識しております。調停委員と裁判官の連携によって充実した評議が行われ，当事者の納得度の高い解決が図られるのではないかと思っております。

門口　今のご説明ですと，かなり早い段階から，判決になった場合を考えて調停期日が実施されているということになりますか。

齋藤　はい。常に，この事件は証拠や事実関係に照らして勝つべき者はどちらかということを考えながら進めております。その段階が，証拠が提出された早期の段階で決着がつくか，あるいはかなり専門的知見を交えて争点整理を行っていった後でなければならないかというのは，時期の問題でして，常に裁判官としては，この事件の解決，結論はどうなのかということを見据えながら進行しているということです。

門口　争点の整理が争点整理表によってされますと，その裏付けとしての証拠の整理も同時にされるのですか。

齋藤　まずは，専門家を交えずに，裁判官だけで，主張や証拠の整理を行い，当事者に各種一覧表も作成してもらいます。それが粗々できた後に，調停委

員の方に入っていただいて，一覧表の中の瑕疵修補の費用はいくらかとか，出来高はいくらかとか査定していただくというような流れが1つありますが，各種一覧表を用いて裁判官と専門家調停委員とが評議するうちに，主張や証拠を補充すべき点が明らかになり，当事者に対して補充を促すことも多いです。提出すべき主張や証拠は，このようにして整理されていきます。なお，判決に向けて手続を進行させる場合には，当事者と裁判所との共同作業を通じて作成された一覧表の最終版は，多くの場合，弁論準備手続期日調書に添付して記録化され，争点整理の結果を示す書面として利用されるほか，当事者の主張の摘示として判決に添付されることもあります。

門口　裁判官と当事者だけで争点整理表等に基づいて争点をできるだけ絞り，その整理作業が終わりますと，その後，証拠の申出が開始されるのですか。

齋藤　証拠は，各種一覧表の作成開始前から提出されています。各種一覧表は，証拠に関して言えば，審理・判断に必ずしも必要のないものを提出させないために利用されるというよりは，必要なものの提出を促すという形で利用されています。

門口　先ほど，事実認定に向けての評議の積み重ねという趣旨のご説明がありましたが，評議はどのような節目でされているのですか。評議の実情を教えてください。

齋藤　先ほど申し上げた点ですが，期日の前，あるいは期日の後に裁判官と専門家調停委員が評議をするということでございまして，裁判官としては，専門的知見を要する事項が何なのか，調停委員に何を教えてもらいたいのかということを，記録を十分に読み込んで，それを調停委員にぶつける。その疑問を解消しつつ，当事者と証拠や主張の疑問点について議論して，それを踏まえてまた調停委員と評議をし，どういうことがわかったのか，どういう結論なのかを話し合っていく。こんな形で評議を進めてまいります。

　時には，裁判官と専門家との意見が食い違い，シビアで白熱した議論になることもあります。そのため，正直，評議の負担は，かなり重いのが現実ですが，裁判官も専門家調停委員も，辛く長い評議を経るからこそ質の高い裁判ができるのだと自らを鼓舞して，日夜，評議に取り組んでいます。そして，妥当と考えられる解決策が見つかると，調停委員会の総意により，当事者を熱心に説得し，そのような解決策によって当事者の合意が形成できるように

全力を尽くしています。

門口 評議に際して特に心がけていることはありますか。

齋藤 専門家にも限界があることを意識して評議を行うように心がけています。第1に，専門家調停委員は，法律家ではなく，法律知識，リーガルマインドには欠けます。そのため，事件の適正な解決のためには，裁判官による法的観点の補充が必要です。第2に，専門家といえども直ちに適切な答えを出せるわけではありません。適切な争点整理，調停，判決のためには，裁判官との評議や，当事者との議論が不可欠です。第3に，建築の分野は広いため，専門家といえども，不得意分野や知識の乏しい分野もあります。当該事件の解決に必要な知見を持っていると思われる専門家に調停委員としての関与をお願いしていますが，場合によっては，他の専門家による知見の補充も必要です。

調停委員をはじめとする専門家に事件の進行を丸投げにしていたのでは，適正迅速な解決の実現は望めません。

門口 そうすると，調停運営においても，裁判官のリーダーシップが必要になるということですね。

齋藤 おっしゃるとおりです。法律家である裁判官自身が事件の解決に向けてリーダーシップを発揮することが不可欠と考えています。裁判官が，まずは，徹底的に記録を読み込み，真の争点・紛争の核心を把握するよう努力し，法令解釈の方向性を考え，当事者の立証状況を入念に確認してその時点での心証を形成し，その上で，その事件について，いつまでに，どのように，当事者間の調整を図り，解決へと導くのかという「審理のグランドデザイン」を具体的にイメージします。そして，専門家調停委員に対して，これらについての自分の考え方を明確に示しつつ，どのような知見を示してほしいのか，どの点について意見を聴きたいのかを投げかけるのです。建築関係訴訟事件の適正迅速な解決のためには，裁判官が，専門家調停委員と緊密な連携を図りつつ，事件をどのように進行させるかを積極的にリードすることが肝要と考えています。

門口 通常訴訟でも同じような質問を受けるのですが，裁判官は証拠も検討しないで，主張だけで方向づけができるのか，これは予断ではないのかという疑問を向けられることがあります。いかがでしょうか。

齋藤 裁判官一般に共通するかと思いますが，事実の主張と証拠の裏付けを総合的に見て判断しますので，ただ主張だけで，どちらが勝ちだとか，そんなことを判断できるわけではございません。特に，当部の調停では，先ほど申し上げましたとおり，裁判官と専門家調停委員とが，当事者の提出した主張と証拠を多角的に検討した上で，争点の整理を行っております。

XII. 現地調査

門口 証拠にも触れられましたが，先ほども出てきました現地調査，これは証拠調べなのでしょうか，あるいは争点の整理のための釈明的なものなのでしょうか。

齋藤 これは，民事調停法にございます調停手続の一環として現地で調停を行うという期日です。調停を進める上において，調停委員が，例えば瑕疵として主張されているものが写真等ではよくわからないので，実際に現地を見に行くと，より理解が深まり，それを前提とした，よりその実態に即した調停案等ができるというようなことで，実際に現地調停に行く場合が多いということです。また，現場の様子を見た上で調停案を提示しているということが，当事者の高い信頼感・納得度につながっているものと考えられます。現地では，裁判官は，必要に応じて，床下にもぐったり，小屋裏に上がったりもします。裁判官も，汗まみれ，泥まみれになって，事件を解決しようという強い意欲や意気込みを持っているということが当事者に対してリアルに伝わります。その意味でも，現地調査の意義は大きいと思います。

　このように，現地調査は，紛争解決のために有用な手段として位置づけられていますが，言うまでもなく紛争解決のためのツールにすぎませんので，このことも十分意識し，当事者の主張立証の状況や，当事者が現地調査を経るまでもなく話合いによる早期の解決を希望しているのかなどの意向等を総合的に考慮して，実施するかどうかを判断しております。

門口 わかりました。そうしますと，現地調査に専門家調停委員だけが臨むということもあるのですか。

齋藤 現在は，裁判官も調停主任ですので，専門家調停委員と一緒に現地にまいります。調停委員だけが臨むということは聞いたことはないですし，私も体験したことはありません。

XⅢ. 証拠調べ

門口 通常の訴訟の流れに沿って話を進めさせていただきますが，証拠調べについて特別なことはありますか。証人尋問あるいは書証，さらに鑑定について，実情をお伺いします。

齋藤 証人尋問につきましては，通常訴訟に比べまして少ないということが言えるかと思います。先ほど証拠があまりないと申し上げましたけれども，その中で，水掛け論になるというようなことから，客観的に，現在ある証拠で事実について判断し，その上で，調停案等を示すことについての理解がある場合が多くあります。証拠に関する部分がどうしてもポイントになるということであれば，証拠調べに至るということもございますが，圧倒的に証拠調べに至る場合は少ないと思います。

門口 証拠調べが少ないというのは，鑑定についてもほとんどないと承ってよいのですね。

齋藤 鑑定につきましては，平成 28 年度は当部ではゼロ，平成 27 年度は 1 件ということでございまして，専門家調停委員あるいは専門委員が関与することによって，厳格で費用のかかる鑑定という方法の専門的知見ではなく，専門家調停委員，専門委員による専門的知見の活用で十分足りているという理解と信頼が，当事者にもあるのではないかと認識しています。

XⅣ. 事実認定

門口 先ほど，建築関係訴訟の特徴の 1 つとして，事実の認定が非常に難しいということを挙げられましたが，証拠による事実の認定というよりも，むしろ事実の評価の難しさをいうのでしょうか。実情を教えていただけますか。

三輪 事実認定の問題か評価の問題かというのは，区別は必ずしもはっきりしないように思いますが，私の感覚では，建築関係訴訟では，評価というよりも事実認定が非常に難しいように思います。例えば，建築実務では，施主が，建築材料のグレードアップを求めたり，材質の変更を求めたりし，施工者がこれに応じるといういわゆる追加工事または変更工事が日常的に行われています。このような追加変更工事に関して，契約書，請書等の客観的な合意文書が作成されることなく追加変更工事が実施され，施主から，当該工事

については当初契約した工事内容に含まれるので追加工事や変更工事には該当しない，当初の工事の手直し工事なので代金を支払う必要がない，サービスとして工事をやってくれると思っていたなどとして，追加変更工事の代金の支払が拒否され，訴訟に至る事案が多数あります。このような事案では，有償合意の有無，相当額報酬の金額等が問題となりますが，1つひとつの追加変更工事につき，事実認定を行っていくのは，多大な労力を要します。また，リフォーム工事については，まともな契約書が作られることは少なく，瑕疵該当性の認定，追加変更工事該当性の認定等に特に難渋しています。

門口 その場合に，通常訴訟と比べて事実の認定において難しいという点として，先ほど，契約書がないことを挙げられましたが，ほかに何か事情がありますか。

三輪 契約を直截に裏付ける書証が乏しい一方で，断片的な間接事実が多数あるという実情があります。建物建築請負契約に関しては，施主と施工者とは，1回しか接触しないということはなく，定例の打合せ等の場で何回も接触し，何回もやり取りしています。また，施主と施工者との間で授受された設計図，見積書等も何種類もの物が存在することが多い。これらの間接事実を時系列で立体的に把握して，有償合意の有無等を認定していくという作業は，大きな労力を必要としますし，微妙な判断を伴うものです。瑕疵についても同様で，請負契約での合意内容と異なる施工が行われた場合には，請負契約上の瑕疵があることになりますが，請負契約で合意された工事内容はいったいどのようなものなのかの事実認定は，やはり多数の断片的な間接事実の網羅的な検討を要するもので，大きな労力を必要とし，微妙な判断を伴います。専門家調停委員から，技術的な知見や設計図の読み方を教示してもらう，業界慣行やこれまでの経験等に基づく意見をもらうなど，専門的知見の補充を得つつ，調停手続における評議を行ってはいますが，瑕疵，追加変更工事等の1つひとつについて，主張と証拠に基づき，調停委員会としての心証を形成していくのは，本当に大変な作業です。

門口 今のご説明を伺いますと，いわゆる事実認定の難しさとしては，建築関係訴訟に固有のものではないような気もしますが。

三輪 瑕疵，追加変更工事等の主張に関しては，施主，設計者，監理者，施工者に加えて，元請のみならず下請，さらには孫請等多くの関係者が建築に

関与することも少なくありません。これらの多数の関係者同士のやり取りの内容が間接事実として主張された場合等には，有償合意の有無，請負契約で合意された工事内容等の認定は，飛躍的に困難になります。このような状況は，普通の事案ではあまり見られないのではないかと思いますし，また，瑕疵や追加変更工事の項目数は，多い場合は，数百，さらに千以上に及ぶ場合もあるなど，事実認定には本当に苦労しています。

門口　確かに，変更契約があったかどうかなどは，通常訴訟と同様の事実の認定の問題ですね。一方，瑕疵かどうかということは，事実よりも評価の部分が大きいと思いますが，この場合にも，鑑定に頼ることはなく，専門家調停委員などの専門的知見を利用しているということでよろしいでしょうか。

三輪　はい。

XV. 心証の開示

門口　争点等の整理においても，あるいは条理による解決においても，裁判官は何を考えているかが当事者の関心事でしょうし，心証を示しながら，2つの目的に向かって作業していくことになると思いますが，先ほど言われた暫定的心証の開示についてご説明いただけますか。

三輪　期日において調停委員会は，当事者の主張立証に対する問題意識，疑問点等や，専門家調停委員との評議を経て形成された心証等を，当事者に対して率直に伝えます。裁判官は積極的に釈明権を行使もいたします。それに対して当事者も，どのような主張立証活動を行う予定であるか，話合いによる解決についてどのように考えるか等の意見を述べ，裁判所と当事者との間で徹底的な意見交換，議論を行うというものであります。

　もちろん，調停の初期の段階では，必ずしも当事者の主張立証が十分になされていないため自ずと暫定的なものでありますが，今，申し上げましたように専門家調停委員と裁判官とで構成する調停委員会としては，その時点までに出された主張，証拠を十分に検討して，多角的な観点から評議を経て全力で形成した，その時点としては確度の高い心証をぶつけているという実情がございます。

門口　当事者から，調停の進め方あるいは心証の開示という点で不満を言われることはありませんか。

三輪　もちろん，開示された心証開示の内容というのが，どちらかの当事者
一方の見立てと違うという場合があったりします。その場合には，どういっ
た理由で，そういう見立てになったのかを調停委員会と当事者との間で徹底
的に議論していく。そうすることによって，当事者のほうも，仮に現時点で
判決ということになると，どういう結果になるかということがわかります。
それから，そういう判決の見通しを踏まえた上での話合いによる柔軟な解決
を探っていくことができます。また，立証活動についても，当然，方向転換
することができるということもあります。

　的確な心証の開示とそれに基づく議論の結果，裁判所と双方当事者とが，
その時点での主張立証の到達点のみならず，今後主張立証を行う内容，弁論
準備手続の終結に向けての主張立証のロードマップ等の見通しを明確に意識
し，具体的に共有することができるので，争点整理も，審理の局面ごとに，
無駄のない筋肉質のものとなります。また，当事者にとって，判決になった
場合の結論は，予測が十分可能なものとなりますし，判決に向けて，1審段
階で徹底的に攻撃防御を尽くす機会がより実質的に与えられるので，不意打
ちが防がれ，審理の充実も図られます。このように，的確な心証の開示が，
計画的で迅速かつ充実した審理の実現にも役立っています。さらに，調停・
和解といった話合いによる解決についても，的確な心証の開示が行われるこ
とによって，足して2で割るといった安易な解決ではなく，判決になった場
合の結論を十分踏まえた納得度の高い迅速な調整が可能になります。

門口　ただいまのお話ですと，通常訴訟で言われているディベート型審理，
あるいは積極的求釈明というようなことが自らなされているような印象です
が，そういうことで伺ってよろしいですか。

三輪　おっしゃるとおりです。期日における，調停委員会から当事者に対す
る主張及び立証に対する問題意識，疑問点等の指摘や心証の開示と，これら
に対しての当事者からの意見の陳述，反論等は，かなりエキサイティングな
もので，調停委員会と当事者との間で，白熱した議論が繰り広げられること
も多いのが実情です。心証開示は，その時点時点で，かなり率直で，判決で
の結論に直結するストレートなものなので，これに対する当事者の意見の陳
述，反論等も自然と真剣なものとなります。

　また，当事者の感情的対立が激しい事件も多いことから，当事者本人の納

得度を少しでも高めるため，代理人が付いている事件であっても，調停や審理の節目で，期日への当事者本人の同行を求め，調停委員会が，積極的に当事者本人との議論を行う事案も多いです。代理人弁護士や当事者本人との白熱した議論が行われるからこそ，当事者側に対して，裁判官を含む調停委員会の真意が誤解なく伝わるとともに解決に向けた調停委員会の熱意がまっすぐに伝わるし，当事者側の真の問題意識を調停委員会が把握することもできるのです。

　当部では，このような白熱した議論を繰り返し行うことを通じて，先ほど述べましたように，充実した争点整理が行われ，主張立証のロードマップが具体化されるとともに，満足度の高い話合いによる解決や納得度の高い判決が実現できるものと考え，日々，当事者との議論を実践しております。

XVI. 和解

門口　先ほどから，調停の話がよく出てきているのですが，和解はいかがでしょうか。

齋藤　先ほども申し上げましたが，裁判官だけで，弁論準備手続で争点整理をしている間に出てきた証拠等で和解ができることもございます。それは臨機応変に和解で成立するということが約3割ほどございます。

門口　確認しておきますが，和解手続に専門家調停委員あるいは専門委員が関与するということはありませんね。

齋藤　訴訟手続の一環としてされる和解には，専門委員が関与することはありますが，専門家調停委員が関与することはありません。

三輪　裁判官としては，事件記録を十分読み込んだ上で，早期に和解という形での解決ができないかというのを模索いたします。それで和解ができるものも相当数あるのですが，それができない場合には，その事件を調停に付すという形で，調停委員の助力を得ながら解決を模索していくことを考えます。

門口　今の説明によりますと，通常の訴訟の場合とはやや違うような印象を受けます。訴状を受理した段階で，事件処理のマネジメントとして，和解・調停ということを考えるということですか。

三輪　当部では，争点整理・心証開示・和解調停・判決は，一連一体のいわばシームレスなものであると意識して，調停及び訴訟の運営を行い，当事者

の意向や事件の性質，内容等に応じて，相当と考えられる時期に，積極的に和解や調停の勧試を行い，できるだけ速やかに事件を解決に導くよう努めています。建築関係訴訟の場合には，付調停により専門家調停委員の関与を得て，専門的知見の補充を受け，裁判官と専門家調停委員とが充実した評議を行うことによって，先ほど述べたシームレスな運用を実践しやすくなっているという側面はありますが，このような運用は，建築関係訴訟に独自のものではなく，通常訴訟においても十分通用するものではないかと思います。

XVII. 判決

門口 いよいよ判決段階になります。建築訴訟においては，調停がかなりの役割を果たしているということですが，調停が不成立になった場合に，それまでに専門家調停委員が果たした役割とか労力が生かされるのでしょうか。

三輪 調停が不成立となった場合でも，充実した評議を経た上での専門家調停委員の意見は大きな意義を持つもので，意見のうち判決において専門的知見を前提とする判断が必要となる部分について，専門家調停委員に意見書を作成してもらいます。具体的には，調停不成立調書にこの意見書を添付したり，調停不成立の期日に調停手続中で当事者に交付して，調停期日と同一日に実施される弁論準備手続期日調書にこの意見書を添付した上で，双方当事者が，専門家調停委員からこの意見書どおりの意見が示された事実については認める旨を記載してもらったりしています。前者の場合には，一方の当事者が当該調停期日調書を訴訟手続における書証として提出するなどして訴訟記録の一部にし，後者の場合には，裁判所が，当該意見書の内容を弁論の全趣旨として考慮することを通じて，専門的知見を訴訟手続に反映することができるような工夫をしています。

門口 調停段階では，かなりフリーな形で専門家調停委員とのディベートなりがされていたわけですが，この意見書については，当事者もアクセスすることができるのですか。

三輪 まず調停の過程でディベートを経てきていますので，どのような見立てを調停委員会として持っているのかということは，もちろん予測はできているわけです。さらにフェーズとして違ってくるのは，口頭で示されていた心証が専門家調停委員の意見書という形で受け取られることになるわけです。

そうすると，口頭で聞いていたのと紙で見るのとでは，ちょっと違うという
イメージを持たれることもありえますが，それに対しては，手続保障を確保
すべく，意見書が示された後に，この意見書に対する反論の主張を述べる機
会はきちんと与えていますので，予測可能性の面でも手続保障の面でも問題
ないのではないかと考えています。

門口　判決の形成にあたっての合議について，付け加えることはありますか。
前に評議について述べられていることで尽くされているということでいいで
しょうか。

三輪　はい，結構です。

門口　判決書について，お伺いします。通常訴訟でも言われているわけです
が，当事者側からは相変わらず非常にわかりにくいとか，説得性に欠けると
いう不満が述べられることがあります。判決書の実情，さらには作成上の工
夫などについて教えていただけますか。

三輪　まず，これまでお話ししましたように調停委員会の充実した評議を踏
まえ，的確な心証の開示を行い，それに対する当事者との議論，ディベート
を通じまして，1審段階で徹底的に当事者間の攻撃防御が尽くされ，裁判官
としても当事者の真の問題意識が何かを十分に把握した上で，専門家調停委
員の専門的知見を踏まえた的確で説得力の高い判決を実現できているのでは
ないか。そのような自負を持っています。

XIII. 事件処理のマネジメント

門口　それでは，総括的にお伺いしますが，事件処理のマネジメントで心が
けていることについて，いかがでしょうか。かつて建築関係訴訟は非常に長
期化したり，あるいは，こう言っては何ですが嫌がられていたりする部分が
あったと思います。今までのお話ですと，かなり迅速化が図られていますし，
いろいろな工夫がされているようですね。

齋藤　先ほど申し上げたとおり，専門家の知見の有効活用，当事者の意向や
事件の内容に応じた訴訟運営をすること，当事者との徹底的な議論を踏まえ
て真の争点に光を当てた納得度の高い事件解決を図ること，争点整理・心証
開示・和解調停・判決のシームレスな運用をすること，合議の充実・強化を
するということ，そして，常に裁判官がリーダーシップを発揮して事件処理

にあたるということを心がけ，また，実践するようにしてきました。その結果，先ほど申し上げたとおり，全体の約8割以上が話合いにより解決しており，当事者の満足度の高い解決が導かれています。1審の事件の審理にあたっては，内容面での適正の確保が必要であることは当然ですが，それ以前に，当該事件の性質，内容等に鑑みて相当と考えられる期間内に迅速に処理をすることが，「質の高い裁判」の第1条件であると考えています。先ほど申し上げたような運用を部の構成員全員がやっている結果，それなりに長期未済事件あるいは全体の未済事件が減少しており，一定の成果が上がっているのではないかと思っています。

おわりに——訴訟当事者へのメッセージ

門口 裁判を利用する方々に向かって，あるいは代理人となられる弁護士に向かって，建築関係訴訟の解決について助言なり，要望があれば，まとめておっしゃっていただけますか。

齋藤 建築事件は今まで見てきたように複雑困難で，関与する者が非常に苦労する訴訟類型の1つだと思います。だからこそ解決できたときの喜びは大きく，やりがいがあるというふうに思っています。ですから，関与する者がそれぞれ，どうしたら迅速で，より良い解決になるのかを常に考える必要があるのではないかと思っています。裁判官としてはリーダーシップを持ちながら，これまでいろいろ審理運営上の工夫を申し上げてきましたが，これを実現させたらどうかということと，当事者の立場に立つ代理人の方も非常に建築訴訟は困難で大変だと思いますが，十分に準備した上，事案をよく分析，把握して，的確な見通しのもとに当事者と意思の疎通を十分に図りながら，真に当事者のためになる訴訟活動をしていただきたいと思っています。

門口 裁判官に向けてはいかがでしょうか。

齋藤 精神論かもしれませんが，自分がこの事件を解決するんだと，後回しにして自分はこれを逃れたいとか，そういった後ろ向きの気持ちだと絶対に良い解決はできないと思います。困難で複雑な事件だからこそ自分が解決するんだという意欲を，裁判官自身が持つことが重要だということを当部の皆で話し合ってきました。この精神論だけではなく，過去，どうして長期化し

たのかを部の皆で話し合って，それぞれが長期化した原因や，どうすればよいのかということを話し合う機会を持ち，それを実践してきたということもございます。

門口 ありがとうございました。建築紛争の実態，その解決のための方策，そして建築訴訟の実情などがよくわかりました。冒頭申し上げましたとおり，建築訴訟のノウハウが，建築訴訟にとどまらず，通常訴訟の運営にもいくつかのヒントを与えてくれるものと感じました。

［2017 年 1 月 31 日収録］

司法制度改革審議会
「司法制度改革審議会意見書
——21 世紀の日本を支える司法制度」

（2001 年）〔抜粋〕

2. 専門的知見を要する事件への対応強化

> 専門的知見を要する事件の審理期間をおおむね半減することを目標とし，民事裁判の充実・迅速化に関する方策に加え，以下の方策等を実施すべきである。
>
> ・各種専門領域における非法曹の専門家が，専門委員として，その分野の専門技術的見地から，裁判の全部又は一部に関与し，裁判官をサポートする新たな訴訟手続への参加制度（専門委員制度）については，裁判所の中立・公平性を確保することなどに十分配慮しつつ，それぞれの専門性の種類に応じて個別に導入の在り方を検討すべきである。
> ・鑑定制度を改善すべきである。
> ・法曹の専門性を強化すべきである。

　科学技術の革新，社会・経済関係の高度化・国際化に伴って，民事紛争のうちでも，その解決のために専門的知見を要する事件（知的財産権関係事件，医事関係事件，建築関係事件，金融関係事件等）が，増加の一途をたどっている。これらの紛争に関わる民事訴訟においては，専門家の適切な協力を得られなければ，適正な判断を下すことができないばかりか，往々にして手続の遅滞を生じる。医事関係訴訟事件（民事通常第一審）について見ると，平均審理期間は 34.6 か月（平成 11 年。概数）であり，他の事件に比して極端に長くなっているのが実情である。様々な形態による専門家の紛争解決手続への関与を確保し，充実した審理と迅速な手続をもって，これらの事件に対処し，国民が実効的な司法救済を得られるようにすることは，現代の民事司法の重要かつ喫緊の課題である。

　そこで，専門的知見を要する事件についても，審理期間（医事関係訴訟事件については，平成 11 年で 34.6 か月）をおおむね半減することを目標として，民事裁判の充実・迅速化に関して述べた，計画審理の推進，証拠収集手続の拡充等に加え，以下の諸方策を実施すべきである。これらの諸方策を円滑に実施に移すことに加え，

医事・建築関係紛争の予防，事件の適正・迅速な解決を実現していくためには，関係機関（関係省庁，裁判所を含む。）の協力・連携が不可欠であり，今後，これを一層強化することが望まれる。

(1) 専門委員制度の導入

現行法上，訴訟手続において専門家を活用する方策としては，鑑定，裁判所調査官の制度があるに過ぎず，専門家関与の形態は限定的である。専門的知見を要する訴訟では，手続の早い段階から専門家の関与を得ることが望ましい。そこで，各種専門領域における非法曹の専門家が，専門委員として，その分野の専門技術的見地から，裁判の全部又は一部に関与し，裁判官をサポートする新たな訴訟手続への参加制度（専門委員制度；具体的には，例えば，争点整理のサポート，和解の担当・補助，専門的知見を要する問題点に関する調査・意見陳述，証拠調べへの関与）について，選任方法や手続への関与の在り方等の点で裁判所の中立・公平性を損なうことのないよう十分配慮しつつ（例えば，手続を透明化するなど），それぞれの専門性の種類に応じて個別に導入の在り方を検討すべきである。

なお，医事関係事件への導入については，患者側・医師側の双方から見て，公正・中立といえる専門家を確保できるのか，専門委員が裁判官の心証形成過程に不透明な形で影響を及ぼすのではないかなどという問題点が指摘されていることを十分踏まえて検討する必要がある。

(2) 鑑定制度の改善

専門的知見を要する訴訟の充実・迅速化を図るには，伝統的制度である鑑定の活用が不可欠であるが，実務上その事件に適切な鑑定人を見いだし，鑑定を引き受けてもらうことが困難であると言われる。また，鑑定を引き受けてもらえたとしても，鑑定に長期間を要し，それがしばしば訴訟の遅延の原因となっている。そこで，鑑定人名簿の整備，専門家団体との連携，最高裁判所において準備を進めている医事関係訴訟委員会，建築関係訴訟委員会の新設など，鑑定人選任プロセスを円滑化することを含め，鑑定制度を改善すべきである。

(3) 法曹の専門性強化

以上のような専門家の活用に加え，法曹の専門性を強化すべきである。具体的には，弁護士事務所の法人化・共同化，裁判所における専門部・集中部の拡充，法曹養成制度の改革，法曹の継続教育の充実を進めるべきである。

医療訴訟

SPEAKERS

司会	門口正人	MONGUCHI Masahito
	渡部勇次	WATANABE Yuji
	手嶋あさみ	TEJIMA Asami

医療訴訟への導き

　医療訴訟は，患者が医療機関側に対して，医療過誤を理由として債務不履行または不法行為に基づき損害賠償を請求するものが主なもので，専門訴訟の典型として挙げられる。

　医療訴訟の一般的特徴として，審理判断に医学的な専門的知見を要することはもとより，審理に必要な資料や情報が医療機関側に偏在していることが指摘され，さらに，各症例の専門的知見が得られても，医学的機序の複雑さから，それをもって直ちに当該症例に当てはめることができないことに医療裁判の難しさがあるといわれる。

　かつては，医療裁判は，円滑で充実した審理が行われたとはいえず，患者側においては証拠や専門的知見の裏付けにも乏しい訴訟活動を強いられ，裁判所においても訴訟運営に苦労し，例えば，主張整理に時間を要し，適切な鑑定人の選任のために1年近く期日が空転することもあったと聞く。そのために，様々な試みが行われてきている。平成12年に「専門的な知見を必要とする民事訴訟の運営」という司法研究が出され，平成13年に東京地方裁判所に医療集中部が生まれ，平成19年に東京地裁の医療訴訟対策委員会から医療訴訟の審理運営指針が示された。医療機関との間でも，例えば，早期に適切な鑑定人を選任するために協力を得たり，大学病院や弁護士会と定期的に協議を行う場が設けられ，医療訴訟の運営改善やそのあり方について意見交換が行われるなどの試みがされてきた。また，平成13年頃に，医学界から，医療事故の原因究明・再発防止を担う中立的な第三者機関の必要性等が提唱され，その後，いわゆるモデル事業（平成17年度の厚生労働省補助金事業「診療行為に関連した死亡の調査分析モデル事業」）として，一部地域や医療機関で事故調査（院内調査委員会による調査及び評価委員会による評価）が行われて成果や課題の検証が行われ，平成27年10月に改正医療法が施行されて医療事故調査の仕組みが法的に位置づけられるに至ったのである。

　医療訴訟のあり様についてみれば，当事者にあっては，特に**提訴前の準備**が重要である。事実関係について，カルテ等によって診療経過等を調査し，医学的知見については，関連する医学文献に当たり，事案に即した協力医を確保し，法的知見については，判例等の調査を果たすことが必要である。**訴状の作成**にあたっては，注意義務違反を具体的に記載すること，例えば，医療機関側としてどのような診断の下にどのような治療行為あるいは説明が行われたかについて，簡明に説明すること

が求められる。**争点等整理手続**においては，双方当事者の関与によって，診療録や各種検査結果，画像，看護記録等をもとに診療経過一覧表を作成した上，医学的知見や法的主張の整理をすることが望まれる。説明会方式で担当医から画像等を見ながら口頭で説明を受けるにあたっては，積極的に関与することが望ましい。**証拠調べ**においては，証拠の申出について，書証の3分類方式に則って書証の整理を図り，証人調べについては，当事者本人，協力医，さらに医療機関側，被告側の担当医等について集中証拠調べが実施されるので，その準備を怠らないようにし，その場合に，陳述書を活用することはもとより，主尋問連続方式など証人尋問の方式も工夫するように努めるべきである。鑑定については，大学病院から推薦される医師3名によるカンファレンス鑑定などの方法がとられるので，よく対処しなければならない。そのほか，**心証の開示**についていえば，裁判所から，当事者の主張立証に応じて適宜に心証が開示されるので，それを踏まえて口頭で議論しながら，争いのあるところ，理解の足りないところが明らかになるように努めることが必要である。

―門口正人

はじめに

門口　本日は，専門訴訟の第2回として，医療訴訟についてお話をしていただきます。医療訴訟は，専門訴訟の中でもティピカルなものと位置づけられます。かつて，「専門的な知見を必要とする民事訴訟の運営」という司法研究[1]がありましたが，ここでも建築訴訟とともに取り上げられました。医療訴訟には，おそらく特有の難しさがあると思いますが，専門訴訟として先駆的な役割を果たしてきたことを考えますと，医療訴訟の運営が，いろいろな意味で，通常訴訟の進め方などにも良い影響を与えることになろうかとも思います。

　いつも申し上げていますが，本日お伺いするお話は，あくまでも個人のご意見ということですので，どうぞ自由におっしゃっていただければと思います。まず，自己紹介を簡単にお願いいたします。

手嶋　手嶋あさみです。東京地裁には医療集中部が4カ部あるのですが，その1つ，民事14部で，平成28年1月から裁判長を務めております。平成3年に裁判官になり，26年が経ったところです。医療集中部の勤務は実は2回目で，以前に3年間右陪席裁判官を務めたことがあります。本日はどうぞよろしくお願いいたします。

渡部　渡部勇次です。東京地裁民事30部の医療集中部の部総括をしております。任官したのは昭和63年です。今年で30年目になります。医療裁判を専門的に担当するのは初めてになります。

医療訴訟の類型と特徴

I. 医療訴訟の類型

門口　はじめに，医療訴訟には，どのような類型があるかご紹介いただけますか。

渡部　最も多いのは，患者が医療機関側に対して，医療過誤を理由として債

---

1) 司法研究報告書52輯1号（2000年）。

務不履行または不法行為に基づき損害賠償請求をするという事件です。医療機関に対しては，診療契約上の債務不履行を主張するもの，医師などの医療従事者に対しては不法行為，あわせて医療機関に対しては使用者責任を主張するものが主な類型です。

　そのほかに，逆に医療機関側から患者に対して損害賠償債務の不存在確認を求める形で訴訟が提起される場合もありますし，医療機関側からの診療報酬請求訴訟の中で反対債権として医療過誤に基づく損害賠償請求権が主張される場合や，これらの訴訟に対し反訴の形で訴えが提起される場合もあります。東京地裁では，いずれの形式にせよ，医療に関する損害賠償請求を含むものについては，医療事件として医療集中部において審理しています。主な類型としては以上です。

Ⅱ. 医療訴訟の特徴

門口　医療訴訟事件の全体をつかまえての特徴といいますと，いかがですか。
手嶋　医療訴訟は，建築訴訟とともに，審理判断の難しいいわゆる専門訴訟の典型として挙げられます。第1の特徴としては，何といってもこの専門性，審理判断に医学的な専門的知見を要する点が挙げられると思います。医療訴訟では，医療従事者の注意義務違反や過失の有無，またそれらと結果との因果関係の有無が主要な争点となります。前者の注意義務違反や過失の有無という点では，現に行われた医療行為がその時点におけるいわゆる医療水準[2]に適うものであったか否か，つまりその医療行為が，その行為が行われた時点に立ってみて，当時の医療水準に照らして行うべき医療行為が行われていたといえるものなのか否かを審理判断することになります。具体的には，その当時同じような医療の場面に直面した医療従事者であれば，症状，所見等に照らし通常どのような医療行為を行うのか，その結果どのようなことが想定されるのかなどについて，当時の知見に基づき，疑われる疾病，診断に用いられる検査や治療の方法・内容，これに関連する人体の生理機能や薬理作用等を含め正しく理解した上で判断する必要があります。後者の因果関係に

---

2)「診療当時のいわゆる臨床医学の実践における医療水準」（最判昭和57・3・30集民135号563頁）。

ついては，こちらは現時点，すなわち審理判断の時点で獲得できる医学的知見に基づいて，医学的な機序を前提とした因果関係の有無をできる限り客観的に行う必要があります。医療という医学的知見自体の難しさはもちろん，それに加えて，今申し上げたような法的枠組みに即した専門的な議論を，通常医学の素養は持たない法律実務家が担当することになる，ここに専門訴訟としての医療訴訟の構造的な難しさの核心があると思います。

渡部　もう1つの特徴は，構造的に必要な資料・情報が医療機関側に偏在していることが挙げられます。基本的な証拠である診療録や関係する医療従事者は基本的に当該医療機関側に存在するものです。また審理判断に必要となる専門的知見についても，患者側が的確な文献資料や協力してくれる医療関係者を探すのは依然として相当に負担を伴う状況にあり，この点でも医療機関側は相当優位にあるのが実情であると思います。ただし，最も基本的な資料である診療録については，平成15年以降多くの医療機関においていわゆるカルテ開示の制度3)が実施され，以前のように裁判所の証拠保全手続によらずとも患者側がこれを入手することができるようになり，医療訴訟においてもそのような形で入手された診療録が患者側から証拠として提出される場合も多くなっています。また，医療機関において，患者や患者家族の求めに応じて診療経過や顛末，考えられる原因・評価等に関する説明会を開いて説明を行うこともめずらしくはなくなってきているようであり，その面でも，大きく改善してきている面があると思います。

門口　現在は社会自体が透明性を求めて，さらには手続的正義に傾斜しているということから，いろいろ説明責任等々が問われています。医療訴訟の場面で，そのような社会の事情というのは反映してきていることに気づかれることはあるでしょうか。

渡部　ご指摘のとおり，説明義務もかなり変わってきているのだろうと思います。以前だと，医療の現場では，医師がどういう治療をすればいいのかを

---

3)　インフォームドコンセントの理念や個人情報保護の考え方を踏まえ，医療従事者等の診療情報の提供等に関する役割や責任の内容の明確化・具体化を図るものとして厚生労働省において取りまとめた「診療情報の提供等の指針の策定について」（平成15・9・12 医政発第 0912001 号厚生労働省医政局長通知）を踏まえて行われているもの。

検討し，その検討結果を患者に伝え，患者は，医師に対して信頼してお任せするという関係が多かったかと思います。そこでは，医師の裁量がかなり広く認められていたといってよいと思います。最近は，患者側が最終的に自己決定をすることを前提に，医師から患者に対してリスクも含め，丁寧な説明をしている例が増えていると感じています。それが裁判になったときに，どのような説明をしたのか，どのような説明をすべきであったのかという点で争われるようになっています。先ほど申し上げたカルテ開示や説明会も，広い意味での医療機関側の説明責任の観点から取組みが行われているといえます。

手嶋　個別の事案における具体的な説明義務の内容や範囲についての判断は，大変難しい問題であると常々感じています。訴訟では，どうしても特定の悪い結果が——しかもこれがとても稀である場合も多いわけですが——生じていることを前提に考えざるを得ず，その結果が重大であればあるほど，患者としてみれば事前に説明を受けたかったし，受けていればその手術等は受けなかったと言いたくなるのは無理からぬところだと思います。しかし，医療行為に伴うあらゆるリスクをただ網羅的に説明しておけばよいという話ではないわけですから，訴訟における判断が，仮に臨床の現場にそのように受け止められるようなことになっては，国民全体にとって不幸なことです。例えばリスクについての膨大な説明書を渡されて同意書へのサインを求められても，それでは実質的には何も説明されていないのと同じと言ってもよいと思います。この問題は，東京地裁で毎年1回開催している医療界と法曹界の相互理解のためのシンポジウム[4]でも取り上げられたことがあるのですが，患者の自己決定権を実質的に確保するという観点で必要となる法的な説明義務の範囲や内容はどのようなものなのか，考えさせられることが多いですし，臨床の現場も，医師と患者のあるべきコミュニケーションの姿は何なのかを悩みつつ模索されていることを感じました。

---

4)「第5回 医療界と法曹界の相互理解のためのシンポジウム」判タ1391号（2013年）48頁。

事件の概況と事件処理態勢

Ⅰ. 事件の概況

門口　事件数の動向，審理期間，さらに終局処分などについて，最近の実情を教えていただけますか。

渡部　全国の医療訴訟の年間新受件数は，平成4年に370件であったものが，その後は増加の一途をたどって平成16年には1089件とピークを迎えて，その後は落ち着きを見せています。平成20年以降では，大体700〜800件台で推移しています。既済事件の平均審理期間は，平成5年の42.3月をピークに減少しています。平成20年以降は23〜25月ということで推移しています。これが全国の状況です。

　東京地裁で申し上げますと，新受事件については平成16年の218件をピークに，概ね減少傾向が続いています。平成22年から平成25年にかけて150件を割り込んでおりましたけれども，平成26年には204件と急増いたしました。以後，平成27年からは150件台で推移しています。全国の医療訴訟の約2割が東京地裁に係属していることになります。

　既済事件の平均審理期間は，平成24年以降は16〜20月台で推移しています。この数字は，全国の平均審理期間に比してなお相当程度短い状態です。

門口　事件数において，平成16〜21年に減少したということですが，これは何か理由はあるのでしょうか。

渡部　平成16年がピークになっていますが，この時期を境に医療事故自体が減少したということではないようです。正確な分析は承知していないのですが，ちょうどこの頃から様々な医療安全をめぐる取組みの成果が，徐々に医療訴訟件数の減少という形に表れるようになっていったのではないかと思っています。先ほど話が出ましたが，医療機関側でカルテ開示制度の導入が進み，また医療安全の観点から，医療事故が発生した場合に，その医療機関自身において原因の調査や分析評価がされ，患者や患者家族に対しても説明会を開いて説明するといった取組みも行われるようになりました。

　このいわゆる事故調査の取組みは，平成27年10月に施行された改正医療法で医療事故調査[5)]として法的に位置づけられるに至りましたが，もともと平成13年頃に，まず医学界から，医療事故の原因究明・再発防止を担う中

立的な第三者機関の必要性等が提唱され，その後，いわゆるモデル事業6)という形で，一部地域や医療機関でこれに基づく自己調査（院内調査委員会による調査及び評価委員会による評価）が行われて成果や課題の検証が行われるとともに，各医療機関独自の院内事故調査委員会も実施されてきたと承知しています。このような取組みの過程で，患者側が医療機関の説明を受けてこれに納得したり，医療機関側が落ち度を認めて訴訟に至るまでもなく話合いが行われるといった例も見られるようになっていったのではないかと思われます。

手嶋 平成16年は，実は医療と裁判の関係について社会的に改めて大きな注目を集めることになった大野病院事件が起こった年でもあります。帝王切開を受けた産婦の死亡について執刀した産婦人科医師が業務上過失致死等の容疑で逮捕，起訴され，最終的には，平成20年8月に刑事裁判で医師の注意義務違反は認められない等として無罪判決が言い渡されたものですが，刑事責任の追及という点で医療界に大きな衝撃を与えたと言われています。他方，社会的には，平成11年に横浜市立大学病院での患者取り違えや，都立広尾病院で過って消毒薬が投与され患者が亡くなる事故等も大きく報道され，医療事故に対する関心が一層高まっていた時期と言ってよいかと思いますが，大野病院事件のこの一連の過程をきっかけとして，医療機関に対する一般的な理解が進み，むやみな責任追及は医療自体を委縮させ，逆に医療崩壊を招きかねないという社会的風潮になっていったとの指摘もあるようです。後で少し触れる機会があるかと思いますが，分娩時の事故に関しては，後に産科医療補償制度の創設という形で対策がとられることとなりました。

　個人的には，こうした医療事故や医療安全をめぐる様々な問題意識や取組みが，ちょうどこの頃全体として作用し，実を結び始めたということではないかと思っています。

門口 冒頭に申し上げました専門訴訟司法研究が平成12年，東京地裁に医

5）医療事故が発生した医療機関において院内調査を行い，その結果報告を民間の第三者機関（医療事故調査・支援センター）が収集・分析することで再発防止につなげるための医療事故に係る調査の仕組み。
6）平成17年度の厚生労働省補助金事業「診療行為に関連した死亡の調査分析モデル事業」。

療集中部ができたのが平成13年，そして，東京地裁の医療訴訟対策委員会から医療訴訟の審理運営指針が示されたのが平成19年ですね[7]。その間，医療機関との連携といった観点でも，随分変化があったということでしょうか。

手嶋　はい。先ほど渡部さんからもご紹介があったように，平成5年の医療訴訟の既済事件の平均審理期間は42.3月に上っていました。当時ちょうど任官して3年目の頃ですが，裁判官になってまもない新任判事補の目から見ても，医療訴訟は，充実した円滑な審理とは言い難い状態だったと思います。患者側の訴訟活動が専門的知見や資料・証拠に裏付けられた充実したものとはなりにくい中で，裁判所も審理運営に苦労していました。主張整理にも時間を要し，最後の砦の鑑定手続についても，適切な鑑定人がなかなか見つからず，その選任のために1年近く期日が空転するという例も稀ではなかったと聞いています。裁判所側では，医療訴訟を何とかしなくてはいけないという思いはこの間一貫して強く持ってきたと思います。同時に，医療機関側でも，先ほどご紹介があった医療安全という観点からの様々な取組とあわせて，民事裁判との関係についても，裁判所に訴訟で公正妥当な判断をしてもらうためには，医療側も一定の情報公開や，正確な医学的知見の提供という意味で積極的な協力をする必要があるのではないかという問題意識が徐々に浸透するようになっていったのではないかと思います。東京地裁では，早期に適切な鑑定人を選任するために，都内13大学病院のご理解とご協力を得てカンファレンス鑑定制度を立ち上げ，さらにその枠組みの円滑な運営を主な目的として，都内13大学病院，東京3弁護士会の弁護士と裁判所が定期的に協議を行う場が設けられるようになりました。この場は，単にカンファレンス鑑定制度の円滑な運営にとどまらず，医療訴訟の運営改善やそのあり方自体について忌憚のない意見交換を行う場に発展してきました。後ほどご紹介すると思いますが，東京地裁の審理運営指針は，その成果をも踏まえて取りまとめられているものです。弁護士会や医療機関と連携をとりながら，まさに皆で共同してよい審理を追求する，それがひいてはよい医療につなが

---

7) 判タ1237号（2007年）67頁。

るという問題意識の下で，共同作業ができるようになっていったというところかと思います。

門口　先ほど，平均審理期間について伺いましたが，東京地裁で医療集中部が発足した当時，審理期間を2年，1年半で争点整理，人証調べをする場合はプラス1年というようなことが言われていました。大体そういう感じで進んでいるのでしょうか。

渡部　裁判の迅速化に係る検証に関する報告書（第6回）によれば，平成26年に終局した医療訴訟の平均審理期間は，23.3月，このうち人証調べを実施して判決で終局した事件，これが全体の29.2％を占めるようですが，その平均審理期間は33.3月となっています。ちなみに，民事第1審訴訟事件全体では，人証調べを実施した事件の平均審理期間は20.0月です。医療訴訟の人証調べ実施事件について，争点整理に充てられていると考えられる第1回口頭弁論から人証調べ開始までの期間は18.3月ですので，概ねご指摘のとおりと言ってよいのではないかと思います。事件によっても当然違いますけれども，人証調べを実施した事件の審理期間もかなり短くはなってきていると感じております。

門口　もう1つ事件の概況でお伺いします。終局区分はいかがですか。

渡部　全国的には，判決で終局する事件が概ね35％程度，和解で終局する事件が概ね45～50％程度で推移していると思います。東京地裁について言うと，事件の進行や内容によって左右されるところも大きく，年によって相当異なる部分がありますが，概ね3～4割程度が判決で，概ね5割内外が和解で終局しています。

門口　今挙げられた報告書で見ると，和解で終了している事件は48％ですね。通常訴訟が大体34％ぐらいですから，和解率は高いですね。

手嶋　そうですね。

門口　後ほどお伺いしますが，和解についてはかなり積極的に試みているのですね。

渡部　かなり積極的に和解は勧めています。

Ⅱ．事件処理態勢

門口　事件処理の態勢についてお伺いします。東京と地方では違うのでしょ

うが，ご紹介いただけますか。

渡部　まず東京地裁ですが，平成13年4月に医療集中部4カ部を設置しました。この4カ部で東京地裁本庁に係属する医療事件を集中的に担当していることになります。医療事件についてはすべて合議事件として審理をしています。全国ですが，東京地裁以外にも，大阪地裁等の9庁に医療訴訟を集中的に取り扱う部門が設置されております。

門口　専門部の設置について，いかがですか。メリット，デメリットそれぞれあるでしょうか。

手嶋　メリットは大きいと思っております。大きく分けて2つあるように思うのですが，1つは，集中部に在籍する者に一定のノウハウ等が蓄積していくということ，もう1つは，それをオール裁判所として見ると，その集中部に蓄積したノウハウを，各庁にまた還元していくという形で，そのメリットを皆で共有できることが挙げられるかと思います。還元の仕方としてはいろいろありますが，その一例としては，東京地裁と大阪地裁の医療集中部の裁判長と右陪席が共同で取りまとめた『医療訴訟ケースブック』（法曹会，2016年）などもその一例です。医療集中部のノウハウや課題が具体的な事例に即してまとめられており，概ね好評を得ているようです。ちなみに，大阪地裁の医療集中部とは，毎年1回，意見交換の機会を持っており，そのときそのときの事件動向や審理運営上の課題，工夫などについて情報交換をしています。その上で，司法研修所で行われる医療訴訟についての実務研究会などでも，積極的に各庁からの参加者とノウハウを共有し，審理運営のスキルをオール裁判所としてレベルアップしていくことに少しでも貢献できるよう心がけているところです。

　また，少し別の切り口では，最初に申し上げたメリットと表裏の問題であるようにも思うのですが，医療訴訟のあり方を考える上で，対外的な発信や連携の窓口となりうるという点も，実質的なメリットとしては大きいように思います。

　デメリットを格別感ずることはないですが，通常事件ももう少し担当したいという意味において，少し心残りの部分がないではないかもしれません。

門口　東京地裁で医療集中部が発足したときに，人間の生命・身体に直接関わる事柄をわずかな裁判官だけにその判断を委ねることに対して一部抵抗が

ありました。そういう問題を感ずることはあるのでしょうか。

渡部 その点で，問題であると感じたことはありません。医療集中部は4カ部ありますし，その裁判官も入れ替わりがあるということで，多くの裁判官が関与していると認識しています。

手嶋 重い判断だという思いはあります。患者さんとそのご家族の思いの重さが1つ，そしてまた，医療従事者側の思いの重さが1つです。医療機関側からは「不可避の合併症である」といった主張がよくされることがありますが，それが仮にそのとおりであるとしても，実際にそれが起こってしまった患者や患者家族にとっては，その結果は確率論などでは片づけられない，100％です。それがなぜ起こったのか，それは避けられなかったのかという点についての患者側の思いは極めて重い。他方で，医師になられた方々は，基本的には患者さんを救いたいという気持ちでなられているわけです。医療行為は常に一定のリスクを伴うわけですが，そういう意味では自ら一定のリスクを取って医療行為に携わっておられる。そういう方々に「不可能」を強いることがあってはいけないという緊張感は常にあります。患者の中で救われるべきものは救われなければいけないが，医療従事者に不可能は強いてはいけない。その狭間での線引きという意味においての重さを常に感じております。

Ⅲ. 医療 ADR との関係，医療機関との連携

門口 次に，医療 ADR との関係，あるいは医療機関との連携のことについてお伺いします。医療 ADR の関係で，裁判では，どうしても，今おっしゃったような患者側の感情的な部分というのを修復解消できない，その点では医療 ADR が非常に大きな意義があるのではないか，つまり，自立型対話型の紛争解決をすべきではないのか，そのために裁判所としても医療 ADR との連携を図るべきではないかという意見があります。その点についてはいかがですか。裁判において，そのようなことを感じる場面がありますか。

渡部 ADR が重要な紛争解決手段の1つであることは間違いありません。ただ，事実関係の争いが大きくて証拠調べが想定される等，対話のみでの解決は難しい事案もあり，患者側代理人はその辺りの手続の特性も考えて ADR か裁判かという手続選択をされているようです。現状，ADR との特

段の連携はしていませんが，裁判の中でも，当事者の言い分を聞き，話合いの機が熟せば，その段階に応じた和解の話はしております。その意味では，裁判も判決一辺倒ではないということです。

門口 訴訟の段階においても，やはり当事者の感情的なほぐしとか，修復作用のようなものは十分考えた上で運営を図っていらっしゃるということですか。

渡部 はい。できるだけ，そのようにしています。後ほどまた触れる機会があるかと思いますが，和解を積極的にお勧めすることが多いのもこれに関係するところがあると思います。

門口 医療機関との連携ですが，医療集中部の発足当初は，医療訴訟を充実させるために，医療機関との連携を図るべきだという思いが強くあったようですが，現在はいかがですか。

渡部 東京地裁では，先ほど手嶋さんからも紹介があったように，医療機関との連携を都内の13の医科大学との間で行っています。カンファレンス鑑定形式での鑑定人の推薦に加え，専門委員の推薦の枠組みも決められております。また，定期的に協議会，あるいはシンポジウムなども開催しております。協議会としては，大学病院の病院長や弁護士会のメンバー等全員が揃う形で年1回行っている全体会と，幹事を引き受けていただいている各大学病院の副病院長や弁護士会メンバー等，もう少し小規模な形で概ね年に3回開催している幹事会があります。特に幹事会での議論は，それぞれの立場から極めて率直な形で行われています。そうした取組みの中で，医療訴訟のあり方ということだけではなく，医と法との間にある基本的な発想や考え方の違いまで遡った相互理解の取組みが不可欠ではないかという問題意識を共有するに至りました。例えば，鑑定では，「因果関係の有無」についての鑑定意見を求める場合も少なくないと思いますが，これを受けた医師としては，たとえ0.1％でも可能性があるのであれば，因果関係は否定できないと回答すべきであると考える。法的因果関係，つまり過失や注意義務違反の行為と結果との間に高度の蓋然性をもって相当因果関係があると言えるか否かという枠組みで考えている我々法曹実務家と，同じ日本語を使っていても，異なる理解がされているということがあるわけです。このような基本的なところに立ち返った医と法の相互理解を進め，それを社会に還元することを目的とし

て2008年に初めて開催したのが「医療界と法曹界の相互理解のためのシンポジウム」です8)。昨年（2016年）は，近時医療訴訟の証拠としても提出されることが多くなっているガイドラインについて取り上げ，それぞれの立場から忌憚のない意見交換がされました9)。こうした取組みを通じて，お互いに医療界と法曹界の理解を進めていくというのが実情です。最近になって，都内の5つの歯科大学との間でも同様の連携をとりつつあります。

　こうした連携や相互理解の取組みは，東京以外の各庁でも行われています。ただし，東京には大学病院等が集中しており，相当恵まれた環境にあります。地方庁では，管轄内に大学病院が1つしかないという地域もめずらしくなく，その病院が関係する事案では，鑑定人の推薦も依頼できないという場面に直面することも稀ではありません。そのような事情から，ネットワークの範囲を広げて，高裁管轄内での横断的な連携を進めている庁も多くあります。

門口　先ほど，ADRの関係でも少し触れましたが，依頼者との関係について，何か気になる点はありますか。医療訴訟特有のものがあるのでしょうか。

手嶋　医療訴訟の患者側ご本人は，生じてしまった重大な結果に対する無念さや，それがなぜ生じたのかという疑念，医療機関に対する不信感，適切な医療を受けられなかったという切実な思いを抱えて訴訟に至っています。

　そうであるからこそ，裁判になったときにどういう枠組みで判断されることになるのかを，提訴にあたり，患者側代理人がきちっと当事者に説明されているのだろうかという思いを持つことはあります。法的な注意義務違反があり，それと結果との間の因果関係が認められて初めて損害賠償が認められることになるわけで，それに至らない場合には，必ずしも最善の医療行為が行われたのではないとしても，法的には救済は得られない。ある意味での裁判の限界ということかもしれませんけれども，そのような基本的な仕組みや法的見地からの見通し等について，法律専門家としてきちっと説明をして，当事者本人との間で認識を共有しておくことは，訴訟を進めていく上でも，より良い解決を図る上でも重要なことだと思います。

---

8) 判タ1326号（2010年）5頁。
9)「第9回 医療界と法曹界の相互理解のためのシンポジウム」判タ1439号（2017年）10頁。編集注：収録後2017年10月16日に第10回が開催された（判タ1451号〔2018年〕5頁）。

Ⅳ. 弁護士の能力・経験

門口 先ほど，事件の特性として，情報の偏在と専門性を挙げていただきました。専門性という点で，最近の弁護士の能力とか経験について，どのように思われますか。

手嶋 二極化とまでは申しませんが，医療訴訟についての経験が豊富で，必要な知識，ノウハウを蓄積された方と，新しくこの類の訴訟を扱われるようになった方とで，相当程度力量の差というのはあるように思います。

門口 当事者側が専門性に劣るということから，ご苦労もあるのでしょうか。

渡部 正直言いまして，その点を感ずる代理人もいます。苦労している事件もあります。

門口 この関係で，先ほど，ノウハウの蓄積ということを言われましたが，ノウハウの蓄積を成果物として公表していることがあれば，教えていただけますか。

手嶋 1つには，東京地裁の医療訴訟対策委員会として，東京地裁における医療訴訟の審理運営指針を取りまとめて公表しております。これは，医療訴訟の運営について，当事者代理人と認識を共通化するためにプラクティスを取りまとめたもので，先ほど渡部さんもお話しされた全体会や幹事会での議論の成果なども実質的に踏まえています。初版を平成19年6月に公表し，平成25年4月に改訂いたしました10)。改訂版では，裁判所自らの反省点と，訴訟代理人への要望点を改めて洗い出して整理するとともに，最近，医療訴訟の経験の少ない訴訟代理人の関与も増加してきていることから，訴訟提起前の準備が非常に重要であって，そこが不十分と考えられる事案もあるということで，かなりの期待を込めて，お願いしたいことをまとめました。

門口 ただいま言われた平成19年の審理運営指針と平成25年の改訂版では，興味のある違いが出ているようですが，後ほど伺います。今おっしゃったように専門性にやや劣るとか，経験が少なくなったという点において，平成25年改訂版では，提訴前準備について非常に詳しくなったということもあ

---

10) 判タ 1389 号 (2013 年) 5 頁。

るのでしょうか。

手嶋 そうですね。訴訟提起前の調査活動が，訴訟まで至らず早期に事案を解決する上でも重要ですし，訴訟になってからも極めて重要であるという認識が前提としてあります。また，訴訟の審理運営のやり方自体がずっと進化をしてきておりますので，それだけ要求水準が高くなってきているところもあるかもしれません。医療訴訟は，事案の内容自体は千差万別ですが，ある意味，やるべきことは定型的な整理になじむ面があり，その意味でのノウハウの蓄積やあるべき姿の明確化はしやすい面もあるのだと思います。

訴訟手続

I. 提訴前の準備

門口 ただいまから訴訟手続に入っていきたいと思います。先ほどもお話がありましたが，まず，提訴前の準備や提訴前の当事者間の交渉などについて，どのように感じていますか。

手嶋 医療訴訟の経験が長い代理人，例えば医療問題弁護団に属して長く活動されている代理人のような方ほど，提訴前の準備を極めて緻密にやっておられるという印象です。事実関係を基本的な資料であるカルテ等から読み解く。関連する基本的な医学文献にあたる。そして，事案に即した協力医を見つけ——これは大変な努力をしておられるのだと思いますが——，具体的事案に当てはめた形での医学的知見を求め，訴訟における主張立証の見通しについて，法的な吟味も含め，緻密に検討しておられることが窺われます。それが訴状自体の充実にもつながりますし，その後の訴訟の進行にも極めて重要な意味を持っていると思っております。

門口 先ほどご紹介いただいた審理運営指針で，事前準備として当事者に求めているところをご紹介くださいますか。

手嶋 大きく3つに分かれると思います。診療経過等の事実関係の調査が1つです。これは診療録の入手・検討，当事者からの事情聴取等が中心になるかと思います。2つ目は，医学的知見の調査です。これは医学文献等の調査，それから協力医の確保等ということになるかと思います。3つ目は法律調査です。医療機関に要求される法的注意義務として，どういう内容のものが設

定できるのか。それから，因果関係等の主張立証の方針。法律構成等を検討する上で必要となる関連の判例や裁判例等の調査もこれに含まれてまいります。

門口 平成19年の審理運営指針に比べて，平成25年の審理運営指針が提訴前の準備についてかなり詳しくなったようだと申し上げましたが，これは必ずしも履行状況が劣ってきたという事情によるというわけでもないのですね。

渡部 従前から，原告代理人として活動されていた弁護士さんと，新しく医療訴訟に関与しようという弁護士さんとで，その辺りの蓄積が違う部分が出てきて，というところがあるのだろうと思います。

手嶋 経験の豊富な弁護士の方々の目から見ても，どうなのだろうかと思われるような訴訟活動もあると聞こえてきます。ですから，新規参入された方々のスキルやノウハウを高めるためにも，弁護士会でもいろいろな講座や講演会等を企画されていると承知しており，医療集中部の裁判長がお招きを受け，講師などとしてお話をさせていただくこともあります。

門口 裁判所から，審理運営指針等を示して，何らかの指導やアドバイスをすることはあるのでしょうか。

渡部 審理運営指針の中でも，提訴前の準備はこういうことをしてください，あるいはその提訴後もこういう形で争点整理していきますといったことを示させていただくことで，どのようなことが期待されているかを，具体的な内容に即して実感していただければということだと考えております。

門口 事前準備の中で要求されていることは，通常訴訟に比べますと，ややレベルが高いようにも思いますが，当事者側からの反応はいかがですか。

手嶋 直接苦情めいた話を伺ったことはございません。ある意味意欲的な注文を記載させていただいていることについては，審理運営指針の「第1 はじめに」の部分で「裁判所が……訴訟代理人と共に，より高いレベルの医療訴訟の審理と解決を目指す意気込みを示すものと受け止めて」いただきたいとお願いしている部分を，受け止めていただけているのかもしれません。それに，やはり実際に訴訟を進める段になってみると，ここに記載されているような準備が必要だということはたぶん，実感していただけるのではないかと思っております。

門口 裁判所からいちいち釈明しなくても，自然に準備がされている状況が

あれば望ましいのでしょうが，この点も先ほどの二極化ということで，そうでもない場合もあるということでしょうか。

渡部　かなり釈明をさせていただく場合もあります。その中で，具体的に本件ではこうではないでしょうかということで指摘させていただいて，次回までにお願いするということなのですが，そこが伝えきれていないという側面もあるのかもしれませんが，なかなか準備をしていただけないという事案もあります。

門口　提訴前の当事者照会などはありますか。

渡部　私は経験がありません。

手嶋　私も経験はありません。ほとんど利用されていないのではないかと推測します。

Ⅱ. 訴状

門口　具体的なお話をお伺いしますが，訴状の記載について，実情，さらには実情を踏まえて問題点などをご紹介いただけますか。

渡部　訴状も，やはりきっちり事前に準備していただいた事案では，しっかり内容を書いていただいており，事案の概要，どこに注意義務違反があり，どういう結果が生じたかというのが訴状の中でわかるわけです。結果発生に決定的な注意義務違反は何なのかが精査されているのです。これに対し，準備が十分でないという事案ですと，注意義務違反の特定が不十分であったり，あるいは結果との因果関係の検討が不十分であるという訴状もあります。

　例えば，時系列に従って，こういう点で不適切な医療行為があるということを細かいものまで含めて羅列し，結局，最後に患者にこういう望ましくない結果が生じたという訴状があります。そこに至る決定的な原因は何なのかということを追究しないで，網羅的に不適切なことを述べても，どこに審理の焦点を当てていいのかわかりにくくなりますので，そういうことがないようにお願いをしています。

門口　先ほど事前準備の対象として，3つの分野があると伺いましたが，訴状の記載の段階で，その3つの面で指導されているのでしょうか。

手嶋　まず，事実関係の調査でも，最近はカルテ開示の制度がありますので，大方の事案ではカルテをきちっと入手した上で，それなりにその事実の推移

をまとめてこられることが多いのですが，中にはカルテを十分検討しておられなかったり，そもそもカルテを入手しておられないということもいまだに皆無ではありません。また，当該病院のカルテは入手しているけれども，実はその前後にかかっていた医療機関があり，それについては対応不十分といったこともあります。それが事実関係のところです。

　次に，それを医学的にスクリーニングして見ていく必要があるわけですが，協力医が見つからないと現実問題なかなか難しいのかもしれませんが，ここが的確にされていないと感じることはままあります。結果との因果関係が認められるような注意義務違反をきちっと特定しないと，訴訟ではなかなかうまく進行しないわけですが，その吟味が十分でない。そういう意味で，訴訟になってから結果との関係を意識して，どの時点の，何が，どういう前提事実に基づいて主たる注意義務違反ないし過失になるのかということを，かなり繰り返し釈明するという事例は相当数あります。

門口　先ほどから「協力医」という言葉が出てきますが，訴訟運営について，協力医がいるか，いないかで，大いに異なるというお話もよく伺います。協力医について，ご説明いただけますか。

手嶋　特に患者側について重要な意味を持つことが多いのですが，当該事案について必要な医学的知見や評価等専門的な助言を与え，協力してくれる医師のことです。患者側に立って意見を述べ，尋問になれば法廷で専門家としての意見を証言してもらうことが想定されます。一般的な医学的知見は，文献レベルでもある程度収集し証拠化することができますが，それを特定の患者に当てはめたときにはどう考えられるのか，どこが問題で，どうすべきであったのか，そうしていればどんな転帰をたどったと考えられるのか等，それぞれの事案に即した具体的な医学的知見を提供し，意見を述べてもらうには，適切な協力医を得ることが重要な意味を持つわけです。

門口　ついでに伺いますと，協力医がいる事例といない事例は，どのような割合でしょうか。

手嶋　協力医の意見書が提出されているというレベルでみると，概ね3〜4割程度ですが，実質的助言者としては，もう少し多いのではないかと思います。

門口　話を戻しますが，注意義務違反を具体的に書くという点ですが，審理

110

運営指針，特に平成25年の指針で強く求めているようですね。これは当事者にとってかなり難しいことと思いますが，実際いかがでしょうか。

渡部　これも，よく書けている訴状もありますし，不適切な訴状もあります。事前にカルテを十分検討し，医学的な知見を踏まえて，協力医に注意義務違反の特定や因果関係についての助言を得ているような事案では，よく書けているということになると思います。

Ⅲ. 答弁書・準備書面

門口　答弁書・準備書面について，何か気になる点はありますか。

渡部　答弁書については，医療機関側に付く弁護士は，かなり事件数の経験がある方が多いので，的確に主張されることが多いと一般的にはいえます。ただ，一部の弁護士ですが，民事訴訟の主張立証責任が原告にあると強調して，原告の主張に対する認否とその批判にとどめて，原告側がかなり詳細な注意義務違反等を主張しない限り，自らの医療行為でどういう経過があったかとか，その辺りをあまり積極的には主張しないという方がいます。しかし，医療機関側には説明義務，顛末報告義務もありますので，医療機関側としてどういう診断の下にどういう治療行為を行ったかということは，少なくとも概括的にもわかるように説明していただかなければならないと考えております。

門口　ただいまおっしゃった主張立証責任の関係でいえば，平成16年とか平成21年の判例[11]がありましたね。事実上の推定や経験則で，転換まではいかなくても，原告側の負担を軽減してきているようですが，いまだにその辺のハードルは高いのでしょうかね。

渡部　一部の弁護士に限られています。多くの医療機関側の弁護士は，どういう経過で治療を行ったかということについて，積極的に主張していただいていると認識しています。

門口　この早い段階で裁判所から釈明という形で手を差し伸べるということはあるのでしょうか。

---

11) 最判平成16・1・15判時1853号85頁，最判平成21・3・27判タ1294号70頁。

手嶋　それは常にやっております。双方に釈明することが多いですが，原告にはなるべく「きちっと特定をしなさい」と。他方で，被告は過失がどのようになるにせよ，一定の医療行為を提供したからには，その時々の判断に基づいているはずで，その経過を報告する責任はあるのではないか，それを積極的に述べていただきたいということを常々申しております。

渡部　どちらかというと，第1回は口頭弁論として法廷でやりまして，それ以降は弁論準備手続でやることが多いのですが，毎回，釈明をし，当事者と口頭の議論をしながら進めているというのが医療訴訟の実態ではないかと思っています。

門口　今お話に出ました争点等整理手続に入る前の計画審理の状況について伺いますが，いかがですか。

手嶋　これは実際のところなかなかに難しいというのが実感です。ただ，双方に医療訴訟の経験豊富な弁護士が訴訟代理人として付いておられると，きちっと事前準備をした上で提訴されているということもあり，比較的段取りの見通しを付けやすい場合が多いように思います。ただ，ある程度やむを得ないとも思うのですが，例えば協力医が多忙でなかなか相談できないといった事情で，計画通りには進まないケースも多く，なかなかきちっと計画を立てて，その通りにというのは難しいなというのが実感です。

門口　計画審理としての思い自体はあるわけですね。

手嶋　計画的審理は心がけています。民訴法上の計画審理は，現実問題としてはなかなか難しいと思います。

門口　この点が平成19年の運営指針と平成25年の運営指針がかなり異なるところで，平成25年の運営指針は計画審理について後退しているような印象を受けるのですが，計画審理が必要なくなったというわけではないのですね。

手嶋　そのようなことはありません。計画的に進行できるのがいちばん良いわけで，それを放棄したということでは全くないのですが，まさにそれを実現するためにも，提訴前の準備をしっかりしてくださいということです。

門口　それでは，実際に計画審理，あるいは計画的審理ということで，どの程度のことをしているかということを教えていただけますか。

手嶋　少なくとも次回，次々回辺りまでの進行見込みは常に確認をしながら，

112

特に次回期日までに各当事者に準備していただくべき事項については具体的に特定・確認し，それを調書にも記載し，その内容を転記した書面を当事者に期日後にお送りする形で，着実な実践を確保しようとしています。

門口 医療訴訟専門部が発足した当初は，いわゆるプロセスカードとか，工程表などを必ず作るようなコンセンサスがあったようですが，なかなかそのようにはいかないのが現状ということでしょうか。

手嶋 そうですね。

渡部 プロセスカードはうちの部でもまだ作っておりますが，内容としては，今，手嶋さんのおっしゃったとおりの内容です。

Ⅳ. 争点等整理手続

門口 それでは，いよいよ医療訴訟における訴訟運営の核となる争点等整理手続について，お伺いしていきたいと思います。まず，争点等整理手続の実情を，大まかなところをご紹介いただけますか。

手嶋 先ほど渡部さんからも紹介しましたとおり，第1回期日は口頭弁論で開いた後，基本的には弁論準備手続で進めている事件がほとんどです。争点整理を進めるにあたって，いろいろ留意点はありうると思うのですが，私自身は，暫定的な心証も含めて，当事者の主張立証に対するその時々の裁判所の認識・理解をできる限り開示して確認することを心がけています。どのように理解し，どこがわからないのかをできる限り具体的に示して，当事者と口頭で議論しながら，できる限り効率的に争点整理をしていきたいというところを心がけて，いつも進めています。

門口 争点等整理手続の目標といいましょうか，共通の理念のようなものをお示しいただけますか。

渡部 まず，診療経過等の客観的な事実関係を整理すること。それから，医学的知見の獲得と整理をすること。それと併せて，法的主張の整理をすること。以上の3点になるかと思います。

門口 通常訴訟でも，事実関係なり争点が明確になれば，自ずと審理は早くなるとよくいわれます。医療訴訟の場合は，争点を決めることが，なかなか困難な作業とも伺います。実情なりをお教えいただけますか。

手嶋 法的な争点を絞り込む前提として，まずは事実関係の推移，診療経過

の整理が出発点になります。これを当事者との共同作業で行うところからスタートするのですが，具体的には診療経過一覧表を作成します。診療経過一覧表は，当事者の診療経過に関する客観的事実を，法的主張等とははっきり区別する形で時系列に従って整理して記載するものです。診療録や各種検査結果，画像，看護記録等，できる限り客観的な証拠との対比を明らかにしながら，できる限り客観的な経過を整理する観点で作成します。この客観的な事実経過が争点の審理判断の重要な基礎になるわけで，これを早いうちに作成して，裁判所と当事者の共通の基礎資料ないし基盤にすることが争点整理の充実・迅速を図る上でもとても重要だということを実際審理を担当してみると強く感じます。また，医療訴訟の場合，後に鑑定人や専門委員等の専門家に関与していただくこともままあるわけですが，その際にも，基本的な資料として大変役に立ちます。

　また，これを当事者に作成してもらうというのがミソでして，具体的にどうやっているかと申しますと，はじめに被告にカルテ等に基づいて粗々のところを作っていただきます。それを原告に確認をしてもらい，詳細な事実関係についての争いの有無を確認するとともに，原告が必要と考える事実関係について漏れがあればこれを拾い，何らかの主張があれば，原告の主張欄に客観的な経過とは別に加筆してもらいます。さらに被告がこれを確認し，原告の指摘した事実関係について，争いがないものがあれば，これを左側の客観的な経過記載欄に移記するという形で交互に作成していく方式が定着しています。診療経過が極めて短いような特別な場合は除き，ほぼ全件で作成しています。各当事者に作成に関与してもらうことで，自らの主張立証を検証していただく機会にもなりますし，その過程で主張自体の実質的な整理が進むこともめずらしくはなく，その意味でも重要なツールと感じております。

門口　今おっしゃった当事者の協働といいますか，診療経過一覧表の作成などで当事者は協力的といっていいのですね。

手嶋　はい。この運用は審理運営指針にも具体的に明記しておりまして，定着しています。医療訴訟の経験の長い方ばかりでなく，スムーズにご協力をいただいています。

門口　専門委員の関与は，この段階であるのでしょうか。

手嶋　専門委員の関与は，診療経過一覧表を作成し始めた段階では，まだな

いのが普通です。もう少し進んでからということになるかと思います。

門口　客観的事実の整理ということで，一例として診療経過一覧表を提示されましたが，それとは別に主張整理表というのもあるのですか。

渡部　主張整理案，これは事案に応じてですが，作成するという運用です。原告が主張する具体的な注意義務違反，それから因果関係，これを項目ごとに簡潔にまとめてもらいます。これを行うことによって，相互の主張がどういう関係にあるのか，あるいは被告のほうではどこをどう反論したらいいかということを考えることができて，裁判所，それから双方当事者がお互いに主張の骨格を理解し，争点がどこかを確認し合うということで，争点整理の中でも非常に大きな位置づけを持っていると思っております。

門口　診療経過等の客観的事実関係の整理に続いて，医学的知見の獲得と整理ということを先ほどおっしゃいましたが，それはどういう形で行われるのですか。

手嶋　まず，最も基本的なものは，医学文献等です。書証の整理も充実した円滑な訴訟進行に実は大変重要なところで，東京地裁では審理運営指針等で書証を3つに大きく分類して提出していただく方針を明示しています。A，B，Cと分けているのですが，A号証は，診療経過等の事実関係に関する書証で，診療録，検査結果や検査画像，診断書，医療行為の経過や根拠に関する陳述書などが含まれます。B号証は，医学的知見を立証する書証で，医学文献，協力医の意見書などが含まれます。C号証は，いわばそれ以外のもの，他に分類が困難な書証で，損害立証に関する書証が主としてここに含まれることになります。このように分類して提出していただくと，圧倒的に記録全体が見やすく，大変検討しやすくなります。

　医学的知見については，いずれもB号証として，まずは医学文献等で一般的な医学的知見を，また協力医の意見書等で個別事案について必要な懸け橋となる知見を提出していただくことになります。

門口　ただいま，証拠について触れられましたが，医療訴訟では，証拠は非常に限定的で，客観的な事実は，証拠上はっきりしているではないか，したがって争点なんて簡単に決められるのではないかとも見られなくもないのですが，それであってもなお難しいというのはどうしてでしょうか。

手嶋　医療訴訟を担当しておりますと，つくづくに生体は個体ごとに様々で，

反応も多様なのだということを痛感させられます。一般的な医学文献も症例報告の類もいろいろありますが，教科書的な文献はあくまで一般的標準的な知見が書かれているのみで，それを問題となっている具体的な事案に当てはめるとどうなるのか，そのまま当てはまるのか，例外はどの程度あるのかはよくわかりません。他方，症例報告は，基本的には個別の症例の紹介で，それがどの程度一般化できるのか，それは内容にもより，様々です。医学的知見に基づく事実認定はなかなか一筋縄ではいきませんし，それが争点整理にも跳ね返ってくるところだと思っております。

渡部 医療の不確実性ということを医療界の方はよくおっしゃるのですが，事前には正しいかどうかという判断をすることができないのが医療です，と。診断を含め，あるいはこの治療行為をやったらどういう効果が発生するか，あるいはリスクが発生するかを含めて，不確実なところだという点が１つです。もう１点，医学文献の件なのですが，医療界の方にお聞きすると，紙情報にはなっていない医学的な知見があります。当たり前のようなことがかえって書かれていなかったりする。そこが訴訟の中でも重要になったりすることがあるということのようです。そういう関係もありますので，協力医がこの事件についてどのように見立てて，どこに問題があるか，ここは問題がないというような意見を言っていただくことは，かなり重要なのではないかという感じはしています。

手嶋 もう１点医学的知見の特徴として指摘されているのは，医学は，基本的に対照実験ができないという点で，自然科学の中でも特殊性があるということです。その意味で，経験を積み重ねていく中で体得する知識に頼らざるを得ない一面がある，そういう特殊性はどうしても残るように思います。そこがなかなか難しいところかなと思います。

門口 通常訴訟では，例えば契約を締結するときにどのようなやり取りがあったとか，実際の意思はどうであったなどの事実関係で，人証に頼らざるを得ない部分が随分あると思うのですが，そのような事実の認定の難しさとはちょっと違うわけですね。

渡部 医学的機序１つ取っても，いろいろな可能性が考えられて，あるいはなぜこういう結果が生じたかというのが事後的にも検証できないということも多々ありますので，客観的にデジタルにすべて事実関係がわかるというわ

けではありません。

手嶋 事実関係については，カルテにすべてが書かれているわけではありませんので，そこは通常の民事事件と同じように事実が争いになるところもあります。手術中に緊急事態が生じた場合など，厳しい状況であればあるほど，カルテに書かれていない時間帯というのもやはりありえますので，その辺りの評価も含め，両方の認定の難しさがあるように思います。

門口 先ほども触れられました書証は大体早期に出てくるのですか。それから立証趣旨の記載はしっかりしているのでしょうか。

手嶋 この点でも，医療訴訟の経験豊富な代理人ですと，それなりの当たりをつけて，的確な書証をきちっと揃えて早期に提出されることも多いですが，全体としてはまちまちというのが実態です。最近，診療ガイドラインが様々な科目，場面に応じて学会等が中心になって策定されており，これは比較的，経験の浅い代理人でも獲得しやすい基本的な医学文献の１つと言えそうです。インターネット等を通じて誰でも見ることができますし，最近，訴訟でも証拠として提出される例が多いです。証拠の標目は比較的きちっと書いておられる方と，そうでない方がいらっしゃり，代理人によるというのが実情です。

渡部 もう１つ，これは医学文献というより，その事件についての意見書の位置づけに近いのかもしれませんが，院内事故調査などが行われて報告書が作成され，患者や患者家族に交付されている場合は，これが書証として提出されることは少なくありません。その事案そのものについて，医療者の視点から経過が的確に整理されてまとめられているため，事案のポイントがわかりやすいですし，原因についても医学的に多角的な視点から検討されており，有用な資料の１つです。ただし，この報告書に一定の記載があるからといって，当然に法的注意義務違反が認められることになるわけではありません。

門口 証拠の申出に関して，調査嘱託，文書送付嘱託なども見られるのでしょうか。

手嶋 送付嘱託は，前医・後医のカルテ等が提出されていない場合に採用することがままあります。調査嘱託は，性質上あまりないと思います。

門口 それでは，争点等整理の段階で専門委員を活用されているかという点は，いかがでしょうか。実情を教えていただけますか。

手嶋 専門委員は，争点整理段階における医学的知見の給源として非常に有

用なツールだと考えているのですが，残念ながら，東京地裁では，この活用が十分に図られていないのが実情です。専門委員制度については，立法時の議論でも，医療訴訟における活用については，裁判所が専門委員の「説明」に基づいて事実上争点についての心証をとってしまうのではないかという懸念が指摘されるなどしていました。特に東京地裁では，鑑定となれば，カンファレンス鑑定という方式で，大学病院が事案に即して推薦する医師3名による鑑定が実施され，非常に安定感のある質の高い専門的な意見が得られるということで，専門的知見が必要なのであれば鑑定のほうが確実であるという意識が，どうしても働くところがあるようです。具体的な事案では，これは専門委員に関与してもらうとよいのではないかと思う事案は少なくなく，必要性を感じる場面はあるのですが，当事者の意向もあり，まだ十分な活用が図られていないのが実情だと思います。

門口 医療集中部の発足当初のことしか知識がないものですから，その当時のことから伺いますと，とにかく鑑定をうまく機能させるために，事前に争点をきっちり決めなければいけない，そのために当時は専門委員制度がない頃ですから，専門家調停委員を頼んで争点整理に尽力してもらったという事情があったように思います。現在は，専門委員の力を借りずに，ある程度争点の解明ができるということになるのでしょうか。

渡部 その意味では専門委員の関与を得た場合より遠回りでやや時間がかかるかもしれませんが，当事者の主張立証を尽くさせ，必要な整理を尽くした上で，カンファレンス鑑定を行っているというのが実態です。

　もう1つ，医科と歯科のほうでは事情が違っていて，医科と違って歯科の場合は一定の統一的な医療水準というものがあるのか，ないのかという問題があります。東京地裁では，全国と比較して，歯科関係の医療訴訟，例えば比較的高額で自由診療で行われるインプラント治療に関する事案等が近年一定割合で数多く係属している実態があるのですが[12]，歯科事案には，特有

---

12) 平成28年の東京地裁の医療訴訟新受事件数全体に占める歯科事案の割合は，21.4％であり，うちインプラント手術に関する事件は41.2％（佐藤哲治＝鈴木和彦「東京地方裁判所医療集中部（民事第14部，第30部，第34部，第35部）における事件概況等（平成28年度）」曹時69巻7号〔2017年〕58頁）。

の悩ましさがあります。歯科治療はバリエーションが多様と言いますか，それぞれやり方があるというふうにも聞いていて，そういう意味ですと，医科よりも歯科のほうが専門委員に関与していただき，どの辺りが問題なのかということでアドバイスをいただきたいと感じる事案が多いのが実情です。最近，東京地裁の医療集中部でも，もう少し専門委員を活用したほうがいいのではないかという議論をしていて，弁護士会とご相談し医療界ともご相談しながら，その拡充に努めていきたいと考えているところです。

門口 ただいま，カンファレンス鑑定のお話がありましたが，カンファレンス鑑定については証拠調べの中で極めて重要なことですから，後ほどまとめてお伺いします。争点の解明という点で専門委員の関与については伺いましたが，そのほかの方法として，例えば口頭による説明会とか，ひところ言われたドクターヒアリングというような方式をとることもあるのでしょうか。

手嶋 説明会方式で弁論準備期日等に実際に担当された医師にいらしていただき，画像等を見ながら口頭で説明をしてもらったり，こちらから病院に伺って説明を聞くということもあります。個人的には昨年3，4例このような説明会を実施しました。例えば，画像の見方が問題になるような事案では，代理人にできる限り具体的に説明してもらうのですが，それが特に手術ビデオ等の動画ですと，代理人も医学の専門家ではありませんので，限界もあります。担当医に直接説明してもらえると，争点整理の前提としての基本的な事実関係がよく理解できるので非常に有用であると感じています。当事者本人も含めて，説明会の結果，基本的な事実関係がよく理解でき，その後まもなく和解に至ったという事案もありました。

門口 具体の例でお聞きしますと，医療水準が問題になるときに，どのようにして争点整理段階で把握できるのでしょうか。

手嶋 一般的な医療水準ということでまいりますと，先ほど少し申し上げましたけれども，診療ガイドラインなどは，それを見るには極めて良い資料になるかと思います。ガイドラインの作成目的や作成主体，位置づけ，前提とされているエビデンスレベル等については注意が必要ですが，学会等が標準的な治療の指針として作成しているガイドラインは，具体的な場面，症状に即した実践的な医療行為が，しかも前提となるエビデンスを十分に吟味した上で整理して記載されていますから，当該具体的な事案を前提としたものと

いうわけにはいきませんが，標準的な治療を知るという意味では有用な資料だと思います。実は先ほど述べた昨年のシンポジウムで，この診療ガイドラインをテーマに取り上げたのですが，医療機関側からは，もともと医療訴訟の証拠として用いられることを想定して作成されているものではなく，診療ガイドラインにも，医療水準向上の観点から理想的な治療指針を掲げたものもあること，あくまで標準的な治療指針であって，具体的な状況に応じ，医師の専門的判断によってこれと異なる治療を行うことも許容されること等が指摘されていました。個別の事例に当てはめるときには，あくまで一般的，標準的な治療が記載されているものであって，どこまでいっても当該事案を前提に標準的な治療からはみ出すことが許容されるか等の検討が必要になることには注意が必要だと思います。

V. 証拠調べ

門口　争点整理が極めて重要であることは大体わかりました。証拠調べについて，先ほど書証についてお話がありましたが，医療訴訟においては書証を除けば少ないということも聞きますし，鑑定に付する事件もそれほど多くないというお話も伺います。証人尋問について，実情はいかがでしょうか。

渡部　判決に至る事案については，証人尋問，人証調べをするのがほとんどだと言っていいのだろうと思います。当事者本人，協力医，それから医療機関側，被告側の担当医等になります。

門口　その場合の証人尋問の方式について，格別，工夫されているようなことはありますか。

渡部　これは，一般に言う集中証拠調べです。協力医あるいは被告側の医師も含めまして，大体，同一期日にやることが多いです。それから専門家証人につきましては，後で尋問を予定する証人も在廷をしていただいて尋問をするというのが一般的に行われています。

門口　対質は，あまりないのですか。

手嶋　東京地裁で対質をやっているという話は，最近，あまり聞いていないです。ただ，それに近いものとしては大阪地裁の工夫として，専門家証人については，それぞれの主尋問をまず全部やり，その次に反対尋問をすべてやるという，主尋問連続方式とでも言うべき方式で，ある意味対質のような効

果を実現する取組みをしているということは聞いたことがあります。なかなか興味深い取組みだなと思っています。

門口 陳述書の活用については，いかがですか。

手嶋 陳述書は必ず出していただいています。これは協力医については，意見書という形で出てくることもありますが，必ずそれを踏まえての尋問にしていただいています。

門口 専門家証人についても，当然，意見書という形で事前に出るのですね。

手嶋 はい。

門口 それでは，いよいよカンファレンス鑑定についてお伺いしますが，その前に鑑定一般の実情は，いかがですか。東京地裁の場合はすべてカンファレンス鑑定と承っていいのでしょうか。

手嶋 鑑定をする場合は，ほぼ全例，カンファレンス鑑定方式で行っています。鑑定の件数自体は，年間10件あるかないかという水準で推移しています。カンファレンス方式をとっているのは，全国でも東京地裁だけと聞いています。

門口 カンファレンス鑑定の方式として私の知っている限りでは，あらかじめ鑑定事項を決めて訴訟記録とともに鑑定人にお渡しする，期日前に簡単な意見書を出していただく，法廷で各鑑定人に順番に聞いていく，裁判所からもさらに質問をする，このように承っていますが，カンファレンス鑑定の方式にもいろいろあるのですか。

手嶋 基本的には，今おっしゃっていただいたとおりです。質問するのはまず裁判所であり，その後に，当事者から補充で聞くべきところがあれば聞いていただくという形をとっています。

門口 鑑定人の意見書は，相当なボリュームなのですか。

手嶋 なるべく簡潔に書いていただくことを旨としていて，事案にもよりますが，せいぜいA4で3〜4枚ぐらいにまとめていただいています。骨子と結論を書いていただき，補充すべきところは，当日，口頭で補充をしていただくという形です。

門口 一時期，鑑定に長期間を要し，その結果医療訴訟の長期化を招いたということが言われたことがありましたが，鑑定に長期を要しているという批判はないのでしょうか。

手嶋 鑑定に一定の期間を要することは事実です。ただ，鑑定事項をきちっと吟味することは必要ですし，鑑定人に鑑定資料を検討し，意見書をまとめていただくのに一定の期間がかかることもやむを得ないことです。カンファレンス鑑定では，都内13大学病院が基本的に順番持ち回り方式で，1事件について3大学，各1名ずつの鑑定人を推薦してくださることになっています。この方式が導入される以前は，適切な鑑定人を探すために長い時間がかかっていたわけですが，導入後は1カ月もかからないようなタイミングで各大学から推薦いただいており，大幅な短縮になっています。また，意見書自体は簡潔にしていただいていますので，その意見書作成に要する期間という意味でも相当に短縮されていると認識しています。

VI. 事実の認定

門口 ありがとうございました。それでは事実の認定に進みます。裁判所にとってはあらゆる訴訟を通じて非常に力を要するところですが，事実の認定について医療訴訟特有の難しさというものがあるのでしょうか。

渡部 事実認定の基礎として，一定の基本的な医学的知見を要する点があるというのが医療訴訟における難しさです。これまで申し上げたようないろいろな方法を通じて医学的知見を獲得するわけですけれども，これもまた診療録を含めていろいろな証拠を照らし合わせ，併せて事実関係を認定し，あるいは注意義務違反があるかどうか。これをどういう点から導いていくか。その辺りも医学的知見を踏まえて判断しなければいけませんし，注意義務違反があるということであれば，その結果との因果関係がどうであるかということもまた医学的な検討も加えて認定していかなければいけないというところです。その辺りについては専門訴訟としての難しさがあると認識しています。

VII. 評議

門口 先ほど集中審理ということでお伺いしましたが，証拠調べが終わったら2カ月ぐらいで判決が書けるものだとおっしゃる裁判長もいましたが，合議は，どの段階で，どのようにされるのでしょうか。一般の人がいちばん知りたいところのようです。

手嶋 合議は，各期日の進行のための合議とは別に，中身について，節目ご

とに重点的に行っています。最初の節目は，証拠調べ前，争点整理が概ね終わり，人証調べに進む前の段階で，暫定心証と申しますか，双方の主張と書証を踏まえてどのように事案を理解し，どういう見通しを持つかということについて集中的に議論をいたします。それが具体的な問題意識を持って尋問に入っていく上でも重要ですし，また，1つの節目として，その時点で和解をお勧めすることも多くございますので，和解の方向性という意味でも重要で，相当に力を入れて合議をいたします。あとは，全証拠調べを終え，終結する段階がもう1つの節目といってよいと思います。

Ⅷ. 和解

門口 和解のお話が出ましたので，調停と和解についてお伺いします。調停については，先ほどおっしゃったように専門家調停委員を求めての争点整理がほとんどないということですから，調停そのものもないと承っていいですか。

渡部 訴訟から付調停という形で調停を利用する事件はほとんどありません。当初からの地裁に対する調停申立事件は若干ありますので，これについて医療集中部の裁判長が調停に関与したりしている実情はございます。

門口 建築訴訟のように，調停部に回して争点整理を託すということは，まずないのですね。

渡部 それはございません。

門口 それでは，和解の実情をお伺いします。まず和解の勧告の時期，それから和解に対して積極的かどうかなどについて，お願いします。

手嶋 総じて和解の勧告には積極的といってよいと思います。これはおそらくどの裁判長も同じではないかと思っています。医療事件には，和解に向けた調整を尽くしたくなる事案が少なくありません。重大な結果が生じていて，それを抱えて苦しんでおられる患者・家族が一方にあり，他方で，それに思いを致しつつも，医師の専門家としての責任に係る法的判断としては，法的注意義務違反が認められるところまでいくのか否かを吟味しなければなりません。法的注意義務違反が認められるという場合に和解による解決をお勧めするのももちろんですが，そこまでは至らない場合でも，最善の医療とは言えない，もっと別の対応の余地もあったのではないかということもまま あり

まして，そのような場合には，医療機関のほうも，法的責任を前提とせず，しかし生じてしまった結果と患者の思いを受け止め，将来的な医療安全のための反省の糧として，和解による解決を望むという場合も少なくありません。和解による解決がふさわしい事案は多いように思います。

門口 和解期日の回数はどの程度か，経験的にいえますか。

渡部 事案によるとしか申し上げようがないのですが。

手嶋 和解での解決が望ましいと思う事案では，相当回数を重ねても，粘り強く和解をお勧めすることも稀ではありません。

門口 和解に積極的であるというのは，医療訴訟に特有の配慮というのもあるのでしょうか。感情的な対立をほぐすとか，いわばコンサル的機能を果たすという面もあるのでしょうか。

手嶋 はい。患者側には，何が起こったのかをきちっと知りたい，それを将来に生かしてもらいたいという思いを持って訴えを提起される方もたくさんおられます。また予想外の結果が生じてしまったことについて，やり場のない気持ちや，仮に法的な責任までは認められないとしても，あのときもっとこうしておいてもらえればという無念な気持ちを強く持っておられることも多いです。その思いを受け止めて，それを何らかの形で条項にも盛り込む形の和解をお勧めすることはよくございます。

門口 和解条項に当該事案を離れての医療に対する警鐘を鳴らすようなことを掲げることがあるのですね。

手嶋 再発防止の努力ということを書き込むことは，稀ではないと思います。

IX. 心証の開示

門口 これも当事者からよく聞かれることで，東京3弁護士会のアンケート[13]にもありましたが，和解の場面における心証開示についてはいかがですか。

渡部 心証開示は積極的に行っているのが実態であろうと思っています。

門口 早期の段階の和解においても，ある程度の心証は開示されているとい

---

13) 志田原信三ほか「和解の現状と今後の在るべき姿について」判タ1409号（2015年）5頁。

うことですね。

渡部 早期の段階では，早期の段階での心証であるということを前提に，ある程度のお話をいたしますし，証拠調べが進んで最終段階に至ったときには，判決を念頭に置いた心証を前提に当事者に和解を勧めるというのが実態です。

おわりに

I. 医療現場への影響

門口 いよいよ時間が押し迫ってまいりましたので，最後にまとめの意味でいくつかお伺いします。医療訴訟について世間の関心を集めたときに，医療界から，司法自体が医療を萎縮させているのではないかという批判がありました。医療を萎縮させるというのは，リスクの高い診療を回避させるとか，あるいは訴訟回避のための同意書等をとることに力を入れて本来の診療から遠くなるというようなことでしょうか，そのようなことはいかがでしょうか。具体の裁判でどのようにお応えしているか，お話しいただくことはできますか。

手嶋 初めのほうで大野病院事件について少し触れましたが，産科医療に関する議論はその1つの典型であったように思います。産科医療の分野では，とりわけ分娩時の医療事故について過失の有無の判断が困難な場合が多く，裁判で争われるケースも少なくなかったことから，このような紛争の多さが，産科医不足の理由の1つであると指摘されました。この問題については，直接的には，産科医療補償制度の創設という形で解決が図られましたが[14]，この制度自体，医療が本質的にはらむリスクを社会全体として受け止めていくための1つの仕組みを作ったという意味で画期的なものだと感じますが，ここで申し上げたいのは，このような議論やその過程を通じて，医療事故というものを受け止める社会的な意識も，医療機関側の意識や姿勢も大きく変

---

14) 先のような指摘を踏まえ，民間の保険を活用し，通常の妊娠・分娩にもかかわらず脳性麻痺となった児及びその家族の経済的負担を補償するとともに，事故原因の分析を行い，将来の同種事故の防止に資する情報を提供することなどにより，紛争の防止・早期解決，産科医療の質の向上を図ることを目的として制度の創設が検討され，平成21年1月に施行された。

わってきたのではないかということです。かつては，医師には間違いがあってはならないということが前提とされていたように思います。それが，今はヒューマンエラーを前提として，それをいかに防ぐか，起こったときにどう対処するのかという方向に，大きく考え方が変わってきているように思えます。

　医療訴訟との関係でも，間違いは間違いとして認めることを前提に，的確な医学的知見を前提とした，医療従事者も納得できる公正な「適否」の判断が求められているように感じます。既にご紹介したカンファレンス鑑定でも，推薦いただいた鑑定人は，極めて客観的で公平な姿勢で鑑定に臨んでくださっており，かつてよく指摘された医療訴訟における封建制の壁のようなものは感じられません。いずれの当事者にとっても納得度の高い説明で，鑑定後まもなく示された意見に従った和解が成立することも稀ではありません。より公正な医療訴訟の実現が，将来の医療界にとっても必要であるという意識で，的確な医学的知見の提供や協力を惜しまないという姿勢で積極的に関わっていただいていることを感じており，医療界も法曹界も様々な経験を経て，既に次の段階にステップアップできているのではないかと考えています。

門口　先ほどおっしゃったように，医療機関ともかなりいろいろな場面で連携をとっていらっしゃるわけですね。そうすると，自ずとお互いを理解し合うということになっているのでしょうか。

渡部　我々も民事裁判を担当していますので，この民事裁判を適切に判断してほしいという医療界側の要望は強く感じますし，裁判所が的確に判断するためにも，双方の弁護士あるいは医療界の専門家の知見が必要ですということをお願いしていて，その協力関係もできていますので，全体としてはいい方向に進んでいくのではないかと思っています。

Ⅱ. 医療現場からの援助

門口　ありがとうございます。もう1点伺います。医療裁判が非常に長期化していると批判された折に，迅速性を確保するために，弁護士なり訴訟関与者の専門性，医師の協力，そして提訴前の準備，さらには鑑定のあり方と大きく4つ言われましたが，それぞれについて事情は好転してきていると承っていいでしょうか。弁護士の専門性については，先ほど二極化というお話も

されましたけれども，2番目の医師の協力という点では，いかがですか。

手嶋 医師の協力という意味でも，大きく前進してきていると思います。それから弁護士側も，経験の蓄積で訴訟活動のレベルはさらに上がってきていると思いますし，今後はそれを新規に医療訴訟に関わるようになられた訴訟代理人の方々に，いかに円滑に伝えていただけるかということではないかと思います。これは当事者の方だけの責任ということではないので，裁判所も訴訟運営のスキルをブラッシュアップしていかなくてはいけないということを強く感じています。

Ⅲ. 弁護士への要望

門口 当事者に向けては，先ほどの審理運営指針といったものを参照していただきたいというほかに，何かありますか。特に若い弁護士さんに向けていかがですか。

手嶋 基本的には審理運営指針を，まず読んでいただきたいというところです。さらにいいますと，東京地裁からも弁護士会で行っておられる各種講座に講師を派遣することをしていますので，そのような機会を捉えて常日頃，裁判所が何を考えて審理にあたっているかといった辺りを聞いていただきながら，迅速的確な審理にご協力をいただければと思っています。

Ⅳ. 提言

門口 最後にお伺いします。お二方とも通常訴訟も担当してこられたわけですが，医療訴訟に携わって，逆に通常訴訟側にフィードバックさせるような提言的なお話はございますか。

渡部 医療訴訟は，専門訴訟としての審理の方針，運営について，スキルアップした運用ができています。これが，通常訴訟のそのほかの専門訴訟の審理のあり方にも役に立つのではないかと考えています。診療経過一覧表や争点整理表などは，専門家の関与，集中証拠調べ，充実した合議などすべての面で有用なツールとなっています。弁論準備において十分に口頭議論をし，プロセスカード等を利用して次回までに準備すべき内容を明確にしながら，これらのツールを裁判所と当事者が協働して作り上げていく過程で，複雑困難な事案の争点等の認識の共有化を図っていくきっかけとなっています。

手嶋　専門委員や鑑定人の確保，カンファレンス鑑定の運用など，専門的知見の確保のためのプラクティスも十分参考にしていただけるものがあると思っております。

門口　今日は長時間ありがとうございました。これで終わらせていただきます。

［2017 年 6 月 9 日収録］

東京地方裁判所医療訴訟対策委員会
「医療訴訟の審理運営指針（改訂版）」

判タ 1389 号（2013 年）6 頁〜7 頁

第 2　医療訴訟の審理について（総論）

　医療訴訟の審理は，医療行為の後に患者に好ましくない結果が生じた事案について，医療行為を行った医師やその使用者である医療機関などに，不法行為や債務不履行に基づく損害賠償責任があるか否かを判断し，適切な解決を図るために行われる。その審理においては，上記の結果が生じた機序を明らかにした上で，当該医療行為に誤りがあったか否か（注意義務違反の有無），その誤った医療行為のためにその結果が生じたといえるか否か（因果関係の有無）を明らかにし，これらが肯定される場合に，誤った医療行為と相当因果関係のある損害及び損害額を明らかにすることとなる。そして，これらの事実を判断する上で，医学的知見は必須のものである。医療訴訟が専門訴訟の典型といわれるゆえんである。

　しかも，上記機序や因果関係は，最新の医学的知見を踏まえて判断されるのに対し，注意義務違反の有無は，医療行為当時の医学的知見を踏まえて判断されるものであり，かつ，注意義務違反の有無の基準となるのは，医療行為当時のいわゆる臨床医学の実践における医療水準であって，当該医療機関の性格，所在地域の医療環境の特性等の諸般の事情も考慮される。そのため，医療訴訟において，明らかにすべき医学的知見の内容は多岐にわたり得ることになるが，これらは，当事者の訴訟代理人が自ら，あるいは協力医や依頼者の助力を得て，医療文献を探索し，それを当該事案に即して，取捨選択した上で，主張書面及び証拠として提出すべきものである。

　その上，注意義務違反，因果関係及び損害は，いずれも法的概念であって，その有無及び内容は，最終的には，法的な観点から判断されるべきものであるから，裁判所はもとより訴訟代理人も，審理において明らかにされた医学的知見（いわゆる協力医の意見や鑑定意見などを含む。）を踏まえた上で，それを判例，裁判例及び学説によって形成されている法的な議論枠組みの中に取り込みながら，各争点について議論し，判断することが求められる。

　さらに，医療訴訟において，患者側は，医療事故の原因を究明すること，財産上の救済のほか精神的な手当てを受けること，そして，当該医療事故を今後の医療安

全への取組みに活かすことを求め，他方，医療機関側は，当該医療行為の正当性及び医療現場の実情への理解を求めていることが指摘されている。裁判所は，医療訴訟において，被告である医療機関や医師の法的責任の有無・内容を判断するわけであるが，審理を進めるに当たっては，双方当事者が医療訴訟に対して抱く上記期待も念頭に置いて，当該事案にふさわしい解決を図ろうとする姿勢が必要であるし，訴訟代理人は，依頼者の意向を踏まえ，医療訴訟における各手続の中で，それをいかなる形で取り込んだ解決が可能かを模索することが求められる。

　医療集中部における医療訴訟の審理が，今後，より良いものになっていくか否かは，裁判所及び訴訟代理人が，医療訴訟の専門法律家として行うべき上記各作業を，それぞれの立場で主体的に果たすことができるか，そして，それぞれの立場から，当該事案について最も適切な解決を考え，それを審理の場で積極的に議論して，その早期実現に努めることができるかにかかっていると言ってよい。

　そこで，以下，項を改めて，審理運営指針の中身に入り，医療訴訟において，患者側代理人，医療機関側代理人及び裁判所が果たすべき役割について，訴訟の準備段階も含め，その時系列的な流れに沿って述べることとする。

知的財産訴訟

SPEAKERS

司会	門口正人	MONGUCHI Masahito
	東海林 保	SHOJI Tamotsu
	沖中康人	OKINAKA Yasuhito

知的財産訴訟への導き

　知的財産訴訟には，産業財産権4法と言われる特許法，実用新案法，意匠法，商標法とともに，著作権法，不正競争防止法違反の事件がある。

　経済活動がますます活発になり，グローバル化が進んでいる中で，知的財産権に対する認識も内外ともに高まり，それに伴い，知的財産権関係の紛争や訴訟も増加し，国境を越える事例や新規の紛争が現れてきている。何よりも裁判自体が経済そのものに直に影響を与えるということで注目される。それだけに裁判所にとって，ますます適切で迅速な対応が求められ，裁判所の判断，さらに言えば，裁判所の審理のあり様も注目がされる。

　知財訴訟の特徴として，**第1**に，技術の理解が前提になるため，専門的知見の獲得が求められること，**第2**に，紛争の経済的規模が大きく，訴訟活動も大規模にならざるを得ないこと，**第3**に，技術の進歩が著しく，新たな産業活動の動向が反映され，新規の事件が持ち込まれること，**第4**に，経済活動のグローバル化に伴い，企業間紛争も国際化し，一方当事者が外国の企業であることも少なくないこと，そして，**第5**に，権利の性質上，迅速処理が強く求められることを指摘することができる。

　審理における特徴を述べれば，裁判所にあっては，**第1**に，専門性については，技術的知見に関して裁判官を補佐するために，裁判所調査官や専門委員の利用が図られ，調査官において，早期に記録を検討して，事前に主任裁判官とよく意見交換が行われている。**第2**に，計画審理について，審理モデルが作成されており，それに応じて進行するが，そのことが裁判所，当事者間で共通に認識されている。審理モデルでは，弁論準備手続において受命裁判官による争点整理が侵害論と損害論に分けて進められ，侵害論の審理を終えた段階で，合議が行われた上，暫定的な心証が開示され，侵害の心証が抱かれた場合には，損害論に進み，非侵害の心証が抱かれた場合には，和解または判決に至る。**第3**に，争点整理手続において，専門用語や新しい製品のあり方などの理解を得るために，図面や説明用ソフトを使うなどの工夫がされ，その上で，口頭による説明と意見交換が行われて，争点を確認し合う。侵害論の最後の段階では，技術説明会が行われることも多く，ここでは，専門委員の関与を求め，争点及び裁判所側の疑問点等を解明するために，当事者から技術等について説明を受ける。**第4**に，心証の開示については，前記のとおり，二段階審理において，侵害論の主張が終わった段階で，判決合議に準じる合議をした上で，

行われている。**第5**に，判決について，その判断が産業界に与える影響等を考慮して，わかりやすく説得力のある判決の作成を心がけ，今後の審理の参考に供するためにも，例えば，書類提出命令が認められなかった理由や攻撃防御方法の提出が時機に後れたものであるかどうかの理由などについても，丁寧に記載するように努めているということである。

　当事者にあっては，**第1**に，事前準備の充実が求められる。あらかじめ当事者間で十分な交渉を試みながら，訴訟に向けた準備も進めていることが望ましい。当事者間では，証拠の偏在あるいは営業秘密の保護という壁があるものの，証拠保全や提訴前証拠収集処分の活用にも留意しておく必要がある。**第2**に，訴えの提起にあたっては，特に，訴訟物の記載について明確にすることが求められる。さらに，事件が大規模化するに伴い，準備書面も膨大になるので，その作成において，目次を掲げたり，冒頭に要約を示すなどの工夫が求められる。**第3**に，法律に定められるツール，例えば，特許法等の書類提出命令や損害の算定を迅速に処理するための計算鑑定制度（特許105条の2）のほか，秘密保持命令の申立て（同105条の4）などの活用にも配意すべきである。　　　　　　　　　　　　　　—門口正人

はじめに

門口　最近では経済活動の活発化に伴い，知的財産権に対する認識も内外ともに高まっているような印象を受けます。また，知財関係の紛争や訴訟も増加しているように思われます。しかも，国境を越えるような事例も多いと伺っています。何よりも裁判自体が経済そのものに直に影響があると思われますし，注目される判決もこのところたくさん出ているように見受けられます。裁判所にとって，ますます適切で迅速な対応が求められていることと察しますが，それだけに裁判所の判断，さらに言えば裁判所の審理のあり様も注目がされています。このようなタイミングでこの座談会を催すことになりましたことを，私自身も楽しみにしております。

　後ほど，知的財産訴訟（以下「知財訴訟」）の特色などをお伺いしますが，知財訴訟は，最も専門性が高く，しかも，先駆的に専門的訴訟を取り扱ってきたという意味でも，審理においても独自のノウハウを積み重ねていると思われます。一方，専門性が高いということで，対応する弁護士あるいは弁理士の方々も限られていて，裁判所でも担当する裁判官はごく一部に限定されているということがあって，なかなか一般の人にはなじみがない分野であろうかと思います。そういう意味でも，いろいろ知りたいことがたくさんあると言えます。本日は，一般の人に向けて，わかりやすくお話しいただければと思います。

　私自身は，古く平成12年に，東京地裁で知財の検討委員会が発足して，訴訟運営に関する提言[1]が発表されるにあたり，ほんの少し側面から関与させていただきました。何分にも大昔の話になるものですから，本日はリニューアルされたお話を承りたいと思います。

　毎回申し上げておりますが，ここでは，個人的なご意見として，自由にお話しいただければと思います。まず簡単な自己紹介をお願いいたします。

東海林　東京地裁民事第40部で部総括をしております東海林です。よろしくお願いいたします。修習期は41期です。初任の東京地裁から出発して，

---

1) 判タ1042号（2000年）4頁。

岐阜，釧路，沖縄などで勤めた後に，平成14年4月に東京地裁民事第47部（知財部）で初めて知財事件を担当しました。その後函館を経て，平成21年4月に知的財産高等裁判所勤務となり，平成24年4月から東京地裁，今の民事第40部の部総括を務めております。そういうことで通算すると，知財事件を担当していた期間は，約12年になります。

沖中　東京地裁民事第47部の部総括をしております沖中です。修習期は44期になります。私は，東京地裁で任官し，その後，東京，釧路，沖縄，金沢，横浜や法務省に勤めた後，平成27年1月から東京地裁民事第47部の部総括をしております。知財の関係は，東京地裁民事第29部に4年間，東京高裁・知財高裁に3年間いたことがあり，今の民事第47部の部総括と合わせてちょうど10年目という経験です。本日は，どうぞよろしくお願いいたします。

知財訴訟の類型

門口　ありがとうございました。さて，今まで，知財訴訟と言ってきましたが，知財訴訟として扱われる訴訟類型には，どのようなものがあるのでしょうか。

東海林　ひと口に知的財産法と言ってもいろいろなものがあります。大きく分けるとまず産業財産権4法と言われる特許法，実用新案法，意匠法，商標法があります。さらに著作権法，それから不正競争防止法（不競法）違反の事件がありますので，この6つが基本的な知財訴訟と言われるものかと思います。

　ちなみに産業財産権4法，著作権法と不競法にはそれぞれ特色があります。まず，特許法をはじめとする産業財産権4法というのは，特許庁に対して出願をし，審査を受けた後に登録されたことによって初めて権利が発生するということで，権利付与法と呼ばれることもあります。

　一方，著作権法ですが，これはそのような登録などは必要なく，著作物が完成した時点で直ちに権利が発生するので，そういう意味では産業財産権4法とは権利の発生過程が違うところがあります。

　それから，不競法は，今申し上げた権利付与法という権利ということでは

なくて，行為規制法と言われておりまして，要するに競業秩序の維持を目的にして，一定の行為類型を不正競争行為と定めて，それにあたるかどうかを判断するというところに特色があります。

裁判所の取扱態勢

Ⅰ. 管轄

門口　知財訴訟について，専門性が高いということで，いろいろな法律上の仕組みが用意されているかと思います。管轄や裁判所の体制の面で，専門性から見てどのような配慮がされているかを教えていただけますか。

東海林　知財訴訟については，特に管轄に特色があると言えると思います。簡単に申しますと，民事訴訟法6条1項所定の「特許権等に関する訴え」という一定の類型については専属管轄とされています。すなわち，「特許権等に関する訴え」とは，特許権，実用新案権，著作権のうちプログラム著作権に関する訴えなどの技術的専門性の高いものを言っております。これについては，日本を大きく東と西に分けて，東日本は東京地裁の専属管轄で，西日本は大阪地裁の専属管轄ということになっています。専属管轄ですので，この管轄の定めに違背し，管轄権のない裁判所が訴訟をやったりすると，当然のことながら専属管轄違背になります。実際にそういう裁判例もあります。

　もう1つの特色としては，競合管轄というものが民訴法6条の2に規定されています。先ほど申し上げました知的財産法のうち意匠権，商標権，一般の著作権あるいは不競法上の利益に関する訴えについては，先ほどと同じように東日本は東京地裁，西日本は大阪地裁というように，本来の管轄裁判所以外にも東京，大阪を選んで訴訟を起こすことができるというところに特色があるかと思います。

Ⅱ. 事件処理態勢

門口　管轄について，法律上の配慮をお伺いしました。裁判所の態勢などについては，特別な配慮はされているのでしょうか。

東海林　東京地裁の知的財産権部について説明させていただきます。東京地裁は大きく民事部と刑事部に分かれます。民事部は，全部で51カ部ありま

す。そのうち知的財産権に関する訴訟は専門性が高いので，それを専門に扱う部が4カ部あります。私と沖中さんが所属している40部，47部のほかに29部と46部の4カ部体制になっています。

　現在，裁判官は大体16名配置されております。部の構成としては，裁判長が1人，陪席裁判官が3人という形になっております。知財訴訟は非常に専門性が高いので，基本的には全件合議事件となっています。高裁のように相陪席という形で，それぞれ複数の合議体を組んで処理している点が特徴かと思います。

門口　裁判所調査官あるいは専門委員がかなり重要な役割を果たしていると伺っていますが，どのように配置されて，どのような役割を果たしているのか，簡単にご説明いただけますか。

東海林　裁判所調査官は特許庁や日本弁理士会から選抜されてやってこられる方々で，技術的知見に関して裁判官を補佐するという役割を担っています。主にどんなことをやっているかというと，技術的な知見に関してサポートをしていただくのが基本でして，その事件に関する基本的な技術の説明をするとともに，技術的な争点に関する意見を述べるのが主要な仕事です。近時の民訴法の改正によって，弁論準備期日に立ち会って当事者に発問したり，証拠調べにおいて証人に質問をしたり，あるいは和解期日において技術内容を説明したりもしています。

　現在，東京地裁には7名の調査官がいます。技術分野としては機械，電気，化学の3分野に分かれておりますが，特許事件では，その合間の技術というものもたくさんありますので，それらも適宜担当してもらっています。

　次に，専門委員ですけれども，これは民訴法に規定された専門委員ですので，医療とか建築といった他の民事事件の専門委員と同様ですが，ここで言う知財の専門委員はちょっと特殊な面があります。すなわち，知財の専門委員は，知財高裁，東京地裁，大阪地裁の所属であり，科学系のあらゆる学会から推薦された約200名から構成されています。基本的には技術説明会等に立ち会っていただき，技術的知見について説明を述べていただくという形になっております。

事件の概況と特色

I. 事件の概況

門口 ただいま，技術説明会等や裁判所調査官の関与の程度などについて触れられましたが，後ほど詳しくお尋ねすることにします。さて，知財訴訟の事件数や事件の動向について，ご紹介いただけますか。

沖中 私から紹介させていただきます。事件数は，平成17年から平成27年までの10年間に，全国の地裁に提起された知的財産関係民事事件の新受件数は概ね年間500～600件台です。このうち東京地裁知的財産権部に提起された事件は，概ね年間300件台で，全国の6割程度は東京地裁です。それから大阪地裁知的財産権部が年間100～150件という感じですので，東京と大阪に集中していることが言えると思います。

　事件の種類は，全国統計ですと，例えば平成27年度では特許が28.9％，不正競争が22.9％，著作権が19.7％，商標が20.1％，意匠が2.6％などとなっています。審理期間は，非常に迅速審理に力を入れておりますので，平均審理期間は14，15カ月程度となっています。事件の傾向ですが，特許事件はその時代ごとの産業活動の動向が一定程度反映されています。例えば，昔だと半導体に関する特許権の事件が多かったとか，今は携帯電話関係の通信技術とか，あとはそれほど多くはないのですけれども，例えばAI（人工知能）に関する発明とか，金融テクノロジー（フィンテック〔FinTech〕）に関するようなものもたまに見られます。

　著作権に関して，今はインターネット社会が進んでおります。かつては出版物の著作権侵害事件が多かったのですけれども，今はインターネット上のウェブサイトを違法にコピーしたというような事件が増えているのが，社会の動向を反映しているのかと思います。

門口 AIに関する発明とかフィンテックに関する事件が，既に出てきているわけですね。まさに時代の最先端を反映していますね。

沖中 そうです。そんなに数はありませんけれども，それこそ最先端ですのでなかなか難しいものも見受けられます。

東海林 特にAIに関する訴訟については，特許の内容を理解するのがなかなか難しいです。

門口 インターネットのウェブサイトの記載等をめぐっては，保全部におい
て，削除命令等の申立てが増加していると聞きますが，知財の分野ではどの
ような紛争が持ち込まれるのですか。

東海林 やはり同じです。よくあるのは，発信者情報開示を前提にして，イ
ンターネット上にアップされた画像とか映像の違法アップロード事件，著作
権侵害で来ることが多いのですけれども，そういう事件もあります。

　また，最近は，スマートフォン（スマホ）のゲームに関する事件が非常に
多いかと思います。これは特許であったり，著作権であったり，あるいは不
正競争事件であったりといろいろなパターンがあるのですが，やはり時代を
反映しているように思います。

門口 審理の状況については，後ほどお伺いしますが，どのような形で事件
が終わっているか，終局事由について，教えていただけますか。

沖中 例えば，東京地裁知財部における平成27年度の終局事由の内訳は，
判決が4割5分程度，和解が4割程度です。判決と並んで和解も非常に重要
な位置を占めていると言えると思います。

Ⅱ. 知財訴訟の特色

門口 ただいままでのお話の中からも，既に知財訴訟の特色が出ているので
すが，ここでまとめて，知財訴訟の特色，あるいは最近の目立った事情など
をご紹介いただけますか。

沖中 知財訴訟は，一般的には専門性，大規模性，国際性，迅速性といった
ところが特色として挙げられると思います。専門性というのは言うまでもな
いことですけれども，いろいろな技術の理解が前提になるため，先ほどお話
に出ました専門的知見の導入，調査官や専門委員の活用が不可欠になるとい
う意味もあります。

　また技術面以外でも，特許権侵害訴訟（以下「特許訴訟」）では，権利範囲
の解釈とか，特許が有効であるかどうかといったような，かなり専門的な，
法的な理解が必要となりますので，そういう意味でも専門性が必要だという
ことになります。そのため，代理人弁護士もかなり専門化している。あとは，
弁理士が補佐人になったり，あるいは特定侵害訴訟代理業務の付記をした付
記弁理士というのは代理人にもなれることになっていますので，そういう弁

理士の関与があったりというのも非常に特徴的だと思います。

門口　専門性については，よくわかりましたが，大規模性，国際性，迅速性について，さらにご説明いただけますか。

沖中　特に特許訴訟ですけれども，企業間紛争の場合が多いので，紛争の経済的規模も大きく，訴訟活動も大規模で，弁護士，弁理士も多数選任される。会社の知財部も関与して，多くの従業員が訴訟手続に関わる。それで準備書面も 100 頁以上にわたるような大部なものが出されるというようなことが大規模性として言えると思います。

東海林　訴額の非常に大きい事件があるというのも 1 つここに入れられるかと思います。知財訴訟の場合，請求金額が数十億というのも決してめずらしくはありませんし，非常に特殊な事例ではありますけれども，最近では営業秘密に関する事件で 1000 億円を超える請求の事件が何件か来ています。

門口　大規模性に関して，準備書面が大部になるというお話がありましたが，この点については審理のところでまたお話をお伺いします。迅速性という点では，かつては，知財訴訟は長期化することが当たり前のように語られていましたが，先ほどのお話ではかなり短縮されているようです。この辺についてはいかがでしょうか。

沖中　特許訴訟はビジネスの一環です。今はビジネスの変化が非常に速い時代になっていると思います。そういう意味で，特許訴訟もその流れに遅れないようにしなければいけないということを，常日頃我々は心がけております。知的財産基本法でも，そういうことが国の施策の目的の 1 つに挙げられています（15 条）。近年の平均審理期間は先ほど申し上げたようなことになっており，国際的にも遜色のない迅速審理が実現できているということが言えると思います。そのためには，当事者が集中的な主張・立証を行うことが必要で，準備書面の提出期限等も，特許訴訟ではほぼ遵守されております。一般の民事事件では，時機後れ却下はあまりされていないというか，比較的慎重に運用されていると思いますが，知財訴訟では，こういうものを現実に適用する場面もありますし，相手方から規定の適用を求める意見が出る場合もしばしばという状況にあります。

門口　平均審理期間で，国際的に遜色はないというお話がありました。先ほども国際性というご指摘がありましたが，最近の特徴として国際性を指摘で

きるのですね。

沖中　従前からある傾向ではありますけれども，最近は経済活動のグローバル化がさらに進んでいる状態だと思います。それに伴って，いわゆる企業間紛争も国際化していることが非常に多い。現実に特許訴訟だと，一方当事者が外国の企業である場合も少なくありませんし，外国へ送達する場合も多い。また，同種の特許訴訟が，アメリカ，ドイツ，日本などに同時並行的に起こされるような場合も少なくはないということで，国際的に大規模な紛争もしばしば見受けられる状態です。

東海林　少し補足します。同様の傾向はもちろん昔からあったところではあるのですが，最近は先ほど話のあった，通信技術系の，特にスマホに関連した事件について訴訟が起こされることが多くなった関係で，日本のみならず，世界各国に同時に起こされる訴訟が多くなっています。そういう関係で，外国企業が原告，もしくは被告になっている事件がすごく増えているような気がします。

門口　国際性に関して，国際仲裁法廷あるいは国際合意管轄の関係で，裁判所から見てお話ししていただくことはありますか。

沖中　仲裁だと，仲裁のほうで究極的に解決されてしまうので，訴訟と並行という場面はあまりないのかと思います。

東海林　仲裁とはちょっと違うのですけれども，「仲裁法」の仲裁ですと，例えば管轄などを合意しているというのが前提になるかと思いますが，先ほどの国際性の関係で，国際裁判管轄や準拠法が問題になることがかなり多いです。その際に，国際裁判管轄をどこに定めたかという合意の有無及び解釈が争いになる事件というのは稀にあります。

門口　今までのお話を承ると，訴訟代理人は極めて専門化して，あるいは国際的感覚も豊かで，知財について十分理解がある人でなければ，訴訟の引受けはできないような印象を受けます。必ずしも専門とは言えないような通常の弁護士が訴訟代理人となるケースもあるのでしょうか。

沖中　今の例は，知財訴訟を代表する特許訴訟を主に念頭に置いてお話ししましたけれども，それ以外の商標権侵害訴訟とか，不競法違反事件なども，先ほど割合を述べたとおり，相当部分を占めております。そういう事件だと，企業間紛争でないような場合，いわゆる個人対個人，あるいは中小企業同士

というような事件も多くあり，先ほど言ったような特色よりも，むしろ通常の民事事件とそれほど変わらないような事件もかなり多く見られます。

Ⅲ. 経済界や関係省庁等との連携

門口 先ほど来のお話で，知財訴訟自体が経済と密接な関係があり，経済を動かす部分もあるということを伺いました。企業あるいは経済との関係から，知財訴訟のあり方などについて，経済界や担当省庁などと研究会やカンファレンスなどが行われることはありますか。例えば医療分野ですと，医師会などと医療訴訟のあり方について意見交換をしたり，建設紛争でも建築業界やその団体との間で専門的知見の助力を仰ぐために一般的な議論をする場があったように伺いますが，いかがでしょうか。

東海林 例えば日本知的財産協会という経済界の知的財産に関する協会とは，年に1回，意見交換会をやっておりますし，日弁連の知的財産センターや弁理士会との間でも年に1回意見交換会をやっています。また，特許庁との間では審判に関する実務者研究会を行っています。

訴訟手続

Ⅰ. 提訴前の準備

門口 それでは，いよいよ審理のあり方についてのお話を伺います。まず，提訴前の準備について，お尋ねします。提訴前の準備がどの程度されているか，さらには，裁判所から見て危惧される点はありますか。

沖中 これも，事件類型ごとに状況はかなり異なります。特許訴訟をはじめとする大規模な企業間紛争では，あらかじめ企業同士の十分な交渉を経た上で，なお，それでも話合いがまとまらなかったために最終的に訴訟が提起される場合が多いです。国際的紛争などでも，既に同様の訴訟が海外で提起されている場合もあります。そういう場合には事前交渉を十分やっておりますので，どこが争点になるかも予想しやすく，当事者の訴訟準備も進んでいて，主張・立証が迅速に行われることが多い。それに対して商標，不正競争事件などでは，ほとんどそういうものがないまま行われている。通常民事事件的なものが多くございますので，そういう場合には事前準備などが全然できて

いない場合も多く見られます。

門口 裁判所側から見て，少なくともこの部分については必ず準備しておいてほしいというような点はありますか。

沖中 はい。例えば，相手方の当事者のどういう行為が知的財産を侵害すると考えているのかというのは侵害訴訟の基本ですので，そこはぜひ，十分把握して訴訟を起こすことが必要ではないかと思います。例えば特許権侵害にあたるというような場合に，被告が売っているどの商品が侵害品にあたるのかというようなことは直ちに指摘しなければいけませんし，また，特許訴訟ですと，被告製品のどういう構成が特許発明の技術的範囲に属するかということを直ちに主張・立証しなければいけないわけですから，あらかじめ被告製品の構成を十分調査・分析しておくことが当然必要です。時折，そういう十分な調査を怠ったまま提訴に至ったような事件も見られなくはないのですが，そういうものは言うまでもなく不利な結論に直結しやすいので，十分注意しておく必要があろうかと思います。

門口 冒頭で平成12年の知財訴訟運営に関する提言のお話を申し上げましたが，現在においても審理モデルというのをお作りになっていると伺いました。それには，提訴準備について触れられているのですか。

沖中 いいえ，提訴前のことは書いてありません。第1回口頭弁論以降の手続になります[2]。

門口 わかりました。それでは，そのほかに事前準備について当事者側に要請するようなことは何かありますか。

東海林 今の審理モデルと関係いたしまして，東京地裁のウェブサイトの知的財産訴訟の所を見ていただきますと，例えば訴訟を提起するにあたってあらかじめ用意しておくべき基本書類というようなものを記載しております[3]。それから，知財訴訟の場合，準備書面と書証に関して，当事者に，各裁判官と調査官分の手控えとして，全部でない場合もありますが，主張書面と書証の写しを4部提出していただいています。これはなぜかと言いますと，内容

2）http://www.courts.go.jp/tokyo/saiban/singairon/index.html
3）http://www.courts.go.jp/tokyo/saiban/shorui_denji/index.html, http://www.courts.go.jp/tokyo/saiban/syosiki/index.html

的に非常に理解するのが難しいという問題もあり，しかも，全件合議という
こともあって，1つの記録を回し読みする時間がなかなか取れないので，裁
判官や調査官も含めてその写しをいただくと，全員で同時に記録に目を通す
ことができ，審理の促進にもなるということで，そのようなことをお願いし
ています。

門口　審理モデルについては，後ほどまとめてお伺いします。

II. 証拠保全・提訴前証拠収集処分

門口　さて，司法制度改革において，できるだけ事前に証拠収集等に努める
べきであるというような指摘がありましたが，知財訴訟において，証拠保全
とか提訴前の証拠収集処分などが申し立てられるというようなことはあるの
でしょうか。

沖中　東京地裁知財部では，証拠保全の申立てはそれほど多くはないのです
が，その中で多いものが，会社内でのソフトウェアの違法コピーの検証申立
てとか，営業秘密を理由とする顧客名簿の検証などです。なお，そういうも
のについては相手方の営業秘密の保護が問題になりますので，証拠改ざんの
おそれ等の疎明のハードルは高くなることが予想されます。

　また，東京地裁知財部に提起された事件の中では，東京地裁以外の裁判所
で提訴前の証拠保全が行われている事件も時折見られます。検証の証拠保全
事件の管轄が検証物の所在地を管轄する裁判所にあるため，東京，大阪以外
で証拠保全が行われている事件も多く見られます。提訴前証拠収集処分につ
いては，これまでのところ，あまり利用されていないように見受けられます。

門口　証拠保全とか，提訴前証拠収集処分が，いわば戦術としてされるよう
な面があるのでしょうか，印象で結構ですが，いかがですか。

東海林　例えば特許に関する証拠保全というのは，先ほど沖中さんがおっし
ゃったように，東京地裁や大阪地裁知財部に申し立てられるというよりも，
その工場の所在地で行われることが多いので，一般の裁判所で証拠保全手続
をすることが多いのです。基本的には証拠保全なので強制力はないのですが，
本来，営業秘密だから検証を断られても仕方がないような事案について，そ
こで検証が申し立てられるというようなこともあります。それを戦略でやっ
ているかどうかは別なのですが，そこで相手方の製造方法とか相手方製品の

構成が開示されてしまう場合もあります。特に最近でも，法改正の関係で問題になっておりますが，例えば製品だったら，まず市場で購入して，それをリバースエンジニアリングして，特許侵害になっているかどうか確認するというのはわりと訴訟提起前に調査しやすいのですが，それが相手方の製造方法だったりすると，相手方の工場を覗いてみるわけにはいきませんので，なかなか知ることができない。証拠の偏在と言われておりまして，これをいかに提訴前に証拠収集するかというのが今の1つの課題になっております。例えば，アメリカのようにディスカバリーの制度があるわけでもございませんし，ドイツには，査察制度といって，強制力のある証拠保全のような制度があるのですが，そういうこともできない中で，現行の証拠保全や提訴前証拠収集処分制度をどのように使うかというのが，なかなか難しい問題になっているかと思います[4]。

門口 証拠の偏在といえば，医療訴訟におけるような情報の格差ということがあるのですか。

東海林 製造方法ですからその工場の中を見ないとわかりませんし，普通ですと，見せてほしいと言っても営業秘密であることを盾に取られて拒否されるというのが一般なものですから，訴え提起前に相手方の具体的な製造方法を完全に調査した上で訴訟を提起するというのはなかなか難しい状況にあると言われています。

沖中 医療などですと，たぶん，被告のほうの秘密はそれほど問題にならないことが多いのかなと思うのですが，知財事件の場合には常に被告のほうの営業秘密の保護というのが問題になります。証拠収集の必要性と被告の営業秘密の保護というバランスを常に考えなければいけないというのが，知財事件のなかなか難しいところかなと思っております。

---

4) 追記：この点については，最近，特許法等の一部を改正する法律（令和元年5月17日法律第3号）において，「査証制度」といわれる制度が新たに設けられた。この制度は，特許権侵害訴訟において，特許権の侵害を疑うに足りる相当な理由がある場合に，裁判所による査証命令に基づき，中立的な技術専門家（査証人）及び執行官が被疑侵害者の工場に立ち入り，特許権の侵害立証に必要な調査を行い，裁判所に報告書を提出するというものであり，ドイツの査察制度に類似する有意義な制度といえよう。この制度の創設により，製造方法の特許権侵害等における証拠の偏在が相当程度解消することが期待される。

門口 営業秘密の関係では，あるいは後ほどお伺いするかもしれません。

Ⅲ. 訴えの提起

門口 それでは，いよいよ訴えの提起に入ります。今までのお話ですと，そもそも請求の趣旨として何を掲げるか，どのように特定するか，さらに，請求原因においてどこまで記載するかなどそれだけでも難しいように思いますが，訴えの提起あるいは訴状のあり方について，あるいは問題点を教えていただけますか。

沖中 侵害訴訟は差止請求が多いので，独特の難しい問題がいろいろございます。例えば特許法を例に取りますと，特許発明の実施というのが具体的にいろいろ条文で定義されているものですから，その定義を踏まえて差止めの対象行為を請求の趣旨に書かなければいけないということで，例えば，「被告は，別紙製品目録記載の製品を製造し，譲渡し，譲渡若しくは販売のために展示してはならない」などと記載することになります。この別紙製品目録の中身は，今は商品名とか型番を書く形で特定している場合が多いです。商標法など，ほかの法律もそうですが，そういったところが請求の趣旨では結構難しいところだと思います。

門口 請求の趣旨自体で特定が欠けているというような問題性を抱えているような訴状はやはりあるのでしょうか。

沖中 例えば「別紙被告製品目録記載の製品を」という所で，その製品が写真だけの訴状などもなくはないですが，それですと，どれを対象にしているのかよくわかりません。また，商品名なども，やはり特許権侵害にあたるというものをきちんと特定しなければいけないわけですが，あまりに漠然とした商品名だけが書いてありますと，およそ特許権侵害にあたらないというものが入ってきてしまうような場合もありますので，こういう場合は，もう少し厳密にきちんと特定してくださいということを申し上げるようにしております。

門口 通常訴訟でもそうですが，訴状審査という形で，この段階で立ち入った釈明ということも実際にはあるのでしょうか。

沖中 知財事件は，通常事件に比べると1件ずつは重い代わりに事件数としては通常事件ほど多くないということもありまして，今申し上げたようなと

ころについての訴状審査も，一般の民事事件に比べると比較的厳格に行われているのではないかと思っております。

門口 さらに恐縮ですが，訴状審査段階で，裁判官のみならず書記官や調査官が関与するということもあるのですか。

沖中 調査官はあまりないかもしれませんが，書記官，裁判官はよくチェックをしておりまして，通常事件に比べてかなり綿密に見ています。そして，請求の趣旨が先ほど申し上げたような理想形に至っていないようなものにつきましては，補正をできるだけさせるようにしております。

門口 先ほどお話がありましたが，知財の関係では法令に規定されている部分が多いということですが，分野によっては，ソフトローレベルにまで知識が及んでいないとして，裁判所から不満が漏らされているように聞いています。大体，法律レベルまでは，代理人のほうはしっかりと把握しているのでしょうか。

沖中 特許訴訟は，先ほど申しましたように代理人がわりと専門化している場合が多いですので，その意味では比較的，今おっしゃったような点はカバーできているのかなと。ただ，もちろん，例えば，この請求権がどの条文で出てくるのかわからないような場合もありますので，そういう場合は補正させております。一方で，商標や不正競争などになってきますと，それほど慣れていない方も多いので，こういう場合には，根本的にわからないところが多いというようなこともしばしば見受けられると思います。

門口 さて，請求の趣旨でも，いろいろ問題があるということですが，請求の原因について，いかがですか。請求の趣旨が書き切れるということは，自ずと請求の原因は不足がないということになりますか。

沖中 そうですね。基本的には，今申し上げたのは請求の原因にも妥当するのですが，例えば商品名で被告製品を特定したような場合には，特許発明と被告製品を対比して，それが特許発明の技術的範囲に入るということを言わなければいけませんので，この被告製品の構成を十分に請求の原因として書かなければいけない。ところが，先ほど申し上げたように被告製品の構成を原告が十分把握できていないような場合ですと，そこが不十分だということで問題になるような事例は，時折見受けられると思います。

門口 訴えによっては，いずれ弁論準備で裁判所からのお尋ねがあるから，

その段階で明確にすればいいだろうというような緩みが代理人の中にあるという指摘もありますが，とりあえず訴状だけ出しておこうというようなことも見受けられますか。

東海林　特許事件とその他の事件はだいぶ違うかと思います。特許事件ですとわりと定型化，類型化されているということがあるのですが，著作権や商標事件，あるいは不正競争事件ですとそうとは限りません。実際，著作権事件，商標事件，不正競争事件といいましても，実は通常の一般不法行為，例えば名誉毀損とか肖像権侵害とか営業権侵害と一緒に提起されていることもあるので，そういう訴訟では，あまり知財事件を担当した経験のない弁護士が代理人となることがあります。そうすると，そもそも訴訟物が何なのかがはっきり分けられていないというような事件，すなわち，著作権侵害を言っているのか，肖像権侵害を言っているのか，パブリシティ権侵害を言っているのかわからないという事件も結構あります。そこで知財部の場合は，訴訟物については訴訟提起の段階でできるだけはっきり記載していただくように審査をしています。実はこれをやらないと，裁判所内の事務分配として，この事件は民事通常部で扱うべき事件なのか，それとも知財部で扱うべき事件なのかというのがよく問題になりますので，ここははっきりさせるようにしています。

門口　請求原因の関係で，いわゆる要件事実と関連事実あるいは背景事実を分別して記載することが，民事訴訟規則上でも定められていますが，そのような配慮がされていますか。あるいは，評価事実が多いために間接事実に委ねられることから，記載において特別の工夫を求めるということがあるのでしょうか。

沖中　やはり，先ほど東海林さんからお話がありましたように，特許事件などはわりと類型的ですので，調査が不十分というような場合を除いては，要件事実的にはわりとはっきりしていることが多いのかなと思っておりますが，著作権事件とか商標事件で一般民事事件と一緒になっているような場合ですと，そもそも，何が要件事実で，どこの著作権侵害をおっしゃっているのか，おっしゃっていないのかというのが渾然一体と書かれているような場合もなくはありません。そういうものはきちんと，著作権，不競法に基づく請求は，普通の民法上の不法行為とか契約の債務不履行に基づく請求とは違うという

ことをきちんと意識して別項目を立ててもらう。さらに，著作権といっても，例えば複製権，翻案権など，それぞれ，条文が違いますが，どの条文を問題にしているのかすらわからないような事例も見受けられますから，ぜひ，そういうところは意識して訴状を書いていただきたいと思っております。

Ⅳ. 計画審理・集中審理

門口　それでは，訴状が提出されて，これから審理に入ることになりますが，まず，計画審理あるいは集中審理について，現在の状況ではいかがですか。

東海林　まず計画審理ですが，民訴法147条の3に規定されている厳格な計画審理は，知財部ではほとんど行っていないというのが現状かと思います。その理由としましては，先ほどお話も出ましたように，確かに知財訴訟というのは，無効の抗弁，先使用の抗弁というように，攻撃防御方法などが法律に規定されていることが多いので定型化されていますし，争点もかなり類型化されているとはいえ，やはり個々それぞれにかなり事情が異なり，同じ特許事件でも事件の規模の大小もありますし，無効が争点なのか，充足しているかどうかが争点になるかという，それぞれの論点がありますので，一応，審理計画的なものは立てるのですが，やはり事件をしばらく動かしてみないと，特に被告側の対応を見ないとわからないことがあります。このような事情で，初期の段階で厳密な意味での計画審理をするのはなかなか難しいかとは思います。

　とはいえ，知財訴訟は今申し上げたような状況の中，できるだけ迅速に処理しなければいけないということはありますので，迅速に処理するための1つの手段として二段階審理というのを採用しているという点はあろうかと思います。

門口　二段階審理については，後ほどお伺いします。計画審理と言う場合に，裁判所が，指導権を持って審理の工程を把握して，当事者側に，いわば勝手気ままは許さないというような趣旨があったと思うのですが，知財訴訟では，そのような工夫は当事者側にも自ずとできているということになるのでしょうか。

東海林　先ほども言いましたが，ある程度争点が類型化されていまして，その事件の類型に応じて，被告側から出てくる，例えば抗弁とか反対主張とい

うのは，大体予想が付くのです。ただ，何を選んで何を主張してくるかは，やはり被告側の対応をしばらく見ないとわからないところもあるというところかと思います。

沖中 若干補足させていただきます。例えば無効主張を予定しているということになった場合には，いつまでに出すのか，調査はどこまで進んでいるのかということをよく確認しまして，例えば，次回までにほとんど出し切ってくれというようなことを言う場合もありますし，場合によってそういうものを調書に残すこともあります。そうしますと，例えば，1回ぐらいならばいいのですが，それが何回も延びている，あるいは，ほとんど見られませんが，引き延ばしなどということになりますと，時機後れで却下するというようなことも視野に入れてやっておりますので，そういう意味での集中審理は常に心がけているのではないかと思っています。

門口 ただいま，重要なご指摘がありました。1つは，審理の工程を調書化するということ，もう1つは，先ほども出ましたが，時機後れ却下を通常訴訟に比べて強く実践されているということ。その前提として，先ほどから話が出ている審理モデルがあるということですね。これは東京地裁だけのものになるのですか，あるいは，大阪地裁とも協議された上でできているものですか。

東海林 実は，これは東京地裁独自のものです。大阪地裁は大阪地裁で，また独自に審理モデルを作成しております[5]。両者は若干似ているとはいえ，細かいところでは大阪のやり方と東京のやり方はちょっと違うところがあります。

V. 審理モデル・二段階審理

門口 審理モデルは裁判所のウェブサイトを見ればわかるのでしょうが[6]，まず，大まかなところを教えていただけますか。

東海林 はい。審理モデルの記載内容は，大体，訴訟提起，第1回口頭弁論から判決までの間，どのような審理を，どのように分けて，何回ぐらいやっ

---

5) http://www.courts.go.jp/osaka/saiban/tetuzuki_ip/index.html
6) 前掲注2)。

ているかということが記載されています。例えば，第1回は口頭弁論で行いますが，第2回以降は，大概，弁論準備手続において受命裁判官による争点整理に入ります。例えば，審理モデルを見ていただきますと，大体8回ぐらい予定されております。その中には損害論と侵害論を，二段階にきちんと分けて審理をしています。

門口 それでは，ここで，侵害論と損害論という二段階審理について，ご説明いただけますか。

東海林 先ほどお話ししましたように二段階審理というのは，東京地裁知財部だけではなくて，大阪地裁も含め知財訴訟では一般に行われていますが，侵害論の審理と損害論の審理の2つに分けて審理するというものです。

　侵害論とは何かということなのですが，例えば特許訴訟で言えば，まず，権利を侵害しているかどうかということをはじめに審理いたします。これを侵害論と言っております。侵害論は，例えば特許で言いますと，被告製品等が原告特許の技術的範囲に属しているかどうかという充足論と，それから，特許がそもそも無効かどうかという無効論と2つに分かれています。充足し，かつ無効にならなければ特許権の侵害ということになりますので，まず，この侵害論を重点的に行います。その結果，侵害論の終盤で，例えば先ほどの審理モデルですと，大体，第4回ぐらいで侵害論の審理を終えまして，技術説明会をやったりすることもあるのですが，そこでいったん，調書に「これ以上侵害論について主張・立証がない」旨を記載いたしまして合議をいたします。合議で暫定的な心証を形成したところで侵害論の最後に心証開示を必ず行い，その結果，侵害という心証になれば，その後，損害論に進み，逆に，非侵害という心証になった場合には損害論の審理をすることなく，非侵害を前提とした和解ができなければ，審理を終結して判決する，そういう手続です。

門口 これから審理モデルあるいは審理のあり様についてお話を進めていただく場合に，知財訴訟の中の特許訴訟を想定しておけばいいのですか。

東海林 ほかに，例えば職務発明対価請求訴訟とかライセンス契約に関する訴訟とかもあるのですが，一応その辺は，どちらかというと一般の債務不履行訴訟などとそれほど変わりがないところもありますので，ここではやはり代表的な，特許権に限らず，商標権や意匠権の侵害訴訟というのを前提にし

ていただいたほうがわかりやすいかと思います。

門口 単純化してお伺いしますと，まず，ある製品がある特許に対して侵害しているかどうかを争点化して，ある程度，心証を得られたときに，次にそれによる損害はどういうものかというように進められる，大まかに言ってそういうことでいいのですね。

東海林 はい。

門口 侵害性の審理の中で被告側からいろいろな抗弁，例えば充足論あるいは無効論の抗弁が主張されるということですね。充足論，無効論というのはなかなか難しいでしょうから，必要があれば後ほどお伺いします。

　二段階審理では，ある程度，計画審理として工程を定めることがあるのですか。あるいは，先ほど沖中さんがおっしゃったように，期日を決めて，それを必ず励行させるという方式で，その都度，ステージを設けていくということになるのでしょうか。

東海林 これはたぶん，部によっても，事件の種類，難度によっても違うと思いますが，その期日間の準備はきちんと取り決めて，場合によっては調書に取ることもあります。特許訴訟等については，まず，書面の提出期限がきちんと守られていると思います。ただ，では，何期日も先の期日まであらかじめ定めておくかということにつきましては，事案によるのですが，私の場合は，2，3期日ぐらい定めることはありますが，やはり，しばらく様子を見てみないとその先が見えないこともありますので，はじめから，例えば5回だったら5回全部の期日を定めて，もう侵害論はこれで終わってもらいますよというような定め方はあまりしたことはないです。

沖中 私も，反論が出て，その再反論ぐらいまでは入れることもありますが，むしろ，はじめ，まだ見通しが立たないので，わりと詰めて1回ずつ入れて，かなりプレッシャーをかけて短く詰めていったほうが，結果として早くなることが多いものですから，まとめて3回とか4回というのは私は経験が1回もございません。

門口 それだけで計画審理の実効性は確保されるわけですね。

東海林 そうだと思います。

門口 それは，先ほどおっしゃったように，訴訟自体に定型性があることと，弁護士が専門化されていることで，裁判所と訴訟代理人の間でコンセンサス

が得られているわけですね。

東海林 はい。被告の抗弁や反対主張が大体どういう性質のものかで，自ずと先の見通しはついていくかと思います。

沖中 あと，当事者が両方とも企業のことが多く，立場が原告と被告と常に入れ替わりますので，迅速審理が必要なのだというのは両当事者ともわかっていることが多いこともあるかなと思います。

VI. 争点等整理手続・準備書面

門口 技術説明会や心証開示については，後ほどお伺いします。その前に，準備書面の実情についてお尋ねします。先ほど，準備書面が100頁を超えるような膨大なものがあるということでしたが，私どもは，若い弁護士に対して，主張は，できるだけ，シンプルに，明確に，それから合理性を目指すようにと指導しています。100頁を超えるというのは，ボリュームとしてやむを得ないものなのですか。

沖中 やや冗長かなと思うことも全くないわけではないですが，基本的には，特に特許訴訟などですと専門化された弁護士がついていますので，必要やむを得なくてそういう量になっている場合が多いのかなと思います。それは性質上，例えば無効主張とかですと，無効事由がたくさん出てくる場合がありますので，それが多すぎるかどうかという問題はともかくとして，1個ずつ，それなりにきちんと書いてもらわないと困ります。そうすると，どうしても量が多くなる。したがって，やむを得ない場合が多いのかなという印象を持っています。

門口 準備書面をご覧になっていて，非常に良くできている，あるいは工夫されている準備書面，逆にこういう点に気をつけてもらいたい準備書面ということで，何かご指摘いただけますか。

沖中 特許訴訟はかなり専門化されていますので，熟練した弁護士がついておられる場合には，かなり質の高い準備書面が出てくる場合が多いと思います。

門口 質が高いというのは，さらに踏み込んでいただくと，どのようなものですか。

沖中 そうですね。知財訴訟は，先ほど話がありましたように，特に特許事

件などですとわりと争点は類型化されている場合が多いですから，それぞれの類型化された争点が明確になった上で，要件事実的にも，はっきりとわかりやすく必要十分なことが書いてある場合が，熟練した弁護士の場合には多いと思います。

門口 準備書面について，裁判所が受け取るだけでなく，何らかの説明を口頭で求めるという場面はありますか。

東海林 基本的には技術的な問題なども多くなりますから，弁論準備手続において，その都度，当事者が出した書面についてその場で相手方からいろいろ求釈明が出たり，裁判所から質問が出たり，時には技術的な事項に絡めば調査官が同席し，調査官のほうから質問することもありますので，その辺は次の反論の準備のためにも，いろいろそこでやり合っているのが普通かと思います。

門口 調査官の立会い，あるいは関与は，かなり早い段階からあるものなのですか。

東海林 これも事案によりけりですが，例えば大阪地裁では，ほぼ全件に調査官が立ち会っていると聞いています。東京地裁のほうは数が多いこともあって全件に立ち会っているわけではないのですが，裁判官のほうで必要だと思ったときには立ち会っていただくことにしています。

沖中 準備書面の内容でわからない所とか，確認しなければいけない所とか，相手方から質問も出ますし裁判所からも質問します。質問するに際して，必要な場合には事前に調査官とよく打合せをしていますから，かなり詰めて，例えばここの主張はこういうことを言っているけれども，この証拠の写真のどこを見ればそれがわかるのか説明してくださいというようなことを，準備手続でかなり突き合わせてやっているつもりです。そういう意味で，争点整理手続が必要な場面ではかなりやっているのではないかと思っています。

東海林 確かに準備書面は長いものが多いのですが，弁護士のほうもいろいろ工夫していただいているところがあり，例えば，非常に分厚い準備書面の場合，ほとんどの場合目次が付いています。ですから目次を見ると，その書面の中に何が書いてあるか大体わかるということもありますし，弁護士によっては準備書面の冒頭に要約を書いていただいている方もいます。準備書面を読む側の裁判官としては，そういうふうに工夫をしていただくと非常にわ

かりやすいと思います。ただ，先ほどちょっと話も出ましたように，細かい技術の内容に絡みますので準備書面が長くなるのは仕方がないのですが，無用に同じことを繰り返しているような準備書面もたまに見かけることがありますので，その辺はきちっと，うまくまとめていただければなと思うことはあります。

門口　先ほどおっしゃいましたが，弁論準備手続においては，口頭でやり取りして確認し合っていくという作業が，ほぼ全件についてあるのですね。

沖中　レベルが高い弁護士同士で，争点が類型化しているような場合ですと，そんなに1回ずつ確認しなくても自然と然るべき争点設定ができて，そこについて十分な主張・立証がされる場合も多いのです。ただ，それでも先ほど申しましたように，主張の裏付けの客観的証拠とか，対応関係がわからないというようなことがありますから，そういう場合は個別に必要に応じてやっています。そうではなくて，例えば商標や著作権，不正競争などの事件で慣れていない弁護士の場合には，要するに一般民事訴訟と同じようなことになり，何が要件事実かわからないという状況もありますから，そういうときは，要するに一般民事訴訟的なやり取りになることが多いです。

門口　ありがとうございます。もう1点お尋ねします。争点整理手続において，技術説明会になる前に，そもそも専門用語とか概念，あるいは新しい製品のあり方などについて，裁判所側に知見がないとみられるときに，図面やプレゼン用ソフトを使うといった工夫がされることがあると伺いますが，実情はいかがですか。

東海林　例えば特許事件で技術的に難しい特許の内容ですと，非常に手慣れた弁護士は準備書面の初めに，その特許の技術説明をいろいろ工夫して，例えば文献を引いたり図面を書いたりして説明してくれる場合もあります。それから用語ですが，今，おっしゃるように知財の世界でも最先端の技術ですと，そもそも原告と被告の間で使っている用語の意味合いが違うこともあります。そういう場合については裁判所からも釈明を求め，その用語についてきちっと説明してもらいます。あるいは特許に関する言葉だけではわからないような場合には，例えば模型を作って持ってきたり，いろいろな写真を持ってきたり，そういう技術的に難解な事件については，わりと初期の段階でいろいろ工夫されているのではないかと思います。

沖中 準備書面を読んで，普通は調査官と相談すればわかりますけれども，どうしてもここはよくわからないという場合には，先ほどお話がありましたように，どんどんこちらから釈明をして模型とか，あるいは，そこについて補足の準備書面を出してもらうこともありますし，補充立証してもらうこともあります。そういうことは必要に応じて最後まで待たずに，その都度やっているつもりではいます。

門口 現役の頃に知財部の裁判官室に伺ったときに，たくさん模型が置いてあった記憶があります。模型などを利用して立体的に説明されるということがよくあるのですね。

東海林 そうですね。例えば参考品として当事者がいろいろな物を持ってくることがありますが，全部民事保管物として保管されています。裁判官室にそれが常に置いてあるということはないのですが，実際の製品とか模型を当事者が持って来て説明されることは，よくあります。

門口 弁論準備手続としてテレビ会議もよく使われるということをお聞きしますが，実情をご紹介いただけますか。

沖中 特許訴訟は東京地裁，大阪地裁の専属管轄ですが，当事者の一方がそれ以外の場所に住所を有することも多いということで，電話会議システム，テレビ会議システムをできるだけ活用しようと努力しています。先ほど申しましたように図面や写真，模型など，そういうものを見て具体的にやる場合が多いので，そういう意味では電話会議よりもテレビ会議のほうが有用ということで，できるだけテレビ会議を使うように努力しているつもりです。

門口 調査官の関与について，もう1度まとめてお尋ねしますと，事件によってはかなり早い段階に立ち会うのみならず，発問もどんどん積極的にされるという場面があるのですか。

沖中 立ち会う事件は，東京地裁ではそれほど多くはないと思いますけれども，早期の段階から，技術面について調査官が記録を検討して，技術内容の説明を受けるということはやっています。そういう中でわからないような場合については，事前に主任裁判官と調査官がよく相談した上で，期日において先ほど申し上げたようなことをやっています。どうしても特に難しい事件で，調査官が直接発問しなければという場合については立ち会っていただくと。ただ，その立ち会う回数の幅は先ほど東海林さんからお話がありました

ように，大阪地裁では毎回全部立ち会っているという話も聞いていますので，この辺はいろいろやり方がありうるのかなと思っています。

Ⅶ. 技術説明会

門口　技術説明会のお話にまいります。技術説明会は，侵害論の最終段階に行われるのですか。

沖中　はい，そうです。侵害論の審理では，双方の当事者がいろいろな主張・立証をやり取りしますが，これを侵害論の最後の段階でわかりやすくまとめて説明するのが技術説明会です。争点が整理されて，こちらの疑問点なども整理された段階で最終的に説明してもらった上で，こちらから裁判官，調査官，あるいは専門委員も関与していろいろ質問して疑問点を解明していきます。したがって，いろいろな疑問点が整理されない段階でやっても，あまり煮詰まらないままで終わってしまうと思いますので，そういう考え方で最後にやっているのではないかと思います。

門口　争点等整理手続の段階においても，既に専門的知見が必要な場面があり，したがって調査官も関与していたはずだと思いますが，その段階ではなく，争点が明確化された最終場面で技術説明会を行うということには，やや違和感があるのですが。

沖中　例えば準備書面や立証で，その都度，ここはわからないということは，先ほど申し上げたとおり個別の期日ごとに，かなりいろいろ突っ込んでこちらからも質問したり，この点を補充してくれということは必要に応じてやっていますので，いわば最後までいって，そこで，どうしてもわからない点を解明しようということが残る場合に技術説明会が開かれることが多いのかなと思っています。

　例えば，よくあるのは原告も被告も実験結果を出してくる場合があって，実験の結果が違うと。原告の実験だとこういう数値範囲になるけれども，被告の結果だとこういう数値範囲になる。原告のほうだと侵害になるけれども，被告のほうだと非侵害になるという場合に，どっちの実験結果が信用できるのか，どっちが信用できないのかということは，かなり科学的に難しい判断を迫られるわけです。調査官でも難しい場面が出てくるのですが，そういう場合には専門委員の方，例えば当該技術分野の問題はこの大学教授，という

方に出てきてもらいますから，そういう方からいろいろ突っ込んだ質問など
もあります。調査官もどんどん，ここはどういうことかというようなやり取
りをして，裁判官も突っ込んで，これは，こっちの実験結果のほうが信用で
きるのではないかという最後の詰めをやる。そういうイメージかなと思って
います。

東海林　1つ補足しますと，例えば先ほど申し上げましたように用語の意義
とか，非常に高度な技術内容で原告と被告の主張が噛み合わない場合には，
稀ではありますけれども，早期の段階で専門委員を入れて技術説明会をやる
こともあります。ただ，技術説明会は実は特許訴訟すべてについてやってい
るわけではなく，かなり選別しています。それはなぜかというと，技術説明
会の準備には非常に手間がかかるからです。審理の過程で技術の内容や当事
者の主張を検証する必要がないような事件は，特に技術説明会をやらないで，
そのまま終結します。一方，原告の主張と被告の主張とで争点が噛み合わな
い事件，あるいは技術内容に関する考え方が分かれているため専門委員を選
任して説明を聞かないとわからない事件，争点についてここでまとめて主張
してもらったほうがわかりやすいという事件などに限り，技術説明会を開催
しているところがあります。そのため，最後にやる形になっているのかなと
思います。

門口　技術説明会の内容は調書化されるのですか。あるいは後ほど準備書面
を提出させるという方法をとるのですか。

東海林　基本的に技術説明会は，多くの場合はプレゼン用ソフトを使ってス
クリーンに投影する形で実施しています。技術説明会は弁論準備手続でやる
ことが多いのですが，その10日前ぐらいに当事者双方からプレゼン用ソフ
トによって作成された説明資料を提出してもらい，それに基づいて技術説明
をやっていただきます。技術説明会の途中で説明資料を直さなければいけな
いこともありますので，初めに提出された資料でない場合もありますが，最
終的にはそれを書証として提出していただいています。技術説明会の記録化
ですが，基本的にそれ以外はやっていません。

Ⅷ. 専門委員の関与

門口　専門委員の関与は，通常の専門訴訟のあり様とは少し違うような印象

を受けます。冒頭にもご説明がありましたが，いかがでしょうか。

東海林　現時点で東京地裁の専門委員制度の活用の仕方というのは，今申し上げたように基本的には技術説明会を実施するときに関与していただくのが一般的です。ですから，多くの場合は1回限りの関与ということになります。その点では建築や医療関係で専門委員が数期日立ち会うのとは，ちょっと違います。その理由としては，専門的知見の説明を，どうしてもここは聞きたいというところに絞ってやっているということもありますし，また，例えば，技術説明会には専門委員1人ではなく，基本的に3人制にすることにしています。専門委員の方には，例えば大学教授，研究機関の研究員，さらに弁理士もおりますので，その辺のバランスをとって多様な説明を聞くために3人を選任しているわけですが，そうなるとなかなかその期日を合わせるのが難しいということもあり，基本的には1回限りの関与という扱いをしています。

　ただ，先ほど申し上げましたように初期の段階で技術説明会をやることもありますし，事案によっては調査官だけでは足りず，専門委員も期日に立ち会ってもらったほうがいいのではないかと思われる事案もありますから，その場合は本当に稀ではありますけれども，通常の期日に立ち会っていただくことはあります。

沖中　専門的知見の導入として裁判所に常勤の調査官がいます。非常にレベルが高い方々が揃っていますので，大体の事件は，それと当事者の主張・立証を見れば専門的知見の観点から不足することはそんなに多くはありません。我々が専門委員の方に関与してもらいたいと思うのは，調査官でもこの点はもうちょっと専門家の意見を聞きたい，例えば大学教授の意見を聞きたいといった場合です。

門口　3人の専門委員の選出は，裁判所の裁量によるのですか。当事者側からリストが提出されるということはないのですね。

東海林　基本的には専門委員に関するデータベースがありますので，裁判所のほうでその技術分野に適任と思われる方を数名選出します。ただ，場合によっては当該専門委員が当事者との間に利害関係があることがあります。特に同一の技術分野の世界ですので，以前原告会社の関連会社に勤めていた人ということもあるため，双方に利害関係の有無について意見を聞くことになります。場合によって利害関係ありということで専門委員に入れない方もい

ますので，特に問題がない方から裁判所のほうで3名選ぶ。逆に言うと，3名残らない場合もあるのです。その場合は2名になったり1名になったりすることもあります。

門口　準備手続あるいは技術説明会にあてられる時間は，大体，どの程度ですか。事案によって違うでしょうが。

沖中　準備手続は事案によって異なりますけれども，何も問題がない事件ですと，それこそ5分ぐらいで終わることもあります。準備書面を陳述して，相手方当事者に反論してくださいと伝えるだけで終わることもあります。一方，先ほど申し上げたように，ここはわからないとか，ここはどういうことだとか，証拠との関係とか，あるいは相手方がここはどういう意味ですかというようなやり取りがあると，30分位かかることもよくある状況です。技術説明会は基本的に2～3時間です。

東海林　大体，2時から始めて4時半か5時ぐらいに終わるという感じです。

沖中　そうですね。そんな感じで2～3時間ぐらい取って，双方がプレゼンテーションを行った上で，それに対して相手方当事者から質問が出たり，あるいは専門委員，調査官，裁判官からいろいろ質問が出たり，それに対して補足説明があったり，そのようなイメージでやっていると思います。

IX. 侵害論の主張

門口　主張の中で，問題になるのは，請求原因における特定論，充足論，抗弁における無効論ということでしたが，簡単にご説明をお願いできますか。

東海林　特定論というのは先ほど請求の趣旨の所で出てきた，被告製品や被告の製造方法をどう特定するかということですが，時に特定論自体が大きな争点になることもあります。なぜかと言いますと，特許請求の範囲というのは特許公報に言葉で書いてありますけれども，被告製品や製造方法はそうではないわけなので，多くの場合，被告製品を具体的に文章で表現する必要が出てくることがあります。そこでそれを具体的な表現をもって特定するということになると当事者間にその文言をめぐって争いが生じ，これが非常に審理が遅滞する原因になり，以前は，そのような形で特定論を審理していた関係で特定論だけで1年以上かかることもあったということも聞いています。ただ，今はそれを避けるために，基本的に製品であれば商品名とか型式番号

がありますので，例えば製品名○○の装置とか，商品番号△△△－□□の装置という形で基本的には特定するようにして，ここには時間をかけないようにしています。結果的に，これに時間をかけないことによって審理が大幅に促進された面もあると思います。

門口 基本的なことをお尋ねします。特定論と充足論というのは裏表の関係のように思いますが，全然違うものなのですか。

東海林 裏表ではあるのですが，そもそも特定論は，被告製品はどういう構成ですか，被告方法はどういう方法ですかということですので，その被告の返答次第では，当然，技術的範囲に入るかという充足論に影響はしてきます。もっとも，先に特定論だけずっとやるということはしていなくて，特定論が問題になったら，それも審理しながら充足論もやっていくというのが普通かと思います。

沖中 まず被告製品の構成を特定した上で，あとは特許発明の構成要件を解釈し，それが充足するかどうかという当てはめが充足論，その辺はいろいろありますけれども，そういうイメージかなと思います。

東海林 そうですね。

門口 抗弁の代表的なものとして無効の抗弁について，時間の関係もありますので，これも簡単に教えていただけますか。

東海林 これは知財独特のものだと思います。若干，背景をご説明しなければいけないかもしれませんが，要するに特許訴訟というのは，登録されている特許権が有効であることを前提にして，それが充足しているかどうかという訴訟がもともとでした。これはドイツの制度に由来していますけれども，特許の有効・無効は，あくまでも専門的行政官庁である特許庁が行う。裁判所が行う侵害訴訟は，特許が有効という前提で，被告製品が特許発明の技術的範囲を充足しているかどうかを審理するものだったのですが，そうしますと，誰から見ても明らかに無効と思われる特許についてまでも，それが有効であることを前提にして侵害訴訟をずっとやっていって，その結果，差止め，損害賠償が認められて確定した後に，その特許が特許庁において無効になることもありえますから，それは無駄な審理になるのではないかとして，平成12年4月11日のキルビー判決と言われる最高裁判決（民集54巻4号1368頁）において，特許に無効理由があることが明らかな場合は，権利濫用の抗

弁という形で無効主張することが認められるようになりました。

　それを受けまして，その後の改正で特許法104条の3，俗に「無効の抗弁」と言われる規定ができました。この規定により，特許無効審判において特許が無効にされるべきものと認められるときは，その権利を行使することができないという形で規定されるようになったということです。

　そこで，現在は，特許庁において無効審判請求として有効・無効が判断され，裁判所においても全く同じ無効理由について無効の抗弁として判断される。これをダブルトラック問題と言いますけれども，こういう問題が発生している事情にあるということです。

門口　ダブルトラック問題は，かなりホットな問題のようですが，時間の関係でこの程度にさせていただきます。

X. 心証の形成・開示

門口　当事者の関心の１つに，どのようにして裁判所の心証が形成されるかということがあります。先ほど，損害論に入る前に心証を開示しているというお話がありましたが，まず，心証の形成の前提として評議がどの段階で，どのような方法で行われるのか教えていただけますか。

東海林　まず，審理は第１回以降は弁論準備手続で行います。多くの場合は裁判長と主任裁判官の２名の受命として行われますが，基本的には原告の主張，被告の主張がどんどん積み重なっていくごとに，その都度，期日ごとに合議をしている場合もあります。特に特許の世界では調査官による技術説明や調査報告がありますので，それも最後に全部一遍にということよりは，進行に応じてその都度聞いているということもありますので，その間，それに合わせて少しずつ心証を形成していくというのが一般ではないかと思います。

　ただ，先ほど申し上げたように，最終的には二段階審理をとっていますので，侵害論の主張が全部終わったところで，そこで最終的に判決合議にほぼ近いような合議をして，心証を形成した上で心証開示を行うというのが一般だと思います。

門口　これもよく受ける質問なのですが，当事者双方の主張だけで，どうして心証が形成されるのかと問われます。知財訴訟に特有の心証形成というものがあるのでしょうか。

東海林 特有と申しますか，例えば特許訴訟は特にそうなのですが，知財訴訟では基本的には事実関係にあまり争いがないという場合が多いかと思います。もちろん細かいことを言えば，発明者性の問題や，先使用した事実などというものはあるのですが，多くの事件では，ほぼ事実関係に争いがない。あとは，被告製品が技術的範囲に属しているかなど，無効か否かという評価の問題が多いのです。ですから，そういう意味では当事者の主張とほぼ争いのない事実関係で，少しずつ心証形成ができるのではないかと思います。

沖中 やはり主張と書証で大体決まりますので，人証については非常に少ないと思ってもいいのかもしれません。

門口 そうしますと，心証の開示は，二段階審理方式をとっている場合は必ずされることになるのでしょうか。

東海林 はい。必ずします。そうでないと損害論に入るかどうか決められませんので。

門口 心証の開示の方法は，いかがですか。口頭による開示のほかに，文書で示すこともあるのですか。

東海林 はい。稀に中間判決をすることもありますが，口頭によって心証開示をするというのが一般だと思います。

門口 心証の開示が，損害論にはもう入りませんよといういわば最後通告的な要素があるにもかかわらず，曖昧な形で口頭でされるということに対して，やや抵抗を感じるのですが，当事者からは格別に不満などが示されることはないのですか。

東海林 心証開示をどのようにするかというのは，実は，たぶん，各裁判官によって違うと思います。今の点について私の立場を申し上げますと，基本的には私の場合はかなり詳細に口頭で説明します。例えば，充足論について言えば，例えば，構成要件ＡとＢが非充足であると。なぜですかと聞かれたら，クレームの技術的な意義の解釈と被告製品との対比について，こういう点がこうですということを具体的にお話しします。ただ，はじめから全部そうするかというと，そうではなくて，はじめは，例えば，「充足であり，無効理由がないと認めます」というくらいな形ですが，当然，当事者のほうから，どうしてですかという話が出ます。出ない場合もあるのですが，出たら，今申し上げたように，詳しく説明して，納得を得ていただくというよう

にしています。

沖中　私も似たような感じで，まず，棄却の場合は侵害論で終わってしまうわけで，損害論に入りませんから，そうすると，もうこれで終結しますという形で弁論も終結しますので，その時点ではそれほど説明の必要はありません。ただ，その後，和解をほとんどの事件でやりますので，そうすると当然，当事者に対し，どこで負けるのかということは言わないと和解になりませんので，その場面でやはり，先ほど東海林さんがおっしゃったように，構成要件のこことここは非充足だとか，この点で無効と考えているというような説明をします。

　一方，侵害ありとの心証で損害論に入る場合は，簡単な説明をしますが，時々被告のほうが不満を持って，何でこの点で棄却にならないのだというようなことを言ってくる場合があって，そうすると損害論の審理がうまくいかない場合もありますので，そういう場合は必要に応じて，口頭でかなり細かく説明したり，場合によってはメモを渡したり，それでもどうしても納得が得られない場合は，中間判決をする場合も，稀にある。そんな感じです。

門口　心証を開示することによって新たな主張を誘ったりして，審理が円滑に進まなくなるという懸念はありませんか。先ほど時機に後れた攻撃防御の却下について触れられましたが，それで賄えるということでしょうか。

東海林　懸念がないということはないのですが，先ほども少し申し上げましたように，侵害論が終わったところでの心証開示の前に必ず当事者に，「侵害論についてはこれ以上，主張・立証はない」と言っていただきまして，それを調書に記載します。私の場合は，「心証開示の後に，それ以降侵害論について主張・立証しようとしても基本的には時機後れということになりますよ」と説明した上で心証開示しますので，基本的にその後損害論に入った後の侵害論の蒸し返しは許さないというスタンスで臨みます。たぶん，知財部はどこでもそういうふうにやっていると思います。

　ただ，場合によっては，どうしても無理からぬ事情があるというのもあります。例えば，侵害論の段階ではまだ見つかっていなかった無効理由が出たとか，あるいは，ちょっと難しい話なのですが，無効に対して訂正という手続をとることができるので，それをいわば手続上は訂正の再抗弁というのですが，侵害論が終わった後で訂正の再抗弁を認めるかどうかというのは，事

案により，裁判官により若干違うかと思います。

沖中　基本的には各部とも損害論に入った後では侵害論の蒸し返しは許さないと，そこはかなり強力にやっていますので，あとから，ここで負けると言われたからなどと言って出してきても，基本的にはもう時機後れで却下するという運用で，たぶん各部ともやっているのではないかなと思います。

門口　知財の判決を見ると，時機後れ却下が多いような印象ですが，そういう環境を整備した上で運用されているわけですね。

東海林　はい。

XI. 日本版アミカスキュリエ

門口　争点整理手続の最後の質問になりますが，日本版アミカスキュリエが一般化されるかどうかという質問を受けることがあります。日本版アミカスキュリエの説明から始めていただけますか。

東海林　アミカスキュリエというのは，これは米国の裁判手続上の制度で，「法廷の友」とか「裁判所の友」などと言われます。要するに，裁判所に係属する事件について一般から広く情報や意見を提供してもらう制度です。米国では，これは連邦最高裁規則や連邦控訴手続規則に明記されていまして，知財事件に限らず一般の事件でも広く行われている手続だと思います。

　もちろん日本にはこういう手続はありませんが，知財事件の場合は，最先端の，今まで扱ったことのないような事件，あるいは，1つ判決が出ると非常に影響の大きな技術に関する事件などもありますので，それについては特に知財の関係で米国のようなアミカスキュリエ制度を導入すべきだという意見も昔からありました。

　ただ，基本的には手続も制度もないということで，今まで行われてはいなかったのですが，ご承知のとおり平成 26 年 5 月 16 日に判決のありました知財高裁大合議事件（判時 2224 号 146 頁）において，日本で初めてアミカスキュリエに類似した訴訟運営を実施したということです。

門口　今後ともありうるかどうか，いかがですか。

東海林　基本的にその事件の判決以降，アミカスキュリエが行われた例はないと私は承知しております。実際，今進行中の地裁の事件でもそのようなことはまだ聞いておりません。その理由の 1 つは，あの事件は FRAND 宣言

に関わる事件ということで，世界でも非常にホットな事件であり，世界的な影響も大きかった。しかも，最近出現した標準必須特許という世界的な枠組みに関する判断内容でしたので，そういう意味では最先端であって，過去に先例がなかったということも大きかったのかと思います。ですから，今は使われていませんが，またそのような事件が提起されたときには，知財高裁が行った手続と同様の手続を行う可能性が全くないかと言われると，そんなことはないと思っています。

XII. 損害論の主張・計算鑑定制度

門口　ありがとうございます。損害論の審理については，先ほどの審理モデルに則って行われるということでよろしいですね。

　損害論の審理の関係で1点だけお尋ねします。計算鑑定制度（特許105条の2）についての実情なり問題点を教えていただけますか。

沖中　計算鑑定制度は，計算鑑定人には公認会計士が選任されるのが一般で，公認会計士協会のご協力で候補者名簿が作成されており，その中から利害関係の有無等を調査した上で事件に適任と思われる計算鑑定人を選任することになっているということです。利用例は必ずしも今のところそれほど多くはないのですが，裁判所としては損害論の早期の段階で計算鑑定制度を積極利用すれば損害額の算定が迅速に処理されるものと期待しているところですので，当事者にも積極的に活用していただきたいと思っております。私の経験でも，計算鑑定をした結果，当事者間に争いがあったものが納得が得られて争いがなくなったというような例もありましたので，ぜひ積極活用を当事者もしていただければと思っております。

門口　この制度については，当事者は当然よく知っているのですね。活用がされないのは，もったいない感じがしますが。

東海林　知財専門の弁護士なら当然知っていると思います。

沖中　計算鑑定までしなくても裁判所に任せておけばそれなりの信頼性ある判断が出るという伝統もありますので，そういう面もあるのですが，ただ，やはり公認会計士がチェックすることによって一層の信頼が確保できますので，そういう意味では良い制度であると思っております。

XⅢ. 証拠調べ

門口　時間が迫っていますので証拠調べに入ります。証拠調べは，ほとんど
が書証でけりがつくとお伺いしました。事件によっては人証が重要な場合も
ありますね。どのような場合に証人調べが行われるのか簡単に説明いただけ
ますか。

沖中　例えば特許訴訟などでは発明者は誰かというような認定や，あとは出
願前に公然と実施していれば無効事由になりますので，そういうことがある
かどうかとか，先使用の抗弁の関係で，先に使っていたかどうか。あと，当
然のことですが，実施許諾契約の効力が争点になるような場合は契約紛争で
すので，そういう場合に人証調べが行われます。

　特許以外の事件では，先ほど申し上げたように不法行為訴訟や契約訴訟を
含むような一般民事的紛争も多いので，そういう場合には通常事件と同じよ
うな状況だと思います。

門口　意外な感じもするのですが，鑑定がされないのですね。専門委員の関
与等によるのでしょうか。

沖中　専門的知見は既に調査官，専門委員といった制度で十分な体制がとら
れていますので，それに加えて，あえて鑑定人を選任してというような必要
性がないということが最大の理由かと思います。また，鑑定人を選任すると
いろいろな手続で時間がかかったり，利害関係がない鑑定人を探すことが難
しいというような状況もあると思います。

東海林　補足しますと，先ほど申し上げましたように，基本的には事実関係
にあまり争いがないものですから，鑑定をすると勢い法律鑑定になってしま
うのです。要するに，技術的範囲に属するとか，無効であるとか。それはそ
もそも鑑定になじまないかなというのもあります。

　ただ，稀に被告製品の方法等が技術的範囲に入るかどうかといったときに，
実験合戦になることがあるのです。基本的には実験合戦になっても，当事者
が提出した実験報告書を基にこちらのほうで判断するのですが，稀にどちら
の出した実験も実験の条件などが嚙み合わなくて，裁判所での鑑定として実
験をしてほしいということがあります。そのときは，当事者から，裁判所の
鑑定を尊重するような合意を取った上で，然るべき鑑定人を選任して実験を

するということもあります。それ以外では基本的には鑑定は採用しないという運用になっているかと思います。

門口 書証の提出に関してですが，書類提出命令というのがよく見られるようです。これの意義なり，利用の実情なりを教えていただけますか。

沖中 特許法をはじめとする各法に民訴法の文書提出命令に関する定めの特則が入っておりまして，その意味で知財訴訟には書類提出命令という制度が一般的にあります。損害論における損害立証のための書類提出命令については，既に侵害の心証が形成されているために，必要であれば速やかに出せますけれども，任意に書類が提出されることがほとんどです。

　問題は侵害論のほうで，侵害論は，原告のほうが被告のやっていることが侵害だということを言うのに対して，被告のほうは，「いやいや侵害なんかしていない」という場面なので，そうすると，被告のほうは秘密の保護が問題になります。侵害していないのに秘密を公にしてしまうと被告としては大損害を受けることになりますので，そこは先ほど申しましたように，被告の秘密の保護と証拠の獲得の必要性のバランスをどうとるかということに非常に神経を使ってやっているということです。例えば，インカメラ手続，あるいは秘密保持命令といった法律で定められた手段を使いながら，できるだけ秘密を保護しつつ必要な証拠の獲得はできるように運用上の工夫をいろいろしているところです。

XIV. 秘密の保護

門口 秘密保護の関係では，閲覧制限の申立て，あるいは秘密保持命令の申請についてお伺いしたいのですが，実際の例などを教えていただけますか。

東海林 知財事件では営業秘密を扱うことが非常に多いので，閲覧制限の申立ては本当に頻繁に行われているという状況になっています。ただ，営業秘密を理由にして閲覧制限を申し立てるものですから，当然のことながら営業秘密の要件を満たしていなければいけません。この辺りについては時々争いになることがあります。ですから，東京地裁のプラクティスとして明文の規定はないのですが，閲覧制限の申立てが出たときには，一応相手方から意見聴取をすることにしています。

　一般的に閲覧制限の申立てがあって，その営業秘密性が認められれば閲覧

制限を認めるのですが，少し注意していただきたいことがあります。営業秘密性が問題になることが多いものですから，準備書面や書証に営業秘密として閲覧制限をかけたい事項がたくさん書いてあるにもかかわらず，数期日たってから，営業秘密を理由に閲覧制限してくださいとの申立てがある場合があります。しかし，営業秘密性には非公知性，有用性，秘密管理性という厳格な要件がありますので，例えば，数期日たった場合に，その途中で閲覧謄写されてしまうこともあります。そうなったらもう非公知性がなくなってしまいますので駄目ですが，そうでない場合でも，やはり，しばらくたってからの閲覧制限というのは，もう閲覧謄写に供しうる状態になって長くなりますので，場合によっては秘密管理性や非公知性がないということで，閲覧制限の申立てが認められないこともありますので，この点については注意いただければと思います。

門口　秘密保持命令についてもお願いします。

東海林　秘密保持命令は，先ほども少しお話が出ましたが，これは知財制度独特の制度でして，平成16年の改正によって認められたものです（特許105条の4）。一定の営業秘密について訴訟に供する際に，その営業秘密を当該訴訟の遂行の目的以外の目的で使用したり，秘密保持命令を受けた者（名宛人）以外に開示してはならないという制度で，これに違反すると強力な罰則があって，非常に厳しい制度になっているかと思います。ほぼ知財のすべての事件について規定されています。

　問題は，これが使われているかどうかということなのですが，制度発足以来，平成17年4月から平成24年12月までの東京地裁と大阪地裁の申立件数は大体27件くらいにとどまっているという報告があります。それ以降でも年数件程度にとどまっています。私自身も2，3件の経験しかありません。なぜかというと，おそらく，手続が極めて厳格であること，違反したときの罰則が厳しいこと，それから，名宛人は秘密保持命令が取り消されるまでは秘密保持義務を負いますので，非常に負担が大きいということがあるのかと思います。

　ただ，基本的には，できるだけこの制度を活用することによって，相手方の営業秘密を訴訟の場に出して審理することがやはり大事ではないかと思っていますので，できるだけ活用できるように運用も工夫していきたいです。

門口 ありがとうございました。証拠調べの関係で、ほかにもいろいろ伺いたいのですが、この程度にします。

XV. 和解

門口 では、和解についてお尋ねします。和解も当事者が非常に関心のあるところなのですが、先ほど二段階審理の関係で、裁判所が心証形成してからでないとなかなか和解はしにくいというお話でしたが、和解に入るのは、その段階とお伺いしていいでしょうか。

沖中 特許訴訟の場合には、先ほど申しましたように、十分な事前交渉があった上で提訴に至った事件が多いものですから、裁判所が所要の審理をして、侵害か非侵害か結論を決めなければ、そう簡単に和解といってもなかなかまとまらない場合が多いため、やはり侵害論を最後まで審理して侵害か非侵害かをきちんと心証を取った上で和解をする場合が多いと思います。

　一方で、商標や不正競争、著作権事件などでは、先ほど申し上げましたように、個人間の紛争なども多いですし、通常民事訴訟のような事件も多いため、こういうものでは通常民事訴訟事件と同じように、場合によっては第1回期日のすぐ後から、当事者に、どういうことで和解できないのかというようなことを尋ねて調整をし、終局的な心証に至る前に和解に至るような例も相当あるのではないかと思っております。

門口 知財の場合の和解の難しさとして、特別なものがありますか。

沖中 企業間紛争では、やはり裁判所は心証をきちんと決めなければいけないということや、あとは、国際的な紛争では、日本の裁判所、あるいは日本の弁護士だけではコントロールできなくて、アメリカなど外国の弁護士が仕切っている場合もあります。そういう場合は日本の裁判所としてできることにも限界があります。

　あとは、和解条項の作成上の難しさですが、請求の趣旨のところで申しましたが、差止条項が入ることが多いものですから、きちんと執行できるような形で差止条項を債務名義として作らなければいけないことは、訴状審査のところでも述べたとおりです。あとは守秘義務条項が入ったりというようなことが難しいこととして挙げられるかなと思います。

東海林 補足しますと、やはり特許訴訟など企業間同士の訴訟というのはは

っきり心証開示しますので，そこでたぶん，経済合理性が働いて，割と和解
しやすいかと思います。ただ，今，沖中さんがおっしゃったように，国際的
にほかの事件も各国でつながっていますので，日本だけで和解するというの
はなかなか難しい場合がありますが，逆に日本もしくはアメリカ，ヨーロッ
パで同種の訴訟が起こり，そこで和解がされて，グローバルに訴訟が一斉に
全部取下げになるというようなこともあります。

　あと和解が難しいなと思うのは，やはり著作権事件ですね。人格の発露で
もある創作性が基になっている著作権というのは著作者にとってはわが子の
ように非常に大事なものなのです。それで，特に著作物性がない，あるいは
非侵害というような心証開示をしてもなかなか納得していただけないという
ようなことがあって，そういう意味では特許訴訟に比べると和解はしにくい
と思います。

XVI. 判決

門口　和解についても，さらにいろいろお伺いしたいのですが，最後に，判
決についてお尋ねします。判決は，裁判所において説明責任を果たす最後の
場だと言われていますが，当事者側からは，判決でなかなか思いどおり主張
に応えてくれないなどという不満を聞くことがあります。判決の作成につい
て心がけていらっしゃる点などがあれば教えていただけますか。

沖中　先ほど大規模性ということを紛争の特色として挙げましたが，そうい
う主張・立証が膨大な量に上ることが多い，特に特許事件などでは，当然の
ことながら判決も詳細になることが多くて，100頁を超えるような場合も少
なくありません。説示の内容についても，特許や著作権など，それぞれの類
型に応じて判断手法が決まっていますので，そういうものがまさに知財訴訟
の専門性が現れる分野かなと思っております。

　知財訴訟を担当する裁判所としては，そういう技術的範囲に属するかとか，
類似しているかといった評価的判断が問題になる場合が多いですので，過去
の裁判例等も十分分析した上で，実務上採用されている判断手法に即して，
説得力のある説示をする必要があると思っております。

　また，損害論についても，緻密な計算が行われますので，かなり緻密かつ
多量の説示がされる場合が多い。それから，寄与率などが問題になりますが，

この辺りは少し裁判所の説明がわかりにくいというような指摘もあるものですから，我々としても心がけて，どういう事情を考慮して，どの程度推定覆滅を認めるかというようなことをきちんとわかりやすく書かなければいけないと思っております。東京地裁知財部，大阪地裁知財部，知財高裁の判決ほとんどすべてが，所定の処理をした上で裁判所ウェブサイトに公開されています。当事者だけではなくて，同業他社，弁護士，研究者などからも非常に注目されているところですので，我々としてもできるだけわかりやすく説得力のある判決を作らなければいけないと思っているところです。

門口 知財訴訟の判決については，通常訴訟の判決に比べて，予測可能性を将来に向かって提示するためか，余事記載といいましょうか，やや傍論部分の記載が多いような気もしますが，その点はいかがですか。

東海林 確かに主に法解釈，それから当てはめが問題になりますので，裁判例上形成された一般論をきちんと示した上で，それに当てはまるかどうかという判示が多いとは思います。ただ，基本的に今申し上げましたように，全件ウェブサイトに載ることもありますので，やはりそこは，予測可能性というか，法的安定性も含めて，要するに当事者に，裁判所にこの論点を持ち込むとこういう基準によってこういうふうに判断されるということをある程度はっきり示す必要があるのではないかということで，わりと詳しめに書いてあることが多いのではないかと思います。

沖中 書類提出命令が認められなかった理由や，時機に後れた攻撃防御方法にあたると判断した理由など，そういうものはもちろん個別事案の判断ですが，他の事件における当事者の訴訟活動にも影響を及ぼすと思いますので，そういうものもできるだけわかりやすく書けるところは書くように努めているつもりではあります。

門口 それは法壇の下にいる者から見れば，良い説示だと思っております。

　知財関係で大事な仮処分についても，お尋ねしたかったのですが，時間の関係もありますので，別の機会に譲りたいと思います。今日は長時間，どうもありがとうございました。

［2017 年 7 月 3 日収録］

（http://www.courts.go.jp/tokyo/saiban/singairon/index.html）

第 1 回口頭弁論期日

原　告	①訴状陳述 ②基本的書証の提出
被　告	①答弁書陳述（被告主張の概要の提示） ②基本的書証の提出

　第 1 回口頭弁論期日においては，原告が訴状を，被告が答弁書をそれぞれ陳述します。答弁書には，対象製品ないし対象方法の特定・構成，構成要件充足性に関する認否反論，無効の抗弁（特許法 104 条の 3 第 1 項）の主張等，被告が訴訟において予定している主張全般について，その概要を記載します（詳細な被告の主張は，次回期日以降に敷衍することが予定されています。）。また，原告，被告とも，証拠説明書とともに基本的書証（特許権の登録原簿，特許公報，被告製品の概要を示すパンフレット等）を提出します。

　通常は，次回以降，争点整理のため弁論準備手続期日が指定され，裁判長と主任裁判官が受命裁判官に指定されて，弁論準備手続を主宰します。

第 1 回弁論準備手続期日

被　告	①対象製品ないし対象方法の特定，技術的範囲の属否の主張 ②無効の抗弁の主張

　第 1 回弁論準備手続期日においては，被告が，被告の立場から対象製品ないし対象方法を特定した物件目録を作成し，同目録を前提として，技術的範囲の属否に関する被告の主張を総括的に記載した準備書面を陳述します。また，被告は，無効の抗弁を主張する場合には，公知技術等を入念に調査した上で，これをまとめた準備書面を陳述し，必要な書証を提出します。

第 2 回弁論準備手続期日

原　告	①技術的範囲の属否に関する被告の主張に対する反論 ②無効の抗弁に対する反論

第2回弁論準備手続期日においては，原告が，技術的範囲の属否に関する被告の主張及び無効の抗弁に対する反論（訂正による対抗主張を含む。）をまとめた準備書面を陳述し，必要な書証を提出します。

第3回弁論準備手続期日

被　告	①技術的範囲の属否に関する原告の主張に対する反論 ②無効の抗弁の主張の補充

第3回弁論準備手続期日においては，被告が，技術的範囲の属否に関する原告の主張・反論や，無効の抗弁に関する原告の反論に対する再反論を記載した準備書面を陳述します。

第4回弁論準備手続期日

原　告	無効の抗弁に対する反論の補充
双　方	技術説明

第4回弁論準備手続期日においては，原告が，無効の抗弁に対する反論を補充する準備書面を陳述します。

この段階で，無効論も含めた侵害論についての当事者双方の基本的な主張，立証が終了していますので，侵害論に関する審理の最終段階として，必要に応じて当事者双方による技術説明会を実施します。

技術説明会は，当事者双方が，それぞれの主張を要約し，口頭で説明する最終プレゼンテーションであり，通常，各当事者に30分ないし1時間程度の持ち時間を与えて行います。

なお，技術説明会には，専門的知見を補充するため，当事者の意見を聴いた上で，専門委員（民事訴訟法92条の2以下）を関与させることがあります。また，技術説明会は，口頭弁論期日において実施する場合があります。

第5回弁論準備手続期日

裁判所	損害論の審理への移行の有無の決定，心証開示（又は終結） 〔非侵害の場合〕終結・和解勧告 〔侵害の場合〕　損害論の審理　→　終結・和解勧告

裁判所は，当事者の技術説明も踏まえて，侵害論についての心証を形成します。

非侵害の心証を得た場合には，弁論準備手続を終結し，口頭弁論期日において弁論を終結して，判決言渡しに至りますが，裁判所の心証を開示した上で和解を勧告

し，和解期日が指定される場合もあります。

　侵害の心証を得た場合には，弁論準備手続期日において裁判所の心証を開示した上で損害論に関する争点整理手続に入りますが，この段階で和解を勧告し，和解期日が指定される場合もあります。

　なお，心証の開示や損害論の審理は，当事者による侵害論に関する主張立証が完了していることを前提としていますので，御注意ください。

会社訴訟

SPEAKERS

司会	門口正人	MONGUCHI Masahito
	大竹昭彦	OTAKE Akihiko
	岩井直幸	IWAI Naoyuki

会社訴訟への導き

　会社訴訟には，取締役の地位確認や取締役の報酬等の請求，株主総会の決議の取消しや不存在確認の請求などがある。また，商事仮処分として，取締役の職務執行停止や代行者選任，取締役の違法行為差止め，株主総会の開催や決議の禁止などがあり，そのほか商事非訟として，株主総会招集許可申立て，清算人選任申立てや株式の価格の決定の申立てなどが挙げられる。

　事件の種別からも容易に推察されるが，会社訴訟は，裁判の中でも，顕著に社会，経済の状況を反映し，裁判所の判断が社会の耳目を集め，その判断がときには経済活動の行動規範にもなるということもあり，高い関心を持たれ，それだけに裁判所の役割も大きいといえる。さらに，最近の会社訴訟の特徴として，グローバリゼーションによる事情もあって国境を越える紛争が生まれ，あるいはわが国の投資市場におけるガバナンスの向上を目指して積極的に裁判所の判断が求められることもあり，そのほかアクティビストからの様々な訴えも多数みられるということである。また，経済活動において会社の役割に関する理解が深まることによって，あるいは経済社会の状況を反映して会社法等の改正が頻繁に行われることによって，新しい問題が提起されることも生じてきている。

　会社訴訟の審理の特徴についてみれば，**第1**に，会社の規模に応じて審理のあり方に大きな違いがあるといわれる。会社訴訟の実態をみれば，多くは非公開会社の訴訟で，これらは家族間の身分訴訟と言われるほどに，中小企業あるいは同族会社の事件に関しては，長年の感情のくすぶりが根底にあり，しかも，これらの会社では，会社法所定の手続が履践されていない上，争いに関する客観的な資料が少ないことが挙げられる。一方，大企業の事件に関しては，ステークホルダーも含めて，利害関係が錯綜するためその目配りの難しさがあることが指摘される。**第2**に，判断に迅速性が求められることである。経済の動きが速いこともあって迅速な決断を促されるのみならず，例えば，新株発行の差止請求については，新株が発行される前に裁判を終わらなければならず，取締役の地位に関する請求では，その任期の終了時までに，あるいは新たに取締役が選任されるまでに判断を迫られることがある。**第3**に，株主代表訴訟については，当事者間の情報格差が顕著で，株主側には証拠が少ないという事情があり，株主側の主張立証活動が掘り下げたものにならず，そのために，十分な審理ができないということもある。

　当事者の訴訟追行についていえば，**提訴前の準備に努める必要がある**。事件によ

っては，調査等も不十分なままにとりあえず訴えを提起して，期日を重ねる中で，裁判所を通じて釈明を求めるという旧来型の訴訟追行が見られるのは残念である。訴えの提起前における証拠収集の処分等についても，活用することが検討されなければならない。**訴えの提起**にあたっては，会社訴訟にはいくつかの決まりがあるので，訴訟要件に留意し，添付書類に関しても，あらかじめ文献等で確認しておく必要がある。訴状の記載においても，請求の趣旨について，例えば，会社法上の形成判決を求める場合には，形成されるべき権利関係を明示しなければならない。**争点等整理手続**においては，裁判所と当事者との間で問題意識を共有しておく必要がある。ディベート型審理として，口頭議論も多用されるので，当事者においても期日前の準備を十分にしておかなければ，いたずらに期日が空転しかねない。**準備書面**も，ややもすれば長くなる傾向があって，肝心の争点が曖昧になりかねない。裁判所との口頭議論を踏まえて要領よく作成される必要がある。**意見書**が多用されるのは，最近の裁判全体の傾向でもあるが，特に，会社訴訟において目立つ。意見書の提出にあたっては，専門家の選定に努めることはもとより，作成前に，訴訟に至る経緯を明らかにして，前提となる事実を確認し，争点に対して的確な意見を求めるようにしなければならない。　　　　　　　　　　　　　　　　　　　　　　　—門口正人

はじめに

門口 本日は会社訴訟を取り上げます。あらためて，この企画の趣旨を確認しますと，裁判は利用しやすく，わかりやすく，頼りがいのあるものでなければなりません。しかしながら裁判を利用する側からは，裁判のあり様が見えないとか，あるいは使い勝手が悪いとか，さらには実務の技能が伝承されていないなどと懸念が示されています。そのようなことから，できるだけ民事裁判を国民の身近にしよう，あるいは安心して裁判を受けられるように裁判の実際をお見せしようという趣旨で始まった企画です。

　会社訴訟について言いますと，すべての裁判に共通して言えることですが，社会，経済，文化を反映するもので，中でも会社訴訟は，裁判所の判断が社会の耳目を集め，ときには経済活動の行動規範にもなるということもあり，高い関心を持たれ，裁判所の役割も大きいと言えるでしょう。それだけに，普段の訴訟の場面で，いろいろ難しいこともあるでしょうし，またいろいろな審理上の工夫もされていると思いますので，その辺りをお伺いできればと思います。毎回申し上げていますが，この場でのご発言は，あくまで個人のお立場のものですので，自由にお話しいただければ幸いです。よろしくお願いいたします。

　まず，自己紹介を簡単にお願いしましょうか。

大竹 東京地裁民事第8部で部総括をしております大竹と申します。修習の期は40期です。今日はどうぞよろしくお願いします。

岩井 東京地裁民事第8部の岩井と申します。期は49期になります。昨年の7月から8部で勤務しておりまして，8部で勤務すること自体は今回で2回目になります。よろしくお願いします。

会社訴訟の類型

門口 ありがとうございます。本日のテーマは会社訴訟と申し上げましたが，会社訴訟という総称には微妙なところがあるかと思います。とりあえず会社訴訟として，どのような訴訟類型があるのか。あるいはどのような事件を扱っているのかという辺りからお話しいただけますか。

岩井 民事8部商事部で扱っております，いわゆる会社訴訟と言っているものには，会社に関係する商事の訴訟事件，商事の仮処分，商事の非訟事件というものがあります。例えば会社訴訟事件に関して言えば，取締役の解任をめぐる訴訟であったり，取締役の地位確認，取締役の報酬や退職慰労金の請求をする訴訟，株主総会の決議の取消しや不存在確認といったものがあります。なお，会社に関する訴訟ではないのですが，組織に関する訴訟ということで，宗教法人や学校法人，その他の法人の理事の地位確認事件といったものについても当部で扱っております。仮処分については，取締役の職務執行停止，あるいは代行者選任といったものがありますし，株主総会の開催や決議の禁止仮処分，取締役の違法行為差止めの仮処分などがあります。

　商事非訟事件では，株主総会招集許可申立事件とか，あるいは清算人選任申立事件，あるいは株価の決定に関する事件といったものがあります。ちなみに，独占禁止法が平成25年12月に改正されて，平成27年4月から施行されているのですが，この改正で審判制度が廃止になりましたので，公正取引委員会が行う行政処分に関して不服がある場合に，取消訴訟が提起されるようになり，この取消訴訟に関しても民事8部で扱っております。

門口 会社訴訟を専門的に扱っているのは，東京地裁だけですか。

岩井 専門部として扱っているのは東京地裁と大阪地裁になろうかと思います。

門口 会社訴訟の専門部として，商事仮処分や商事非訟事件まで扱っているということになるのですね。

岩井 そうなります。

門口 2点お伺いします。まず先ほどおっしゃった宗教法人，学校法人，その他，いわゆる団体の事件も扱っているとのことですが，なかなか難しそうな印象を受けますね。

岩井 そうですね。商事部で扱っている団体の組織に関する事件としては，例えば各種のスポーツ競技団体の事件，宗教法人の事件あるいは学校法人などの事件を扱っているのですが，内部のいろいろな規律が問題となったり，権力闘争のようなこともありまして，かなり紛糾している事件もあり，負担の重い事件という印象を持っています。

門口 もう1点お伺いしますが，独禁法の行政処分を扱われるというのは，

やや違和感を感じますが。

大竹　法改正の際に東京地裁のどこで独禁法関係の取消訴訟等を担当するかが議論になりました。ただ，もともと東京高裁が審決取消訴訟を担当していた頃から，独禁法24条に基づく差止めの民事訴訟事件は，東京地裁では民事8部が担当していたこともあり，法改正後も民事8部で担当するのが適当であるということになりました。

事件の概況と事件処理態勢

Ⅰ. 事件数の趨勢

門口　それでは，事件の概況についてお伺いします。まず事件数の状況はいかがですか。

岩井　ここ10年ぐらいの新受件数なのですが，概ね毎年350件から450件程度という範囲内で推移しており，その中で既済件数が310件から420件ということで，ともに400件前後という感じで推移している状況です（**表1**）。

門口　過去数年を見た場合に，さほど動きはないということですか。

岩井　そうですね。もちろん，今言った数字で100ぐらいの差がありますので，年によって違うというところはあるのですが，大体この範囲に収まって400件前後になっています。

門口　先ほど説明のあった事件の種別から見ますと，かなり重い事件もあるようですが，事件数も加わって，負担感は相当あるのでしょうね。

岩井　はい。会社法の事件ということで，1件1件がかなり複雑であったりしますので，通常の民事訴訟事件より負担感はある気がします。

　それから，先ほど申しましたとおり，独禁法が改正になりまして，独禁法違反の事件が係属するようになっており，昨年末（平成29年12月末）の段階で取消訴訟等が8件係属しています。従前は高裁で扱っていた事件，審決取消訴訟が通常の行政処分に対する取消訴訟と同じようになっておりますので，従前ありました実質的な証拠法則とか，新証拠の提出制限といった制約のない審理判断が，今後求められるようになったというところはあります。公正取引委員会は，行政手続段階において，事件関係者あるいは参考人といった人たちの供述調書を大量に作成しており，取消訴訟になりますと，これ

年度	新受	既済	未済	年度	新受	既済	未済
平成19年度	352	355	335	平成25年度	381	354	388
平成20年度	362	314	384	平成26年度	375	337	426
平成21年度	445	399	428	平成27年度	403	418	411
平成22年度	368	416	380	平成28年度	362	368	405
平成23年度	348	371	357	平成29年度	332	319	418
平成24年度	377	373	361				

を書証として提出するといった立証活動をするという感じです。処分を受けた原告としては，供述調書の信用性を争うことになりますので，書証の原本確認だけでも大変で，人証申請も多数に上ります。裁判所はこうした手続を経て，事実認定の中で，これらの書証や供述等の信用性を比較することになりますので，なかなか難しいところがあるかと思います。

大竹 個別の事件の負担感もあると思いますが，会社法の解釈適用が問題になる事件，あるいは団体の組織法上の訴えなど，初めて担当することになる事件などについては，単独事件であったとしても，できるだけ周りの裁判官と議論し，さらには部全体で議論をしながら進行するようにしています。そうすることで，各裁判官は，様々な論点に触れることができ，勉強になっているという面もあるのですが，同時に1人で負担を抱え込むことがないようにしているという面もあろうかと思います。

Ⅱ. 審理期間・終局区分

門口 審理期間は，いかがですか。

岩井 大雑把な感覚としては，審理期間は1件につき1年半から2年ぐらいというところでしょうか。通常訴訟よりも少し時間がかかるという印象を持っております。中には長期に審理が続いている事件もありまして，例えば訴え提起から5年が経過しているという事件もあるという感じです（**表2**）。

門口 平成12年の司法制度改革においても，迅速化が求められていますが，困難な事件があることも考えますと，かなり迅速化が図られていると言えま

表2 | 年度別長期（係属2年を超える）未済事件数一覧表

年度	10年以内	5年以内	4年以内	3年以内2年超	長期未済年度合計
平成19年度	3	1	4	20	28
平成20年度	0	2	2	30	34
平成21年度	0	1	7	23	31
平成22年度	0	3	5	29	37
平成23年度	1	1	9	29	40
平成24年度	0	0	8	23	31
平成25年度	0	1	8	17	26
平成26年度	0	2	7	32	41
平成27年度	0	2	12	29	43
平成28年度	0	6	3	25	34
平成29年度	3	2	4	35	44

すね。

岩井　事件の中身が複雑困難だということを考慮すると，以前よりは迅速化が図られているのかなと思います。

門口　特に和解の占める割合を教えていただけますか。

岩井　終局事由については，和解，あるいは認容という終局事由がそれぞれ3割前後を占めております。そして，棄却，あるいは却下を合わせたものは，概ね2割程度となっております（**表3**）。こうした数値だけからすると，通常訴訟と比べ，やや和解率が低いと思われるかもしれませんが，これについては会社訴訟では関連訴訟が同時に複数係属しているということがあり，その関連訴訟で和解ができて，こちらで係属している会社訴訟は取下げになるといったケースもあります。毎年2割前後を占める取下げのうちの一部が実質的な和解で終了した結果であるとすると，会社訴訟でも，もしかしたら必ずしも和解率が低いというわけではないのかもしれないと思います。

Ⅲ. 中小会社・非公開会社の実情

門口　和解の内容や関連訴訟等の関係については，審理手続のところでもう

表3 | 会社訴訟事件主要終局区分

終局事由	平成23年 件数	平成23年 割合%	平成24年 件数	平成24年 割合%	平成25年 件数	平成25年 割合%	平成26年 件数	平成26年 割合%	平成27年 件数	平成27年 割合%	平成28年 件数	平成28年 割合%	平成29年 件数	平成29年 割合%
取下げ	71	19.14	70	18.77	78	22.03	71	21.07	74	17.70	55	14.95	72	22.57
移送	5	1.35	3	0.80	6	1.69	2	0.59	4	0.96	8	2.17	7	2.19
和解	98	26.42	96	25.74	116	32.77	102	30.27	113	27.03	122	33.15	91	28.53
却下	13	3.50	14	3.75	3	0.85	10	2.97	14	3.35	11	2.99	11	3.45
棄却	61	16.44	68	18.23	45	12.71	54	16.02	103	24.64	67	18.21	58	18.18
認容	117	31.54	111	29.76	98	27.68	96	28.49	105	25.12	97	26.36	74	23.20
その他	6	1.62	11	2.95	8	2.26	2	0.59	5	1.20	8	2.17	6	1.88
合計	371	100	373	100	354	100	337	100	418	100	368	100	319	100

※認容は一部認容を含む。また，合計の小数点以下は四捨五入した。

一度お伺いするかもしれません。会社訴訟の実態は，ほとんどが非公開会社の家族間の身分訴訟と言われることがありましたが，最近の中小会社あるいは非公開会社の実情はいかがですか。

岩井 この点については，実情について統計的な数字を取っているというわけではないのですが，当部で事件を見ている限り，会社訴訟の大部分は非公開会社の事件ということになります。しかもその非公開会社の中でも，8割，9割といったところについては，同族会社の事件になります。

門口 これらの訴訟では和解で解決するのも大変ですね。一方では大企業の難しい事件もあるということになりますと，事件に応じた審理の工夫も必要ですね。

岩井 大企業の事件に関しては，いろいろなステークホルダーがいますので，利害関係が錯綜することがあります。かたや中小企業あるいは同族会社の事件に関しては，長年の感情のくすぶりというのもありますので，事件に応じて審理のあり方を考えないといけません。

大竹 先ほど中小会社，あるいは非公開会社の紛争の実情についてというお尋ねがありました。以前と変わらない面もあると思うのですが，3つぐらい特徴を挙げられると思います。第1は，中小会社，非公開会社で，会社法所

定の手続が履践されていないという点が挙げられます。

　例えば，株主総会や取締役会を開催していないとか，あるいは創業者である父親の死亡を契機に紛争が生起して，それまで問題にされていなかった，株主総会を開催していないという瑕疵が急に問題とされるようになり，当該紛争が会社訴訟として裁判所に係属するといったような場合が典型かと思います。

　第2は，客観的な資料が少ないという点です。例えば，株主名簿が作成されていなかったり，作成されていても法定の要件を満たしていなかったりするということも多いと言えようかと思います。第3は，紛争の当事者あるいは関係者間の感情的対立が激しいという点も挙げられようかと思います。

　それに関連して，中小会社や非公開会社の紛争においては，通常事件に比べて関連事件が多いといった傾向が見られます。例えば，毎年の株主総会について瑕疵が主張され，そういった意味で関連事件が多くなります。それらの関連事件を1件1件判決することは必ずしも困難ではないのですが，一括して全体を解決できると，より望ましい紛争解決になろうかと思います。

Ⅳ. 最近の事件の特徴

門口　冒頭申し上げましたが，会社訴訟は，宗教法人等の事件も含めて，社会経済を如実に反映する部分があり，さらにはグローバリゼーションという事情もあって国境を越えたような取引も多数あることから見ますと，最近の事件にも顕著な特徴があるように拝察されますが，ご紹介いただけますか。

岩井　お話ししましたように，多くの事件は非公開会社かつ同族会社の事件でして，以前と変わらない問題状況があります。ただ，最近，特に合議事件を見ていて気づくのが，例えば外国の機関投資家，投資会社が上場会社の株式を大量に保有しており，そうした投資会社等が原告となって，日本の上場企業の粉飾決算等を問題視して損害賠償を求めたり，あるいは取締役の責任を追及したりするという事件が若干増えているのかなという感じは持っております。

　機関投資家が原告になっている事件の中には，日本の投資市場におけるガバナンスの向上を目指して，積極的に裁判所の判断を求めることを考えているのではないかと感じられる事件もあります。こうした事件については，裁

判所の最終的な判断を求める傾向が強いがゆえに，和解での解決に拒絶反応を示すという場合もあるように思われます。もっとも，こうした事件は，まだ会社訴訟全体の中では件数的に少ないので，こういった傾向が大きな流れとなるかは，今後の推移を見てみないとわからないところがあります。

大竹 ガバナンスの向上の話が出ましたが，機関投資家からガバナンスの向上を要請されるということを離れても，合議事件，単独事件を通じて，コーポレートガバナンスを重視するという観点から，株主総会の議事・決議のあり方が問題とされたり，取締役等の責任が厳しく追及されたりするという事件が増えているという実感があります。

　少し具体的な事件を紹介しますと，株主総会に先立って従業員株主が参加してリハーサルを行い，株主総会当日に，当該従業員株主が休暇を取得して株主総会に出席して発言するなどし，一般株主による質疑をも含めて相当な質疑時間が経過した後に質疑を打ち切ったという事案で，一般株主から，株主の質問権が制限されたなどと主張されて，株主総会決議の取消しが求められた事件がありました[1]。あるいは取締役の報酬について，株主総会で報酬総額のみを定め，各取締役の報酬額については取締役会に一任をし，さらに取締役会から代表取締役に一任したという事件で，代表取締役による自らの報酬決定が株主総会における説明と齟齬しているなどとして，当該代表取締役には善管注意義務違反があるなどと主張される事件なども目につくように思います。また，監査法人の責任を追及する訴訟も出てきておりまして，興味深いと思っております。

門口 今のお話ですと，ガバナンスに絡む訴訟とかアクティビストからの訴えなどが，かなり裁判所にも持ち込まれているという感じがします。そのことは裁判所が頼りにされているということになるのでしょうが，それだけに裁判所の負担も大変だろうと推察されます。ほかに，新しい問題が提起されるような事件も増えているのでしょうか。また，グローバリゼーションの影響もありますか。

岩井 経済の発展，あるいは経済活動の中での会社の行動や役割に関する理

---

1) 東京地判平成 28・12・15 金判 1517 号 38 頁。

解が変わることによって，新しい問題が提起されるという面があります。会社法自体の改正が経済社会の状況を反映して頻繁に行われるというところがありますので，そういった点からも新しい問題が裁判所に提起されることがあります。

大竹 原告が外国の機関投資家である事件は，散見されるように思います。今後，そうした事件が増えていくかどうかという点については，先ほどもありましたとおり，もう少し帰趨を見たいと思うのですが，会社法務の中における機関投資家への対応や，適法かつ効率的なガバナンスの維持のために機関投資家が果たす役割は重要になっていくものと思われ，それに伴って機関投資家が原告になって提起される訴えも増えていくのかなと，個人的には考えています。

V. 事件処理態勢──合議事件・単独事件

門口 先ほど合議事件，単独事件に触れられましたが，合単の振り分けの実際について，教えていただけますか。

大竹 民事8部では，会社訴訟を扱う係として，合議事件が2係，単独事件が6係あります。合単の振り分けに関する厳密な基準を設けているというわけではありませんが，当事者が上場会社である事件，あるいは訴額が大きい──例えば，数億円に上るような──事件，社会的に注目を集めている事件，事案が複雑な事件等を合議事件としています。また，当初は単独事件として審理を開始したものの，その後の審理の状況や経過を踏まえて，合議体による審理判断が望ましいと判断される事件についても，比較的，積極的に合議事件としております。最近は通常部でもよく行われているのですが，定期的に，部総括である私と単独係裁判官とがミーティングをし，単独事件の進捗状況や審理の複雑・困難さなどを聞いて，合議にふさわしいものを積極的に合議事件としているというのが実情です。

訴訟手続──総論

I. 審理の特徴

門口 いよいよ手続の段階に入りますが，まず，総論的にお伺いします。審

188

理上の特色として会社訴訟に特有のものはあるのでしょうか。

大竹 多くの会社訴訟については，審理の進行が通常事件と異なることは，それほどないのではないかと思います。もっとも，会社法は条文が比較的詳細で，主張立証責任も条文から把握しやすいという特色があるように思いますので，条文を出発点とした争点整理がしやすいという面はあろうかと思います。

　争点整理手続につきましては，私は，できるだけディベート型，対話型の審理をしたいと考えています。一般的に言われているところではありますが，争点整理を，①初期，すなわち，主要事実を中心とした事実の主張がひととおりされ，裁判所が事案の概括的な理解に達するまでの段階，②中期，すなわち，事実及び書証がひととおり出揃い，争点の絞り込みや整理をする段階，③後期，すなわち，絞り込まれた争点について事実の主張を確定し，証拠を整理して証拠調べにつなぐという段階に分けて考えてみます。

　①の初期の段階は，比較的，当事者に自由に主張を出してもらって，裁判所はどの点が理解し難いかを指摘するというようなことを中心にしたいと考えています。

　②の中期の段階では，裁判所の観点から，原告の主張する事実が不足していたり，被告による事案の解明への協力が不十分だと思われたりする場合には，積極的に問題点を指摘して，訴訟代理人と議論するようにしています。私の場合には，双方の代理人に裁判所の問題意識をメモでお渡しして，必要な補充をしてほしいと要請することも少なくありません。

　③の後期の段階では，複雑な事案では，裁判所が争点整理案ないし主張の骨子整理案を作成して，それを活用しながら事実の主張の確定を目指すこともあります。また，この段階では，早くから訴訟代理人に人証についてのイメージを尋ね，人証の選定を促すとともに，陳述書の作成に着手してもらって，円滑な集中証拠調べにつなぐということを考えております。

　証拠調べは，通常部と同様，例外なく集中証拠調べを行っております。③の争点整理の後期の段階で，訴訟代理人から聞いた人証のイメージを基に，期日は1期日で足りるのか複数の期日が必要なのか，複数の期日が必要な場合にはどのくらいの期日間隔を空けるのかといったことなどを議論することになります。早い段階から，証拠調期日を予約することもあります。

岩井 付け加えますと，会社訴訟で特徴的なものとして，大変急いで審理を するものがあるということが挙げられます。例えば新株発行の差止請求では， 新株が発行される前に裁判を終わらなければいけないということで，裁判所 でも特に意識して迅速に裁判を行うことを心がけております。また，株主代 表訴訟については，これもよく言われることですが，当事者間での情報格差 が顕著であり，株主側には証拠が少ないということがあります。この点につ いては，株主側での主張立証活動が抽象的なものにとどまるようですと，十 分な審理ができないということもありますので，こういった場合は，例えば 裁判所から会社側に対し，争点に関連する文書等がないかを確認したり，あ るいは証拠等があるかということを確認することもありますし，株主側が第 三者委員会の調査報告書などについて文書提出命令を申し立てることもあり ます。

Ⅱ. 提訴前の準備

門口 ただいま，各論部分のお話もありましたが，個別に伺ってまいります。 まず司法制度改革においても言われていますが，提訴前の準備・交渉の実情 は，いかがでしょうか。

岩井 この点については，会社訴訟も通常訴訟とあまり異ならないという印 象を持っています。通常訴訟においては，訴え提起の段階から可能な限り資 料を収集して，積極的に事案を解明するといった姿勢に欠ける代理人がいる という話を聞くことがありますが，会社訴訟においても，やはり提訴前の準 備等が特に充実しているということはありません。会社訴訟に不慣れな代理 人が調査等も不十分なままに提訴しているという例もよく見受けられます。

　ただ，取締役の解任等をめぐる損害賠償請求や取締役の地位確認といった 訴訟類型については，提訴前にある程度，会社との間で交渉が行われている ことがありますので，争点が明らかになっていることがあります。あるいは 株主代表訴訟については，会社法上，提訴前請求が必要だとされていますの で，その過程で事前の交渉がされている場合もあります。その他，民事訴訟 法にある訴えの提起前における証拠収集の処分等についても，あまり活用さ れてはいません。代理人としては，とりあえず訴えを提起して，期日を重ね る中で，裁判所を通じての釈明を求めるという旧来型の手続進行を念頭に置

いているのではないかと思われます。

Ⅲ. 訴えの提起・訴状作成

門口　それでは手続の流れに従って，まず訴えの提起について，問題点などをお伺いします。会社訴訟では，訴訟要件などの決まりが随分たくさんあるようですが，きちんと守られていますか。訴えの提起あるいは訴状の作成について，何かお気づきの点があれば教えていただけますか。

岩井　会社訴訟を見ていて時々思うことですが，代理人となる弁護士ごとに相当知識のばらつきがあると思うところがあります。会社訴訟あるいは会社法の規定に慣れていない代理人が訴状を作成した場合ですと，やはり不備が目に付くことがあります。

　例えば，基本的なことではあるのですが，監査役設置会社と取締役との間の訴えに関しては，会社法386条で会社を代表する者は監査役とされているのですが，依然として，代表取締役を会社の代表者とするような訴状が見受けられます。あるいは，役員報酬の請求をする場合，会社法361条1項等では定款の定めや株主総会決議が必要だとされているのですが，この辺りを特に意識していない訴状も見受けられます。

門口　添付書類について，遺漏はありませんか。

岩井　添付書類に関しても通常訴訟と同じようなところがあり，時々不十分だと思うときがあります。重要な書証の写しの添付が漏れていることもあります。会社訴訟の特徴としては，例えば，海外の会社が当事者となる場合がありますので，その場合に資格証明としてどのような資料を出してもらうかについては，なかなか悩ましいところがあります。こうした点について不十分だと思われる場合には，当事者にその点の補充を促すこともしています。

門口　請求の趣旨の採り上げ方は，的確ですか。また，請求の原因について，会社法の規定上，包括的概念が多いために，難しい点もあるようですが，請求の原因の記載について，何かお気づきの点はありますか。

岩井　会社訴訟では，通常訴訟の金銭請求などの場合とは違い，決議の取消しを求めるといった，会社訴訟独自の請求をすることがあります。こうした形成判決を求める場合には，主文において形成されるべき権利関係を明示しなければならないのですが，紛らわしい主文を避けなければいけないにもか

かわらず，不十分な請求の趣旨しか記載されていない訴状もよく見られるところです。例えば，取消しの対象となる決議が正確に特定されていなかったり，あるいは，請求原因の記載に関しても，事実関係を長々と記載するのみでどれが請求原因を構成する事実なのかが判然としないものもあります。

門口 今おっしゃったような遺漏部分がある場合に，裁判所としてはどのように対応されるのですか。

岩井 例えば訴状審査の段階で，裁判所から積極的に釈明して補充を促すことがありますし，訴訟が進む中で，相手方の主張等も見ながら，裁判所から積極的に問題提起をし，補充をしてもらうこともよく行われています。

Ⅳ. 計画審理・集中審理

門口 審理の方式に関して，先ほど争点整理手続について初期，中期，後期というステージに応じてご説明がありましたが，計画審理あるいは集中審理という観点から伺いますと，いかがでしょうか。

大竹 計画審理ないし集中審理についての考え方は，基本的に通常訴訟におけるそれと大きな差はないのではないかと思います。具体的に審理計画を定めること自体は多くないのですが，計画的審理と言われるものはよく行っています。例えば，裁判所が当事者との間で，数回先までのおおよその進行見込みを確認し，準備事項を明確にした上で，段階的・効率的な主張・立証を行えるように工夫しています。また，私の合議事件で，争点が極めて多数で多岐にわたり，争点整理期日を相当回数行わなければならないことが見込まれる事件では，弁論準備手続を 6 回先まで指定したことがありますし，あるいは進行協議期日との口頭弁論期日を 1 セットにしてそのセットを繰り返しやっていくという事件では，まとめて 4 セット期日指定をしたことがあります。そうすると半年ないし 1 年近く先まで期日を先取りすることになり，その中で代理人と進行について協議をしながら審理を進めるということもしております。

門口 争点等整理手続において当事者との協働とよく言われますが，当事者は積極的に関わっていますか。

大竹 まず，期日のあり方自体，あるいは期日指定をする意味について，最初によく代理人と議論をすることが必要だと思うのです。私が心がけている

のは，期日は決まっているのだからそれに準備書面を間に合わせてくれとか，次の期日がくるのでそれまでに証拠を必ず提出してくれとか，そういう無理は言わないことにしています。定期的に会って議論すること自体に一定の価値があるので，それまでにできる範囲でやることにしたらどうでしょう，ということで期日を入れます。そのようなものとして期日を入れることを代理人と協議をした上で，期日を指定しているというのが実情です。

門口 一概には言えないでしょうが，口頭弁論あるいは弁論準備に要する時間には，大体の目安があるのでしょうか。

岩井 会社訴訟の場合，通常訴訟と比較しますと，件数がそれほど多くありませんので，その分1件1件を丁寧にやれるという面があります。口頭弁論期日の場合でも，1件につき10分から15分かけることはよくあります。あるいは弁論準備手続について，単独事件であっても1件について15分から30分かけることはよくありますし，合議事件になりますと，より複雑になってきますので，そうした場合には30分，多いときでは1時間をかけて口頭議論をしているという感じです。

V. 準備書面

門口 先ほど請求原因の記載についてお伺いしましたが，準備書面の記載についてはいかがですか。何か気になるところはありますか。

岩井 準備書面についても，基本的には通常訴訟と変わらないと思いますが，会社訴訟になると複雑な事件がありますので，代理人によっては極めて大部の書面を出してくる例があります。特に合議事件においてはその傾向が強いので，1回の頁数が100頁を超えるような書面が出てくることもよくあります。独禁法の事件に関しても，この傾向が強いという気がします。

大竹 1つの例をご紹介します。ある単独事件において，争点との関連性が必ずしも明白でない大部の準備書面が次から次へと提出されて，担当裁判官がその取扱いに困惑しているということがありました。その事件については，担当裁判官と協議をし，合議事件にした上で，弁論準備手続期日において，あらかじめ当事者が用意した準備書面の陳述をいったん留保してもらい，まずは口頭弁論を先行させました。そうした口頭議論を通じて裁判所の問題意識を伝え，これに従って準備書面を作成してもらうようにして，ようやく審

理が円滑に進むようになりました。その事件では，代理人側の会社訴訟に懸ける熱意は感じられたのですが，そうした熱意は心に秘め，簡にして要を得た準備書面を作成することに傾注していただきたいと感じているところです。

門口 私どもも若手弁護士に向かって申しているのは，準備書面の名宛人は裁判所であることを意識すること，その内容は単純，明晰，一貫性が大事であることをいうのですが，100頁を超えるような書面，それが何回も出てくるというのは，どこに原因があるのでしょうか。やはり事件の性質上，やむを得ない部分もあるのでしょうか。

大竹 中にはやむを得ないものもあるのかもしれませんが，その場合でも，その準備書面では，どの争点について，どういうことを裁判所に伝えたいのかという目的を明確に持って書いていただくのが大事なのだと思います。この準備書面では，この論点あるいはこの争点について，自分が主張立証責任を負う主要事実を言うのか，さらに細かい間接事実を言うのか，相手方が主要事実を否認してきたので，より細かい間接（本証）事実を言うのかといった目的意識を明確に持つと，自ずと当該準備書面における主張の全体像というものが裁判所の頭にも入りやすいし，そういう準備書面をお出しいただくと，争点整理がうまく流れるのではないかと思います。

門口 今おっしゃったようなことは，代理人に指摘あるいは指導されることもあるのですか。

大竹 あまりに頻繁に大部な準備書面が出される場合には，裁判所の考えを伝えて，裁判所としては，円滑な争点整理のためにこうしてもらったほうがやりやすいというように伝えることはあります。

門口 先ほど争点等整理手続あるいは口頭弁論手続に関して，期日を複数回指定することもあると言われましたが，準備書面の提出期限は，その都度決められて，大体守られていると言えるのでしょうか。

岩井 準備書面の提出期限に関しては，残念なことではあるのですが，特に単独事件において，なかなか守られていないというのが現状かと思います。合議事件に関しては，会社訴訟の専門の弁護士が代理人として就くことが少なくないためか，提出期限に関しても比較的守られているのではないかと思います。書面の提出期限の厳守は審理を円滑に運営するために重要なことだと思いますので，この点は守っていただきたいと思います。

また，最近の事件を見ていて感じることですが，以前のように次回期日自体を１カ月後に指定して，その１週間前に書面を提出するというよりは，そもそも書面の提出までに１カ月以上欲しいと代理人が求めることが多くなってきているという感じを受けております。その理由については，裁判所側ではなかなかわからないところもあるのですが，やはり会社訴訟自体の複雑さと，その裏返しとして代理人が慣れていない面がある，あるいはいろいろな調査等に時間がかかるということがあるのかなと思っております。

大竹　書面提出が１カ月後なのか，それとも期日が１カ月後なのかというのは，別に正解があるわけではなくて，事案によって，また訴訟進行の局面によって異なるということになると思うのですが，アプリオリに書面の提出まで１カ月と言われると，国民が会社訴訟を担当する裁判所に期待している適正で迅速な裁判という面から，どうなのだろうという問題意識などはお伝えして議論するようにしています。

　また，独禁法関連訴訟について，２カ月先に弁論準備手続期日を指定してほしいという要望が出される例もあります。期日間隔がやや長いという印象を受けますが，主張立証の複雑・困難さを考えると代理人の要望もおよそ理解できないではありません。独禁法関連訴訟を地裁でやるようになってからもうすぐ３年ですが，どの程度の間隔で期日を入れるのがベストプラクティスかについては，まだ実務を形成している途中というところがありますので，双方の訴訟代理人と十分に議論をしたいと考えています。

Ⅵ. 争点等整理手続

門口　先ほど「ディベート型審理」という言葉が出てきましたので，争点等整理手続に入ります。まず争点等整理手続の実情をお伺いします。会社訴訟として特有の弁論準備手続などはありますか。

▶２つの類型

大竹　会社訴訟では，通常訴訟に比して争点整理手続において，裁判官が主体的・積極的に争点整理を行いやすい面はあろうかと思うのです。具体的に裁判所が争点整理に乗り出す場合として，２つの類型があるように思います。第１の類型は，当事者双方の法的主張が曖昧で，裁判官が会社法の条文や最

高裁判例を示しつつ，主張を整理する場合です。これには，例えば，当事者双方が訴訟要件や法律上の問題点について気づいておらず，裁判官から指摘を受けて初めてその点に関わる当事者の主張がされる場合を含みます。第2の類型は，裁判所が法的問題点について一定の見解を示すことにより，争点整理が一層円滑に進む場合です。

　第1の類型の例としましては，取締役の任務懈怠を理由とする損害賠償請求訴訟の事案であり，訴状において，①取締役の責任が認められる根拠を，個別具体的な法令違反行為に求めるか，一般的な善管注意義務・忠実義務の違反行為に求めるか，②前者であるとして個別具体的な法令として何を主張するか，③後者であるとして当該行為が一般的な善管注意義務・忠実義務に違反する理由は何か，④原告が主張する損害が，上記の任務懈怠行為と相当因果関係があると解される理由は何かといった点が明示的に整理・主張されていない場合に，被告の認否・反論がひととおり終わった後，裁判所から，そうした観点を指摘して，主張の整理・追加を要請することが挙げられるように思います。また，会社訴訟では，信義則や権利の濫用，公序良俗といった一般条項が問題になることが少なくありませんので，その評価根拠事実や評価障害事実が何かを確定することに苦労する事案があります。例えば，当事者の準備書面においては，事実経過が時系列に沿って網羅的に主張されるのみで何ら絞り込みがされておらず，どの範囲の事実が，なぜ，評価根拠事実や評価障害事実となるのかが必ずしも明らかではない場合があります。その場合には，訴訟代理人に対し，評価根拠事実や評価障害事実を構成する事実を過不足なく主張するようにお願いするとともに，それらの事実が評価根拠事実や評価障害事実となる理由についても説明を求めることが少なくありません。

　また，第2の類型の例としましては，被告である学校法人の設置する大学の学部長である原告が，被告の理事会により学部長の地位を解任する決議を受けたとして，解任決議の無効等の確認を求めた事実において，①その主張立証の枠組みをどう考えるか，②被告は自由に解任権を行使できるか，それとも解任権の行使に解任事由が必要か，③被告による解任権の行使が裁量権の濫用にあたり無効になるための要件をどう考えるかなどにつき，裁判所が，争点整理を進める過程で，ある程度裁判所の見解も示しながら双方当事者と

よく議論し，当事者の主張を確定するといったプロセスを絞ることが挙げられるように思います。あるいは，よく争われることがある経営判断原則の適用問題についても，原告側で任務懈怠が主張された後，被告側から経営判断であるから任務懈怠はないなどと抽象的に原告の主張を争うことがありますが，例えば，裁判所から，当該事案においてはどういう観点から経営判断原則の適用を考えていくのか——判断の過程の不合理性か，内容の不合理性か。「著しく不合理」か否かの問題か——といった点を示唆することで，争点についての当事者の主張立証が深まることがあります。

▶主張立証責任の分配

門口　争点等整理の場面で，当事者においては主張立証責任の分配を意識されているのでしょうか。

大竹　もちろん意識していただいていると思うのですが，そこをどのように考えてこの主張をされているのか，どのように考えて反論されているのかが，必ずしも明らかでないことが少なくありません。

　また，先ほどの団体内部の組織上の紛争などのように，主張立証責任の分配そのものがどうなるかについて，必ずしも一義的に明確でない類型もあるように思います。裁判所が争点整理に乗り出す第2の類型ですけれども，そういう類型の訴訟においては，むしろ裁判所のほうから積極的に議論を持ちかけて，双方代理人の意見を伺いながら争点整理をするほうが，争点整理が円滑に進むのではないかと考えています。例えば，ある種類の団体内部で一定の懲戒処分がされた場合に，従業員が非違行為を理由に就業規則に基づいて解雇される場合と同じような考え方をしてよいのかどうか，解雇の場合を1つの参考にして議論するようなことをしてみませんかということを示唆して，議論していただいています。

門口　さらにお伺いします。先ほども触れましたが，会社訴訟では，規範的評価事実の争いが多いようですが，例えば取締役の任務懈怠による損害賠償請求において善管注意義務などが争われる場合に，請求原因事実あるいは間接事実として的確に摘示されていますか。

大竹　そこは残念ながら，請求原因として最初から十分な要素が主張されているとは言えない事例が少なからずあると思うのです。例えば，先ほどご説

明した，取締役の任務懈怠に係る損害賠償請求訴訟の訴状の例がその典型です。

　また，請求原因ではありませんが，会社訴訟において，信義則や権利の濫用，公序良俗といった一般条項が問題になる場合に，その評価根拠事実や評価障害事実が何かを確定することに苦労する事案があることも，先ほどご説明したとおりです。その場合，私は「決定版の準備書面を書いてください」と言っていますが，評価根拠事実や評価障害事実を過不足なく主張をするよう要請するとともに，評価根拠事実，評価障害事実となる理由について説明を求めることが少なくないところです。

門口　争点等整理手続の残された問題として，その結果を文書化することについて，現在もいろいろと論じられていますが，その点について実情はいかがですか。

岩井　実際に細かく論点を調書化しているかと言うと，そのようなことはないと思います。ただ，例えば当事者，代理人と口頭で争点を確認したりとか，あるいは，尋問に入る前に，この点とこの点を中心にやるといったことで争点を確認したりすることが行われているのではないかとは思います。

大竹　単独事件においては，書面で争点を整理する必要がある事件は少ないと思います。合議の事件では，争点整理案とか主張の骨子整理案のようなものを作成しそれを争点整理の道具として使いながらさらに争点を整理し，結果としてそれが補充されて調書に添付されるということもあります。要は，事案によって争点整理の結果の確認の仕方，記録への残し方はいろいろであるということかなと思います。

▶ディベート型審理

門口　2種類の争点等整理手続の説明を受けましたが，その中のディベート型審理については，弁護士からは冷ややかな反応もあるようです。その理由を伺いますと，ディベート型審理といっても，そもそも専門的知見が不足しているに過ぎないのであって，共通の基盤がないのにディベートなどできるはずがないのではないかというものです。その辺はいかがですか。

岩井　確かに最初に共通認識をある程度構築するまでは，なかなか議論ないしディベートが難しい場面もあるかもしれません。しかし，ある程度双方が

主張立証を行い，裁判所からもいろいろな観点から問題提起をして共通の土壌ができた場合には，やはり議論をするのは有効だと思っています。

門口 ディベート型審理は，会社訴訟の専門部から提唱された方式とも言えますが，通常部に対しても推奨できるものかどうか，いかがですか。

大竹 もちろん商事部としてやってみたほうがいいのではないかと思うところがありますし，通常部においても口頭審理の重要性を意識した議論をしております。すなわち，通常部でも，私が先ほど申し上げたような3段階を念頭に置いて，当事者と議論をすることが公正かつ透明で当事者の納得感を得られる手続につながるのではないかという問題意識の下に，同様の議論をしていますので，通常訴訟においても同じような流れは定着していくのではないかと思います。

Ⅶ. 専門的知見の確保

門口 専門的知見の関係で話を進めさせていただきます。専門的知見の確保の実情，続いて専門委員の活用，鑑定書などのお話をお伺いするつもりです。まず，専門的知見の確保について，どのような工夫をされているのか教えていただけますか。

岩井 会社訴訟での専門的な知見として，企業会計とか税務の関係の知識が必要になることがあります。あるいは投資市場における諸般の知識ということで，デリバティブとかオプションに関しての知識が審理の前提として必要になることもあります。こういった専門的知見に関しては，通常は当事者から参考文献が出されたり，公認会計士や税理士といった専門家の意見書が出され，それによって裁判所も専門的知見を補充することがあります。今お話にあった専門委員や鑑定を採用することもありますが，まずは当事者から出てくる文献等を中心にした知見の取得がされています。

門口 専門性を高めるために，裁判所内で日常的な取組みをされているのですか。

大竹 そこは甚だ心もとないところではあるのですが，周辺諸科学の知見あるいはマーケットの実情などを取り上げて，裁判官の研究会，勉強会などをしています。また，当部独自でも，学者の先生方と意見交換会をするといったこともしています。さらには裁判官同士，お互いに事件を通じて知りえた

知識などを日常的に議論することで共有するということをしているというのが実情です。

▶意見書

門口　最近，弁護士の間で非常に関心を持っていることに，意見書があります。意見書の実情などについて，何かお感じになるところはありますか。

大竹　難しい問題だと思っています。こうした意見書は，位置づけとしては，学説の1つであるということになると思いますが，他方でその事件で問題となっている法律問題に焦点を当てて意見を述べるものであって，相応に参考になることがあるというのが正直な実感です。他方で，多数の意見書が提出された場合，裁判所としては出されたものにはすべて目を通しますが，数が多いからということだけで判断に影響を与えることは全くない。むしろ数の多さゆえに，辟易することもあるというのが実感です。裁判所や裁判官としては，簡にして要を得た質の高い少数の意見書がありがたいと言えようかと思います。

　そのこととは別に，意見書すべてについて言えることですが，いかなる前提事実の下で作成された意見書かということには，特に留意をしております。客観的かつ中立的な前提事実の設定がないと，意見書をお出しいただいてもその価値は極めて低いものになる。これは言うまでもないことかもしれませんが，そういう考えの下に意見書を読んでいるというのは，お話ししておきたいと思います。

▶私的鑑定書

門口　意見書に近いものとして，私的鑑定書がありますが，そのあり方や実情，さらに問題点などはいかがでしょうか。

岩井　例えば株価の事件に関しては，当事者から，この株価についてはこのような価値があるといったことについて，私的な鑑定書のような資料が提出されることがよくあります。通常の会社訴訟に関してはそこまで多くはないのですが，合議事件などでは時々私的鑑定書が出されることがあります。

大竹　例えば，株価の私的鑑定書だったとしますと，株価の算定過程及び結論がわかりやすく書いてあるものが双方から出てきた場合，なぜ結論の違い

を生むのか，算定方式が違うのか，そこに入れた数字が違うのかなどがわかれば，それぞれの算定方式の優劣についても議論ができることになります。この議論ができるということ自体が大事ですので，算定過程及び結論がわかりやすく書かれたものをお出しいただきたいと感じます。

▶専門委員

門口　専門的知見の獲得の関係で残された問題として，専門委員の活用についてお伺いします。その実情はいかがでしょうか。

岩井　まず体制面ですが，平成29年12月末現在で，東京地裁民事第8部で会社訴訟関係で依頼することのできる専門委員は，公認会計士が14名，税理士等が6名，不動産鑑定士が25名，土地家屋調査士が5名といったところです。かなり豊富に専門家を取り揃えております。ただ，これまでの専門委員の活用状況としますと，これまではさほど多く活用されてきませんでした。東京地裁の活用事例は，平成24年以降は4件にとどまっています。ただ，非訟事件手続法の制定により，法律も変わり，その中で専門委員を手続に関与させることができるようになりましたので，今後は，積極的な活用を目指すということが考えられます。また，東京地裁では大阪地裁の商事部との協議もやっていますが，聞くところでは，大阪のほうでは積極的に専門委員を活用しているという話も聞きます。今後活用が期待されるのではないかと思います。

大竹　付け加えますと，実際に迷っているのは，裁判所が鑑定を命じて鑑定料を支払う場合，例えば鑑定対象の会社の純資産額に応じて鑑定料を算出したりしますので，鑑定料が何百万円，場合によっては1千万円を超えるということもあります。その結果，もちろん精緻な鑑定書ができてくるわけですが，専門委員に関与してもらったときに専門委員に支払っているのはわずかな手当だけなのです。その手当だけでどこまで精緻な意見を聞くかというのは非常に悩ましく，専門委員の積極的な活用に踏み切れなかったというのが正直なところです。ただ，大阪では積極的に専門委員を活用しているとのことですので，局面を限りあるいは論点を絞って専門委員の意見を聞くことができないかを模索している段階です。

Ⅷ. 証拠調べ

▶証拠の申出

門口　それでは，証拠調べに入ります。証拠の申出についてはいかがですか。かつては，手持ちの証拠をドサッと提出しておけばいいといった申出がありましたが，現在ではそのようなことはないのでしょうね。

岩井　会社訴訟に限ったことではないのかもしれませんが，昔と比べると，最近は，証拠あるいは人証の絞り込みがされているのではないかなと思います。もちろん，稀に多数の関係者をすべて証拠請求するといったこともなくはないのですが。代理人のほうでかなり厳選して，しかも，尋問時間に関しても絞って申請していると感じるところはあります。

大竹　基本的には同感なのですが，ただ，中には非常に多数の人証を申請し，とても1期日では終わらないと予想される場合もあります。そういう場合こそ，先ほどの争点整理手続③の後期の段階で，早めに人証についての意向を確認し，議論を始めるようにしています。そのような議論をしているうちに，いずれ，落ち着くところに落ち着き，人証も絞られていき，尋問時間もまとまってくるというのが最近の印象です。

門口　書証の申出について，これは通常訴訟でもよく問題にされているのですが，立証趣旨は明確に書かれているのでしょうか。

岩井　立証趣旨に関しては証拠説明書で説明されているのですが，昔と比べると格段にわかりやすくなっているのではないかと思います。ただ，中には証拠説明書を見ても，結局，争点との関係で何を立証したいのかがわからないものはあるのですが。

門口　そうしますと，具体的な場面では，申出の却下というのは少ないのでしょうが，書証を絞り込むという作業はされているわけですね。

岩井　却下あるいは撤回をさせるというのはかなり限定された場面ではないかと思いますが，絞り込みはされていると思います。代理人のほうでそこはかなり気をつけて主張との関係で書証を出してくるというところはありますので，あまりにひどいという例は少ないのではないかと思います。

▶書証

門口　冒頭にも出ましたが，書証の関係で，文書提出命令あるいは文書送付嘱託について，会社訴訟上，何か特別な事情はありますか。

岩井　この点も先ほどのお話のように，例えば株価の事件であれば，公開買付等の過程で会社が入手した株価算定の資料といったものについて，原告から文書提出命令の申立てがされるということがあります。あるいは上場企業の有価証券報告書の虚偽記載が問題となった事件で，金融庁の検査報告書などについて文書提出命令が申し立てられていることも時々あります。

▶人証

門口　それでは，人証についての実情をお伺いします。先ほど，1期日に多数の証人を調べられないという実情のご紹介がありましたが，人証について，会社訴訟上の特徴は何かありますか。

大竹　先ほどと重複になるかもしれませんが，人証について，たとえ当事者が立証上の必要をあまり深く考慮せず関係人を多数人証申請しても，弁論準備手続の段階で議論することによって尋問を行う証人を適切な範囲に絞っているというのはあろうかと思います。

　もっとも，単純に絞ればいいというものでもなく，少し注意を要するものが2点ほどあると考えています。1点は株主権をめぐる訴訟です。すなわち，株主権確認の訴えでは株主権を確定するための客観的な証拠が少ない。また，名義株の主張がされることも多いため事実認定には困難を伴うところでして，必然的に人証の重要性が増すというところがあります。

　第2に，中小企業に係る会社訴訟におきましては，そもそも，書証として提出されたものをそのまま信用して事実認定をすることができない場合というのもあるように思います。例えば中小企業では，会社法所定の手続が実践されていないことがあり，証拠として提出された会計帳簿，税務申告書等が関係法令を無視した恣意的なものになっている場合もあります。このような証拠資料が提出される場合には，当事者の主張も錯綜することが多いので，事実認定に悩むことになりますが，これも人証に依拠せざるを得ない場合の例ということになろうかと思います。

IX. 事実認定

▶実情

門口 事実認定に触れられましたが，これは当事者，代理人ともに非常に関心のあるところで，事実認定がどのようにされるのかという質問をよく受けます。この辺が，裁判所のブラックボックスと言えるのでしょうが，事実認定あるいは合議の実情を教えていただけますか。

岩井 事実認定に関しては，裁判官にとって永遠のテーマというぐらいの難しいものだと思っております。実際はよく言われているとおり，争いのない事実や証拠上明らかに認められる事実を基本にして，あとは立証でどこまで認定できるかということを考えていくのだと思います。会社訴訟の場合においては，今，話にありましたように，例えば株主権の確認といった事件に関して，株主権を確定するための客観的な証拠がそもそも少ないとか，あるいは，名義株であるといった主張がされることもありますので，こういった場合には事実認定も非常に困難になることがあります。また，中小企業の事件では，そもそも会社法等の所定の手続が履践されていないということがあり，例えば株主総会，取締役会の議事録等についても，本当にそこで議論があったことをきちんと記載しているのかといった疑問が生じ，事実認定としてどう判断したらいいのか，悩ましいことがあります。

門口 ただいまの点で，「合議はどの段階でされるのか」という質問もよく受けるのですが，それはいかがですか，会社訴訟に特有の事情があるとは思いませんが。

大竹 まずは，会社訴訟の特有の合議というのはないと思います。よく行われるのは，①事件の進行について期日前に合議をする場合です。それは，各期日をどのように進行するかを中心に合議をします。②ある程度主張が出揃い，書証も提出された段階で，争点整理のための合議をしています。中期ないし後期の争点整理の段階でしょうけれども，その段階での主張整理のあり方を合議するとともに，その段階での結論の見通しがどうなるかを合議することもあります。③そして，最後は証拠調べが終わって，その結果を受けて判決内容について合議をするという場合です。必ずしも決まりがあるわけではありませんが，大きく分けてそのような合議があるのではないかと思いま

す。

▶心証

門口 これまたよく質問をされるところですが，心証がどのようにして作られていくのかということです。今おっしゃったように，それぞれのステージで心証は作り変えられていくということになりますね。

大竹 まず，それぞれのステージでその段階の心証は形成される。ただ，心証は絶えず段階的に徐々に固まっていく。特に注意をしないといけないのは，途中の段階ではまだ仮説の域を出ないということも十分ありうるので，絶えずその心証でいいのかどうかを見直しつつ，仮説の設定とその検証を繰り返しながら心証が徐々に固まっていく，高度なものになっていくということかと思います。

門口 なるほど。心証についてもう1つ伺います。弁護士会などでかなり議論されているところですが，心証の開示について，その時期とか方法，これについても会社訴訟に特別のものはないのでしょうね。実情はいかがでしょうか。

岩井 心証の開示については，確かに会社訴訟ならではということはないのですが，ただ，先ほど大竹さんからもありましたが，各段階によって心証の開示のあり方が違っているかと思います。審理の初期の段階においては心証をさほど開示しませんし，中期の段階においてはある程度，徐々に固まってきた心証に基づいて仮定的な問題提起として裁判所から示唆することがあります。証拠調べがすべて終わった段階においては裁判所の心証もかなり固まっておりますので，それを開示する，例えば和解をする前提でそういった心証を開示するといったこともあります。

X. 和解

門口 和解について，冒頭，その割合などを伺いましたが，会社訴訟における和解の難しさ，さらには和解の勧告について積極的かどうかというような側面からお話をいただけますか。

岩井 この点について，感想的なことをお話しさせていただければと思います。和解勧告については，総じて裁判官は皆，積極的に行おうとしているの

ではないかと思います。会社訴訟は複雑，困難なものですし，ステークホルダーが多々存在することもありますので，その中でまさに落ち着きの良い解決を目指すということが重要になってきます。あるいは，中小企業をめぐる多数の関連訴訟が係属している場合には，抜本的な解決をする上で和解が非常に有益になることもあります。また，当事者が法令違反状態を前提にしながら信義則や権利濫用といった根拠を展開しているような場合には，裁判所も規範と実情との間で揺れ動くときがありますので，こういった場合には，和解によって適切な解決を目指すことが望ましいと思います。そして，特に中小企業で同族会社の場合には，感情的な対立が激しいときがありますので，和解で感情のもつれを解きほぐす価値があると思います。ただ，逆にそういった対立が激しいので，なかなか和解が難しい場合もあると思います。冒頭で少し述べましたが，機関投資家などが原告になっている場合には，そもそも，裁判所の判断を求めているため，和解を望まないことがあろうかと思います。

XI. ステークホルダー

門口　事実認定，心証形成，和解，そして判決作成の段階，これらのステージにおいてステークホルダーというのは常に気にとめているのか，あるいは純粋に当事者だけのことを考えているのか。やや強引な質問ですが，感想的なもので結構ですがいかがですか。

大竹　単なる感想なのですが，合議事件では社会的に耳目を集める事件も多いため，社会や経済界への影響も考慮して慎重な判断を行っています。いわゆる判決の波及効についても視野に入れて検討を行います。そのことは，ステークホルダーを意識して判決をし，紛争解決を図っているということかと思います。先ほどご紹介しました，リハーサルを行った株主総会の決議の取消しなどの事件につきましても，その後，いろいろな所でご紹介をいただきましたが，そのような影響が出ることは，当然，想定して判決も検討させていただきました。また，上場会社で有価証券報告書の虚偽記載が問題になるような事案では，株主が多数に及ぶので，そのような株主のことも考えながら判決をする。社会に対する影響を考えて判決をするというのは会社訴訟の難しさでもあり，また，会社訴訟を担当する裁判官のやりがいでもあろうか

と思います。

岩井 よく事件で問題となるものに，経営判断原則の適用の問題があるのですが，これについては，まさに経営がどうあるべきかという点に切り込んだ判断をすることになりますので，裁判所側でもその判決の影響は気にしますし，また，その論点を検討する際に，そもそも会社の経営はどうあるべきか，保守的に固まってしまって経営をすると，結局株主や会社債権者にとっても良くないのではないかといった点まで悩ましく考えるところはあります。

訴訟手続――各論

I. 株主代表訴訟

門口 残された時間に個別の問題についてお伺いします。一般に関心のあるところでは，株主代表訴訟があります。事件数はいただいた資料（**表4**）でわかりますが，具体的な実情は，いかがでしょうか。

大竹 株主代表訴訟と言いましても，常に合議でやっているわけではありません。単独係でも一定数の株主代表訴訟を取り扱っております。また，株主代表訴訟の事案は様々であり，上場会社の取締役を被告にしたものから親族間の紛争が株主代表訴訟の形を取っているものまであります。それと，株主代表訴訟は，会社は提訴をしないけれども，株主が会社役員に対する不祥事の責任追及のためにしている訴訟ですから，会社側の被告取締役と株主である原告との間に情報の格差があることもあり，原告の主張が，総花的で平板なものにとどまることも，ある程度はやむを得ない面があろうかと思います。こういう事件では会社側の被告も抽象

**表4｜株主代表訴訟事件
年度別新受・既済事件数
一覧表**

年度	新受	既済
平成19年度	29	24
平成20年度	17	28
平成21年度	20	19
平成22年度	27	27
平成23年度	18	18
平成24年度	37	26
平成25年度	26	20
平成26年度	16	22
平成27年度	12	18
平成28年度	11	18
平成29年度	8	10
合計	221	230

的にしか答弁をしないということがあって，審理が深まらないということもよく経験するところです。

このような場合には，裁判所が積極的に釈明して当事者の訴訟活動の深化を促す，すなわち，まず原告に対し，できる限りの主張をするように促し，原告がそれに応じて誠実に主張を展開したら，被告に対し，積極否認ないし理由付否認の理由の部分を含め，十分な説明をしたらどうかと促すようなことをする事例もある。株主代表訴訟に濫用的なものが多いかというご質問をよく受けるのですが，ないとは言いませんが，必ずしも多くないという印象を持っております。

II. 公開会社の訴訟

門口　冒頭で，公開会社の訴訟で特にガバナンスなどが問われるような訴訟に触れられましたが，よく見られるのでしょうか。

岩井　ガバナンスが問われる訴訟というのはあります。合議事件ではそういった事件が時折見られますし，会社の内部統制の問題などに触れたもの，あるいは，最近は会計監査人等の責任が追及される事件も出てきているようです。

III. 非訟事件──株式価格決定申立事件

門口　会社非訟事件に入りますが，時間の関係上，その実情は，用意いただきました事件数の推移等（**表5**）に委ねたいと思います。1点伺いますが，清算人選任申立事件の数が多くなってきていることについて，どういう事情があるのでしょうか。

岩井　これについては裁判所側では理由がわからないところもあるのですが，清算人選任申立事件に関して，毎年，一定量の事件がありますので，法的倒産手続を利用する前の，裁判所に来ない段階での会社の清算というものが常時一定数あるのかと思います。

門口　さて，価格決定申立事件が最近脚光を浴びています。先ほど鑑定料に関して，問題の指摘がありましたが，株式対価型組織再編における株式買取請求などで，確かに，一方が紛争前に私的鑑定を依頼して算定書等を提出し，他方は何もしないで裁判所の鑑定などに委ねるというのでは，やや公平さに

表5 ｜ 非訟事件　事件類型別新受件数の推移　　　　　　　　　　　　　（平成29年12月31日現在）

事件類型		19	20	21	22	23	24	25	26	27	28	29
商事非訟	・検査役選任	24	23	20	13	17	25	18	18	26	24	17
	・総会招集許可	31	32	31	35	39	36	36	50	43	43	38
	・仮取締役・仮監査役	23	36	42	47	39	44	42	33	41	32	34
	・株式価格決定	28	40	69	55	41	53	72	41	40	37	41
	・端株任意売却	28	39	52	40	45	60	43	22	56	39	26
	・清算人選任	93	98	96	99	97	87	84	98	81	97	95
	・社債に関する事件	16	20	45	8	18	28	14	4	7	11	48
	・重要資料保存者選任	127	73	67	59	53	43	41	37	34	31	28
	・解散届	7	1	2	0	1	3	5	3	0	0	0
	・その他の商事非訟事件	250	261	268	271	232	272	306	208	270	200	155
	合計	627	623	692	627	582	651	661	514	598	514	482
民事非訟		5	3	16	38	30	34	23	34	37	44	50
過料		6380	4608	4743	3605	4048	3555	3502	3668	5589	5173	6197
非訟事件合計		7012	5234	5451	4270	4660	4240	4186	4216	6224	5731	6729
解散届・重要資料保存者選任・過料以外の非訟事件合計		498	552	639	606	558	639	638	508	601	527	504

※最上段の数字は年度を示す。

悖るように思われるのですが，いかがでしょう。

岩井　その点は確かに悩ましいところがあります。当事者間の攻撃防御上の対等性も考慮しなければならないのですが，実際は個人の株主が申し立てるところがありますので，なかなか自分では算定書まで準備ができない。かたや，会社側ではいろいろ情報を持っています。最終的に鑑定をする場合にあっても，では，鑑定料の負担をどのように分配するのかというのは非常に悩ましいところではあります。

大竹　気になるのは株価算定事件において，非訟事件の公益性をどこまで当事者主義で割り切っていいのかという点です。

　それとは別に，平成28年7月1日のジェイコムの最高裁決定（民集70巻6号1445頁）にもあるように，公正な手続を経て決まった株価であれば，それを尊重したらいいのではないかという流れができつつあります。それは，私的鑑定書を出してもらって，場合によっては裁判所が鑑定をするというのとは少し別の流れだと思うのです。今後，実質的に公正な手続を履践している場合に，そのようにして決まった株価を尊重するという考え方はどこまで

及ぶものなのか，また，実質的に公正な手続は何なのかということを解明するということが重要であると思います。

門口　公正な価格の算定について，言わば過去の事象としての公正な株価を確定することと将来に向かって価格を決めることは違うという考えが強かったようですが，ただいまのお話ですと，公正手続を踏んでいるかどうかという点では，同じ面があるというようにも理解できるのですが，いかがでしょうか。例えば，一方当事者が既に私的な鑑定をした上，それについて第三者意見を求めるなどの手続を踏んでいれば，私的鑑定であっても尊重してもよい場面もありうるのではないかということです。

大竹　私的鑑定を尊重するという表現が的確なのかという問題はあろうかとは思いますが，公正な手続を経て決まった価格であれば，その価格を尊重するというあり方が1つの流れとして定着しつつあることは間違いないのではないかと考えています。

Ⅳ. 商事仮処分

門口　最後に，商事仮処分について，お伺いします。これについての特徴などを教えていただけますか。

岩井　商事仮処分は重いものであるという感想がありまして，例えば事件の類型でも役員の地位を仮に定める仮処分であったりとか，職務執行停止・代行者選任といった仮処分があります（**表6**参照）。商事仮処分事件に関しては，非常に機微な事案，本案を先取りするような事案といったものもありますし，しかも，仮処分で申し立ててきているので疎明自体も不十分であるということも多いので，審理の過程で，最終的に，これでは申立ての維持が難しいということで事件が取下げで終わるということも多いと言えます。

門口　とにかく厳しく納期があることが想像されますが，迅速処理という点から，工夫されていることはありますか。

岩井　今まさにお話のありました納期については，裁判所側でも気をつけております。例えば総会の開催，新株の発行などを差し止める場合，間に合うように判断ができるように審理計画に気をつけています。また，上級審での判断との関係もありますので，その場合には当事者ともいろいろ話をしまして，上級審も含めて納期までに審理，判断が終わるように，裁判所内でも記

表6 │ 商事保全事件の概要 （平成29年12月31日現在）

事件名	新受					既済																			
						認容					却下					取下げ					和解				
	25	26	27	28	29	25	26	27	28	29	25	26	27	28	29	25	26	27	28	29	25	26	27	28	29
仮差押え	25	31	45	20	28	62	16	41	17	25	0	0	1	0	0	4	10	5	2	6	0	0	0	0	0
役員の地位を仮に定める仮処分	39	38	65	16	18	19	10	19	12	4	4	6	10	4	4	13	18	21	14	7	2	2	3	4	2
職務執行停止・代行者選任	26	24	29	24	20	1	2	1	4	3	6	2	8	7	8	15	16	22	12	8	4	2	0	0	1
帳簿閲覧謄写	7	7	6	12	17	1	0	0	2	1	3	2	1	5	7	3	1	4	10	4	0	0	0	0	1
株主総会開催禁止	11	9	8	5	6	1	0	3	0	0	2	1	1	2	2	4	6	4	2	4	4	2	0	1	0
取締役等の違法行為差止め	5	2	1	6	0		0	0	1	0	1		1	3	0	4	2	0	2	0	1	0	0	0	0
株主名簿閲覧謄写	10	2	2	4	1	2	0	0	0	0	5	0	0			2	1	0	2	0	2	1	1	0	0
新株発行差止め	6	3	1	4	1	0	0	1	2	1	2	0	0	1	2	2	0	1	1	0	2	1	0	0	0
独占禁止法24条による差止め	3	1	2	1	3	0	0	0	0	0	0	0	0	1	1	0	2	2	0	0	2	0	0	0	0
地位保全	0	0	1	5	0	0	0	0	1	0	0	0	0	0	0	0	0	1	3	0	0	0	0	1	0
議決権行使禁止	3	8	2	9	3	1	1	0	2	1	0	4	0	4	0	2	3	3	3	2	0	0	0	0	0
会計帳簿等の謄本交付	0	0	0	0	0	0	0	0	0	0	0	0	0	0	0	0	0	0	0	0	0	0	0	0	0
総会決議効力停止	0	0	0	0	0	0	0	0	0	0	0	0	0	0	0	0	0	0	0	0	0	0	0	0	0
職務執行禁止	0	0	0	1	0	0	0	0	0	0	0	0	0	0	0	0	0	0	1	0	0	0	0	0	0
新株予約権発行差止め	0	0	0	0	1	0	0	0	0	0	0	0	0	0	1	0	0	0	0	0	0	0	0	0	0
議決権行使容認	0	0	2	1	0	0	0	0	0	0	0	0	0	2	0	0	0	0	0	0	0	0	1	0	0
その他	4	23	15	20	14	2	5	3	2	4	2	8	2	2	6	1	11	9	16	3	0	2	3	0	0
合計	139	148	179	130	113	89	35	68	43	40	25	23	24	32	33	49	69	74	66	34	17	10	10	7	4

※最上段の数字は年度を示す。

録の引継ぎなどに遺漏がないよう，注意してやっているというところがあります。

大竹 私は，出光興産株式会社の新株発行の仮の差止事件を担当しましたから，審理経過だけご紹介します。

同事件は，平成29年7月4日に申立てがありました。同月3日に取締役会決議がされて，新株発行の払込期日は，同月20日から26日までのいずれ

かの日と定められたということでした。そこで，同月5日に合議決定をし，7日に第1回の審尋期日，10日に第2回の審尋期日を行って，12日までに債権者及び債務者の主張書面の提出を，14日までに最終の書面などの提出を求めまして，18日に地裁レベルを決定いたしました（金判1532号41頁）。即日，即時抗告の申立てがあり，翌19日に高裁でも決定がされて（金判1532号57頁），20日には間に合わせたというような審理経過をたどっております。この種の事件でも，常に，何をいつまでにやるのかを念頭に置き，大まかな全体の審理計画につき最初に意見交換をするということをやっています。

おわりに

門口　ありがとうございました。最後に全体を見渡して当事者に伝えたいこと，あるいは望まれることはいかがでしょうか。

岩井　商事事件というのは会社法等の専門的な知識が必要になりますし，法令の調査とか判例の調査といったものをしっかり準備した上で提訴するということが大切ではないかと思います。この点に関しては，もちろん，経済の実情等も含めれば裁判所もなかなか追いついていないところもありますので，裁判所でもその点はしっかり理解し，審理しないといけないと思います。ただ，あくまで弁論主義の下での審理ですので，まずは，その訴訟を提起する，あるいはそれを受ける当事者の側でしっかり調査等を行ってもらい，争点に対する審理が深化するような形で訴訟に臨んでもらうことが望ましいのではないかと思います。

大竹　裁判所としては，専門的知見について，場合によっては当事者から教えていただき，一生懸命勉強しつつ，現実の経済，社会の動きを踏まえた適正・妥当な紛争解決をしたいと思っています。また，的確な争点整理手続を経て，当事者が主要な争点と考える点を中心とした審理判断を目指したいとも考えております。

　そのためには裁判所と当事者が忌憚のない意見交換をして，ディベート型の審理を実現することが現時点で考えられる最も有用な方法であると考えますので，そのような審理が実現できるよう，代理人の皆様方にはぜひご協力

をいただきたいと考えています。

門口 限られた時間に盛りだくさんのお話をお伺いすることができ，非常に有意義だったと思います。本日はありがとうございました。

［2018 年 2 月 16 日収録］

司法制度改革審議会 「司法制度改革審議会意見書 ——21 世紀の日本を支える司法制度」

(2001 年)〔抜粋〕

第 2　国民的基盤の確立のための条件整備

1. 分かりやすい司法の実現

> 基本法制の改正の早期実現に期待するとともに，司法の運用もまた国民の視点に立った分かりやすいものとする配慮がなされることが望まれる。

　我が国の基本的な法令の中には，民法の一部や商法など，依然として片仮名文語体や現代社会に適応しない用語を交えたもの，枝番号や条文引用の方法が著しく煩雑で不親切なものなどがあり，法律専門家以外には容易に理解できないものとなっている。分かりやすい司法を実現するためには，司法判断の基礎となる法令（ルール）の内容自体を，国民にとって分かりやすいものとしなければならない。とりわけ基本的な法令は，広く国民や内外の利用者にとって，裁判規範としてのみならず行為規範としても，可能な限り分かりやすく，一般にも参照が容易で，予測可能性が高く，内外の社会経済情勢に即した適切なものとすべきである。国民の家庭内紛争事件に関わる人事訴訟手続法についても，また同様である。

　現在，法務省を中心にいわゆる基本法制を始めとする諸法令の改正のための法案作成作業が進められているところであるが，こうした基本法制の整備は，国会・行政を含め国を挙げて取り組むべき課題であり，当審議会としても，基本法制の改正が早期に実現されることを期待する。

　こうした法令の内容自体を分かりやすくすることに加え，司法制度及びその運用を一般の国民に分かりやすくしていくことも必要である。特に，文章が難解であるとの批判がなされる判決書については，これまでも，裁判所において分かりやすくするための工夫がなされてきたが，引き続き，国民の視点に立った検討が望まれる。また，法廷における関係者間のやり取りについても，傍聴をしている一般の国民にも理解できるような配慮がなされることが望まれる。

3. 司法に関する情報公開の推進

> 裁判所，検察庁，弁護士会における情報公開・提供を推進すべきである。

　最高裁判所，法務省及び弁護士会（日本弁護士連合会，単位弁護士会）においては，従前から，それぞれホームページを開設するなどして，各種情報を提供しているところである。さらに，本年4月1日，行政庁（検察庁を含む。）の情報公開制度が発足したことに伴い，裁判所においても，その保有する司法行政文書について，内部規定を定め，これに準じた情報の公開を行うこととした。また，日本弁護士連合会においても，業務，財務，懲戒手続，専門分野その他弁護士に関わる情報等に関する情報公開・提供の拡充について検討しているところである。

　既述のように，司法の様々な場面において国民の参加を拡充する前提としても，司法の国民に対する透明性を向上させ，説明責任を明確化することが不可欠である。このような見地から，裁判所，検察庁，弁護士会においては，情報公開・提供を引き続き推進すべきである。

> 判例情報をプライバシー等へ配慮しつつインターネット・ホームページ等を活用して全面的に公開し提供すべきである。

　裁判所においては，従来，先例的価値のある判例情報については，最高裁判所及び高等裁判所の判例集のほか，知的財産権などの特定の分野についての判例集の編集刊行を行ってきた。また，民間の判例雑誌，データベース等によっても，判例情報の提供がなされている。個々の事件の判決については，民事訴訟法上誰でも閲覧が可能であり，利害関係人については謄写も可能である。

　さらに，判例情報への国民の迅速かつ容易なアクセスを可能にするため，最高裁判所では，平成9年にホームページを開設し，現在，（ⅰ）最近の主要な最高裁判所の判決全文，（ⅱ）東京高等・地方裁判所及び大阪高等・地方裁判所を中心とした下級裁判所の知的財産権関係訴訟の判決全文を速報していることに加え，（ⅲ）過去の下級裁判所の知的財産権関係訴訟に関する裁判例をデータベースにより公開している。

　判例情報の提供により，裁判所による紛争解決の先例・基準を広く国民に示すことは，司法の国民に対する透明性を向上させ，説明責任を明確化するというにとど

まらず，紛争の予防・早期解決にも資するものである。

　裁判所は，判例情報，訴訟の進行に関する情報を含む司法全般に関する情報の公開を推進していく一環として，特に判例情報については，先例的価値の乏しいものを除き，プライバシー等へ配慮しつつインターネット・ホームページ等を活用して全面的に公開し提供していくべきである。

行政訴訟

SPEAKERS

司会	門口正人	MONGUCHI Masahito
	林 俊之	HAYASHI Toshiyuki
	清水知恵子	SHIMIZU Chieko

行政訴訟への導き

　行政訴訟には，行政事件訴訟法が定める訴えの類型として，抗告訴訟，当事者訴訟，民衆訴訟，機関訴訟があり，その中心になる抗告訴訟には，処分または裁決の取消しの訴え，無効等確認の訴え，不作為の違法確認の訴えのほか，平成16年の行政事件訴訟法の改正で加えられた義務付けの訴えと差止めの訴えの5つの類型がある。

　行政訴訟は，従来から，個別具体的な権利を救済するものであるとしても，その判断に高い公益性を求められ，行政実務に与える影響が大きく，それだけに世間からも注目され，その上に，訴訟の入口の段階で訴えの利益など訴訟要件の存否が争いになったり，先例がない分野において，法令の解釈が争われることが多く，その処理において容易ではないことが指摘されていた。さらに，最近の事件の特徴として，**第1**に，国民の権利意識の高まりとともに，各種行政手続などの改正に伴い，事件数が増加していること，**第2**に，社会保障関係などの分野において，新たな種別の事件が現れてきていること，**第3**に，地方公共団体の政策に関わる事件や情報公開訴訟，そのほか退去強制などの外国人関係事件など困難な事件が係属していること，**第4**に，企業の複雑な経済活動や海外取引に絡んで，事件規模が大きくなり，国際的になっていることなどが指摘される。

　審理の進行についてみると，**第1**に，訴状の段階では，訴訟要件の充足とともに訴訟類型の選択が重要である。行政訴訟には，出訴期間，処分性，原告適格，狭義の訴えの利益など訴訟要件が問題になる事案が多い。そのため，裁判所にあっても，訴状の点検にあたっては，当事者の意図と訴訟類型の選択に誤りがないかどうかも含めて不備がある場合には，積極的に補正の検討を促すことがある。**第2**に，計画審理については，必要に応じて次回期日の内容や進行を確認し，審理の流れを伝えるなどの工夫がされている。**第3**に，争点等の整理に関しては，原告から違法事由が示され，被告から処分の適法性が主張されることによって，自ずと争点が絞られてくるが，裁判所としても，手続を主導して，当事者双方が共通認識に立てるように口頭による意見交換を図るなどの役割を果たしている。この場合において，裁判所から，必要に応じ，当事者に対して，主張の要約書面の提出を求めることもあってよい。**第4**に，争点が明確にされるや，証人を集中して連続して調べ，集中審理が果たされる。

　当事者においても，**第1**に，事前準備として，特に新規な紛争については，関係

法規の探索はもとより，必要に応じて専門家の意見を聴くなどしておくべきである。各行政機関において，通達，要綱等が公開されているので，これらの情報はもとより，裁判例や文献をあらかじめ検討しておくことが求められる。事前の証拠収集の努力も惜しむべきではない。**第2**に，訴え提起の段階では，訴訟要件の充足とともに，訴訟類型の選択が重要になってくる。処分の根拠規定はもちろん，新旧法令の適用関係を検討し，各種通達等も参照分析しておかなければならない。**第3**に，訴訟の追行にあたっては，行政事件が他の同種事件や行政実務に影響を与えること，ひいては高い公益性を有していることも考慮して，当事者双方において，事案を解明するために協働する意識で，主張・立証に努めることが求められる。複数の代理人が関与する場合には，意思疎通を図り，役割分担を図ることも期待される。**第4**に，準備書面においては，事実に関する事項と法律論にわたる事項を分けて記載することを心がけ，事実の提示については，争点に関連する事実を厳しく選択し，特に規範的要件の当てはめに関して，重要な間接事実を提示することが必要である。主張については，必要に応じて要約書面を提出するなどして，裁判所の理解を求める努力をすべきである。**第5**に，証拠調べに関して，例えば，争点に関する条例などについては，法令の適用に係るものであっても，積極的に書証などを提示することが求められる。　　　　　　　　　　　　　　　　　　　　　　　　　　—門口正人

はじめに

門口 本日は，行政訴訟を取り上げます。行政訴訟は，1件1件が重く，あるいは世間からも非常に注目されるということで，なかなか扱いにくい面があるように思います。その上に先例がないとか，対象分野が広いということから難しいとも伺っております。

　また，行政部は，専門部として裁判所の中では古くからあると思いますが，特殊専門性とかあるいは行政との関わりということもあってか，何となく孤立した様子で，審理の側面でも他の専門部をリードするような役割を果たしえなかったような思いもしています。

　この企画は，ご案内のとおり，民事裁判が国民にとって利用しやすく，わかりやすく，頼りがいのあるものでなければいけないという司法制度改革の理念を少しでも果たしたいという思いで，裁判所あるいは裁判の見えない部分を表に出していきたいという趣旨から立てられたものです。行政訴訟については，これまでなかなかまとまった形でお話を伺うことがなかったものですから，本日は，できるだけ多くのことを語っていただければ，国民にとっても，また司法にとっても有益ではないかと考えています。

　個人的な話で恐縮ですが，私は初任のときに行政部に配属されたものですから，行政裁判にはノスタルジーを感じますが，おそらく当時とは隔世の感があるでしょうから，本日は全く素人の立場でお話をお伺いしますので，よろしくお願いします。

　今日お話しされることは，すべて個人的見解ということで承りますので，どうぞご自由にお話ししてくだされればと思います。それでは，簡単な自己紹介をお願いします。

林 東京地裁民事第2部の部総括をしている林です。東京地裁の行政部の部総括は平成28年の4月からで3年目となります。行政事件については，最高裁行政局の局付をしていたときに初めて取り組み，その後，大阪地裁の行政部や最高裁の調査官として実務を担当しました。また，最高裁行政局の課長職も経験させていただきました。行政事件については，実務と制度の両面から相応に関わってきましたので，行政事件の意義を世の中に伝えたいという気持ちも持っております。今日はどうぞよろしくお願いいたします。

清水　民事第 51 部の裁判長をしている清水です。私は，行政事件について
それほど長い経験を有しているわけではございません。初任のときに浦和地
裁の行政集中部で 2 年間，その後行政局付もやったのですけれども，本格的
には，最高裁の調査官として行政事件を担当した 4 年弱でしょうか。今の東
京地裁民事第 51 部は平成 29 年 7 月から担当しています（同部は，平成 26 年
4 月に新設されました）。今日はよろしくお願いいたします。

行政訴訟の類型

門口　はじめに，基本的な事柄を確認したいと思います。行政訴訟の訴訟類
型については，法律に掲げられていますが，特に新たに加わったものを中心
に教えていただけますか。

林　訴訟類型としては，訴えの類型と，対象分野の類型があると思いますが，
主に訴えの類型についてご紹介したいと思います。

　行政事件というのは，行政事件訴訟法が適用される事件ということになる
と思いますが，行政事件訴訟法が定める訴えの類型としては，抗告訴訟，当
事者訴訟，民衆訴訟，機関訴訟と 4 つの類型がございます。その中で中心に
なるのは抗告訴訟ということになりますが，抗告訴訟の中でさらに処分ない
しは裁決の取消しの訴え，無効等確認の訴え，不作為の違法確認の訴え，義
務付けの訴え，差止めの訴えと，大きく 5 つの類型があります。

　抗告訴訟の中では処分の取消しの訴えが最も件数が多く，その典型例とし
ては，所得税や法人税の更正処分の取消訴訟，情報公開に係る不開示決定の
取消訴訟といったものが見られます。当事者訴訟の典型例としては，国籍の
確認訴訟や租税の過誤納金の返還請求訴訟といったものが挙げられます。民
衆訴訟の典型例としては，住民訴訟が挙げられますが，広く活用され全国の
裁判所に係属しています。

　それから，新しい訴訟類型ということですが，従前，法定の抗告訴訟以外
に無名抗告訴訟というものがあるとされて，判例法理によって，その訴訟要
件等が形成されてきたわけですが，平成 16 年の行政事件訴訟法の改正で，
これまで無名抗告訴訟として挙げられたものを法定して要件を明確化した訴
訟類型があります。それが義務付けの訴えと差止めの訴えです。義務付けの

訴えの典型例としては，例えば情報公開に係る不開示決定がされた場合に，取消しの訴えとともに開示の義務付けを求める訴えを提起する事件が結構あります。差止めの訴えの例としては，建築確認の差止めとか，あるいはいろいろな施設の設置許可の差止めといったものが見られます。

事件の概況と事件処理態勢

Ⅰ. 事件数・審理期間

門口 行政訴訟といっても，いろいろな分野のものがあるということがわかりました。

それでは，事件数の趨勢とか，審理期間など事件の概況をご紹介いただけますか。

林 私から説明させていただきます。事件数の趨勢ですが，地方裁判所に提起される行政事件の新受件数は，平成元年前後は大体 1000 件程度で推移していたのですが，それ以降はだんだん増えて，先ほど紹介した改正行政事件訴訟法の平成 17 年 4 月の施行後は，年によっては若干の幅がありますが，2000 件から 2500 件程度で推移しています。

約 2.5 倍に増えているわけですが，その背景としては，国民の権利意識の高まりがあることはよく言われており，実感とも合致します。それから，情報公開の制度や行政手続の整備といった制度的な事情も，1 つの要因になっているのではないかと思います。また，国民の権利・利益の実効的な救済を目的とした行政事件訴訟法の改正の効果ももちろんありますし，その改正の理念を受けた代理人の活動や裁判所の審理運営も背景にあるのだと思います。

次に，審理期間についてですが，平成 12 年まではほぼ平均して 20 カ月を超えていましたが，その後は減少し，この 10 年ぐらいの審理期間は 14 カ月から 15 カ月の範囲で推移しています。平成 29 年の統計では平均して 15.2 カ月となっています。

Ⅱ. 事件の特徴

門口 ただいまも少し触れられましたが，最近の事件の特徴を教えていただけますか。外から見ていましても，外国人関係の事件とか，住民訴訟の新し

い形の裁判などがあるようですが，いかがでしょうか。

清水　非常にバラエティに富んだ様々な事件がありまして，例えば，運転免許の取消処分を争うものや，年金の不支給決定を争うもの，そういう個人の個別的な権利・利益が問題となるものもありますし，他方で，規模の非常に大きな，例えば上場企業が巨額の課税をされて，その課税処分を争うというようなものもあります。また，住民訴訟や都市計画事業関係など，地方公共団体の政策に関わるような事案もあります。そのほか，情報公開訴訟や，退去強制などの外国人関係もありまして，様々な事件が提起されています。

　東京地裁と全国とで，最近の特徴がどのぐらい違うかということを比較してみたのですが，社会保障関係事件に加え住民訴訟や情報公開訴訟は全国的に係属し，一定の存在感があるように思われますが，東京地裁で見ますと，これらに加え，租税事件と外国人関係事件が主要な事件類型となっていると思われます。

　租税事件については，昔から行政事件と言えば租税事件だと言うぐらい，伝統的なカテゴリーになるかと思いますが，最近は非常に新しい，難しい事件も増えていまして，海外取引ですとか，企業再編に関係するような事案も抱えています。それらの企業の複雑な経済活動に絡んで，規模的にも大きく，内容的にも理論的に難しい論点を含んでいる事件が増えているように感じます。大企業が国税当局と正面から争うというものも少なくないように思います。

Ⅲ. 事件処理態勢

門口　例えば会社訴訟のときにも見られましたが，行政訴訟においても，大企業などもレピュテーションを気にしないで，堂々と争うというような場面が多くなってきたのですね。

　さて，事件の処理態勢について伺います。事件は，裁判所法等の定めにより，地方裁判所本庁で取り扱われるわけですが，全件合議で行われるのでしょうか。

清水　合議で扱うかどうかというのは，法的には各裁判体の判断によるとされている（裁26条2項1号）わけですが，現状の取扱いとしては，東京地裁行政部では，全件を合議体によって審理しています。やはり行政事件の性質

や波及効果の大きさに鑑みると，仮にそれが，一見小さな事件に見えるような場合であっても，難しい法律問題を含んでいることもありますし，また社会に及ぼす影響も意外に大きなものがあったりもしますので，全件合議体で扱っているのが実情です。

門口　争点等整理の段階から常に合議体なのですか。

清水　はい。第1回期日の指定の段階から合議決定をしまして，最初から合議体で扱っています。

訴訟手続——総論

I. 民事訴訟一般との相違

門口　それでは，訴訟手続に入ります。まず審理上の特徴として，一般の民事訴訟とは異なる点，さらに留意すべき事項などについてお話しいただけますか。

林　民事訴訟一般と異なる点としては，訴訟要件が問題になる事案が多いということが挙げられると思います。出訴期間，処分性，原告適格，狭義の訴えの利益といった，訴訟要件が問題になる事件が多くあります。それから同じように，どのような訴訟類型をもって争うかというのが非常に重要になってくるという点が挙げられます。

　ある程度確立された訴訟，例えば租税の更正処分なら，取消訴訟で争うというのは明確になっているのですが，そうではない新しい問題が含まれている事件などでは，どういった対象を選択するのか，どういった訴訟類型を選択するのかということが非常に重要になってきます。既になされた対象としてふさわしい行政行為を把握できるものであれば，その取消訴訟が第一次的な選択肢になってくるのですが，それが困難な場合には差止訴訟や義務付け訴訟，当事者訴訟としての確認訴訟といったところが選択肢に入ってきて，その見極め，法律関係の分析が非常に重要になってきます。そして，それが，目的を達成するために適切なものであって，適法な訴えとなるようにきちんと構成されているのかが，極めて重要となります。

　もう1つは，実体面です。行政訴訟では，行政実定法の解釈が問題となる事件がメインになるわけなのですが，各種の行政法規は，民法等の基本法と

比べると，その時々の立法政策に基づいて頻繁に改正がされますので，具体的な事件で，どの改正時点の法規が適用になるのか，そして，その法規というものが，どういった立法目的で定められたのかをきちんと踏まえて，審理を進める必要があります。そういった行政法規の立法目的等につきましては，一般的なコメンタール（逐条解説書）でも触れられているものも多いので，当事者にも，そういった立法趣旨を踏まえた解釈を提示してもらうということが必須となってきます。

門口　訴訟の入口段階で守るべきことがたくさんあるということですね。

林　そうですね。訴状の段階で，どれだけ今申し上げたようなところに配慮したものができるかが，重要になってくると思います。

Ⅱ. 審理の進行

▶特徴

門口　審理は，通常どのように進んでいくのでしょうか。訴訟類型によって違うところもあろうかと思いますが，いかがでしょう。

林　行政事件の審理の進行ですが，まず訴状において原告の違法事由の主張の概略が示されて，それに対する被告の実質的な答弁によって，問題となっている処分の適法性が主張されます。そこで審理の対象の大きな枠が決まってきて，それに対する反論という形で争点が絞られて，具体的な争点ごとに必要なやり取りが順次行われていくというように流れていくのが一般ではないかと思います。

　民事訴訟一般と比較しますと，行政事件の場合は，具体的な争点については比較的明確である事件が多いと思います。ですから，初期の段階から裁判所が主導して争点を整理していくということが必要になるケースは比較的少ないと感じています。

　逆に言いますと，最初から，ある程度の材料が揃っているわけですから，被告はもちろん原告も具体的な処分の根拠規定，それから各種通達等も分析した上でアクションを起こしていく，訴えを提起していくことが求められていると言えるのではないでしょうか。

▶計画審理・集中審理

門口 行政訴訟では，訴訟類型ごとに訴訟のあり方が定着しているとも伺っていますが，計画審理・集中審理という面で，現在の状況など教えていただけますか。

林 まず，計画審理ですが，行政訴訟においても適正かつ迅速な審理の実現のために，計画的な進行を図らなければいけないということは，一般の民事訴訟と同様だと思います。

　もっとも今述べましたように，行政事件については争点が比較的明確な事案が多く，次に何をするべきかについて，原告と被告の共通の認識になっている典型的な類型の事件も多いと思います。ですから，明示的な計画審理という形で行わなくても，ある程度双方の共通認識の下に争点整理が進行していく事件が多いのではないかと感じていますが，裁判所としてもこのような進行を確実なものにするためには，やはりその時々に，必要に応じて次回期日の内容や進行を確認し，審理の大きな流れを伝えるということを各期日で工夫しているところです。争点が多くて膨大な主張が予想される事件では，次回期日だけではなくて，数期日先まで主張するべき内容を見極めて，法廷で確認していくものもあります。

　それから，行政事件の経験が豊富な代理人の中には，まず争点をリストアップして，次回期日までに何を主にやるかということを示してくれる方もいらっしゃいます。大型で多数の代理人がついているような事件で，そういう進行を積極的にしてくれる代理人がいらっしゃいますが，そのような事件を通じて，このプラクティスが承継されることを期待しています。

　集中審理ですが，争点整理を十分に行ってから人証を集中して連続して調べるということは，行政事件でも同じように励行されていると思います。

門口 期日管理については，どのように心がけていらっしゃるのですか。

林 どういった間隔で期日を進めていくかという問題だと思いますが，通常の民事事件に比べますと，期日間の間隔は長くなっていると思います。比較的シンプルな事件では次回期日まで1カ月程度で準備してもらうという形で進めるものもありますが，各期日それなりの内容，量の主張をしてもらわなければいけない事件も多く，そのような事件では行政庁との調整ですとか，複数の代理人の間の調整が必要となってきますので，必要なものであればき

ちんと時間を取って準備してもらい，例えば2カ月ですとか，事案によって
は3カ月ごとぐらいのペースで進むものもあります。一般の民事事件に比べ
ると長いという印象を持たれるかと思いますが，中身のある主張を積み重ね
ていくことができるのであれば，むしろそちらのほうが有益な訴訟の進め方
なのだと考えています。

門口 当事者も，裁判所の進行には協力的というわけですか。

林 はい。これはまた後ほど話があるかもしれませんが，概ねお願いした期
日に，お願いした内容の準備書面や書証が提出されているということは言え
ると思います。

門口 ただいまの点に関して，訴訟類型によって，特に異なるところはあり
ませんか。

林 今，取消訴訟を念頭にご紹介したのですが，義務付け訴訟や差止訴訟と
いった新しい類型の訴訟でも，基本的な留意点は同じだと思います。

　ただ，義務付け訴訟や差止訴訟というのは，まだ処分が行われていない段
階の訴訟ですから，まず原告において処分の特定や処分要件の充足といった
ところを，取消訴訟よりも，より緻密に検討した上で準備することが重要に
なってくると思います。

Ⅲ. 提訴前の準備

門口 提訴前の準備についてお伺いします。行政訴訟はかなり専門的で，し
かも実体法の解釈等についても争いがあるということですが，提訴前の準備
は行き届いているのでしょうか。

林 行政処分を争う事件としては，例えば何らかの申請が行われて，既にそ
れに対する拒否処分がされているといった事例が典型的なものとして挙げら
れるわけですが，このような場合には，事前に原告と行政庁との間でのかな
りのやり取りがあることが通常です。ですから，通常の民事事件に比べると，
かなり密度の濃い事前交渉がされていると思います。

　それから，最近は各行政機関がウェブサイト等で通達や要綱といったもの
も公開しています。また，いろいろな基準も公開されています。そういった
行政機関が公にしている情報の存在や，インターネットによって裁判例や文
献の検索が非常に容易になっていることなどからすると，事前準備のための

状況は，だいぶ整ってきていると思います。

　そういった事実や法律関係の資料が豊富にあるという状況を前提にすると，もう少し詰めた事前準備が行われ，その結果が訴状に反映されてもいいのかなという気がします。現状の事前準備は，若干，不十分なところがあるのかな，もっとやりうることがあるのかなという印象を持っています。

門口　新規の紛争などでは，参考にすべき文献がないようなことも伺いますが，代理人弁護士も専門化され，相応の準備がされているということですね。

林　弁護士のバックグラウンドが広がり，例えば，医療やITといった分野で，専門知識を有した弁護士が活躍し，十分な準備がされる領域の訴訟が増えていくのではないかと期待しています。ただ，現実には，本当に新規な紛争については，裁判所にとっても手がかりが乏しく，代理人もその分野に強い専門家の意見を聞くなどしながら試行錯誤をしているというのが実情で，そういった分野の事件では訴訟を通じて，その審理のあり方が徐々に形成されていくのかなという気がします。

Ⅳ. 訴えの提起

▶訴状の内容・留意事項

門口　ただいまも少し触れられましたが，行政訴訟では特に，訴状が審理のあり方を決める上で重要になってくるわけですが，その実情はいかがでしょうか。

清水　皆さん概ね，きちんとした訴状を書いていただいているのですが，やはり行政事件においては，第1回期日までの手続が，審理の方向性を決める初期段階でのポイントになってきまして，そうしますと，訴訟の最初の段階で適切な対象を選択しているかどうかがとても重要になってきます。行政事件が難しいと言われる原因の1つは，通常の民事事件と異なりまして，訴訟類型の選択，訴訟要件の充足というのが問題となることが多く，それだけに，そこをきちんとできるかどうかというのが，その後の審理を充実したものとしていけるかどうかの分かれ目になります。

　例えば，行政庁の一連の行為の中でどの行為を選択するかというところで，処分性がないものを対象としてしまったり，あるいは，処分性はあっても主張したい違法事由に適合しない処分を対象とするなど，取消しを求める対象

を誤ってしまうと，その後の審理もうまくいかないということになりますので，この点を誤らずに的確な対象を選べるかというところがポイントとなるかと思います。

　また，出訴期間が経過していないかどうかという点や，訴えの利益が審理の途中でなくなるようなことにならないかという点も気をつけないといけないところだと思います。

▶処分の違法事由

門口　訴えの利益あるいは抗告訴訟の処分性などについては，現時点では，判例によって考えが定着しているのでしょうか。処分の違法事由についてはいかがですか。

清水　最高裁の判例が出ているようなものについては，それを踏まえた主張がされていることが多いと思いますが，必ずしもまだ解釈が固まっていないものや，見解が分かれうるものもあります。

　処分の違法事由ですが，一般に行政事件に関しては，処分の適法性に関する立証責任は被告にあるとされていまして，そういう意味では，被告から実質的な答弁が出て，初めて争点が把握できるということになるのですが，だからといって，被告が主張するまで原告は何もしないで待っていればいいのかというと，そういうわけではありません。やはり原告が早期に，どの事項を争いの対象とするのかを明確にすることは必要です。

　行政庁が処分の基礎とした事項がすべて争われるとは限りませんので，どの事項について争っていくのかを違法事由としてきちんと主張することが重要となります。

門口　主張・立証責任に触れられましたので，後ほどお話があるかもしれませんが，ここでお伺いします。情報公開法の関係でも最高裁の判例[1]が出ましたが，主張・立証責任をめぐって争いになることもあるのでしょうか。

清水　そのようなこともあります。ただ，主張・立証責任がはっきりしていれば別ですが，それ自体に争いがあるような場合には，当事者としては，主

---

1) 最判平成 26・7・14 判時 2242 号 51 頁。

張・立証責任に関する自己の主張が採用されない場合に備えて，十分な主張・立証をしていくべきだろうと思います。

▶訴状の不備

門口　訴状の記載について，裁判所の後見的な役割について伺います。訴状の不備といってもいろいろなものがあるのでしょうが，不備に対しては，どのように対処されているのですか。

清水　訴状に不備がある場合には，第1回期日の前に口頭または書面で連絡をしまして，補正の検討を依頼することがあります。これはご本人が訴訟を提起している場合に限らず，代理人の場合でも，細かい所も含めて，補正をお願いすることはあります。

　そうやってお願いされる代理人としては，裁判所から補正を求められると，対応を迷われる方もいらっしゃるかもしれないのですが，裁判所としましては，訴えの趣旨を明確にしていただいて，原告の意図に沿った適法な訴えは何かについて代理人と共通の認識を得て，良い形にしていきたいと思っておりまして，最も適切な訴訟類型や対象は何かを念頭に置きながら補正をお願いしているところですので，裁判所からそういうアプローチがありましたら，ぜひ前向きに検討していただきたいと思います。

▶本人訴訟

門口　現在でも行政訴訟を本人が追行するということがありますか。

林　本人訴訟は一定数あります。

　通常の民事事件だと，原告側にだけ代理人が選任されている事件は一定数あって，逆の事件は少ないのですが，行政事件では，それが逆転しており，コントラストが出ています。

　裁判の迅速化に係る検証に関する報告書（平成29年7月）によると，原告側だけ代理人が選任されている事件は，行政事件では4.1％ですが，民事事件一般では37.6％です。一方，被告側だけ代理人が選任されている事件というのは，行政事件では32.5％なのですけれども，民事事件一般では3.0％となっています。

V. 準備書面

▶準備書面の実情

門口 次に主張の段階に入ります。準備書面の実情をお伺いしますが，提出期限の遵守も含めていかがですか。

林 行政事件における準備書面というのは非常に長く，長大なものとなることが多いと言えます。当事者のみならず，裁判所にとっても大変な作業が必要になります。先ほど申し上げましたように，期日間隔はある程度時間を取り，十分な主張をしてもらうという審理のやり方ですので，その内容に鑑みて，ある程度の分量が必要になるのは必然なのだと思っています。ただ，場合によっては裁判所から主張の要約書面の提出をお願いすることもあるかと思います。そのような場合には，自分の主張を，より明確にするものとして積極的に応じていただけると助かります。また，励行してくださる代理人も多いのですけれども，長文の準備書面には，目次や見出しを付けるなど工夫して，自分の主張をどっちの方向に持っていくのかがわかるような書面にしていただけると，長くてもあまり苦にならずにスッと入れます。

それから提出期限の関係ですが，期日では，次回期日の主張内容を確認した後，準備書面の提出期限はいつということを法廷で確認するのが基本です。期日の1週間程度前とすることが多いのですが，提出期限は，概ね守られているのかと思います。ただ，代理人の属人的な問題なのだと思うのですけれども，中には期日ぎりぎりになってしまうこともあります。行政事件は全件合議でやっています。単独事件であれば，もしかしたら，その日の朝一番でも読み込めるのかもしれませんが，合議事件となりますと，合議体の各構成員が読んで議論しなければならず，その時間も含めて提出期限というのを約束させていただいていますから，それはぜひ，守ってほしいと思います。

▶準備書面の内容・留意事項

門口 行政法規には行政行為の要件などかなり細かく規定されていることが多いと思いますが，それでも規範的事実の争いなどがあると伺います。その場合に間接事実の指摘あるいは取り上げ方はいかがですか。

林 準備書面で触れられるべき内容というのは，法律論に関する事項と事実

に関する事項があると思います。法律論と事実の中の主要事実についてはかなりのレベルでできていると思います。ここで問題となる間接事実の指摘や取り上げ方というのは，本当に争点になっているのは何かといったレベルでの具体的な事実がどれだけ挙げられているかということだと思います。行政事件の中でも，例えば裁量処分が問題になる場合には，どういう要素が考慮されたのかといったところは，具体的な間接事実として必要になってきます。

　また，規範的な要件，例えば，「不当な」とか「不正な」というような要件についても審査基準や要綱・要領の中で，どのような事情が検討されるのかについて行政のルールが明らかとなっているものもあり，やはり具体的な間接事実として重要になってきます。

　判例によって形成されたもの，法令が考慮要素を挙げているもの，行政規則で挙げられているものなど，間接事実を指摘する場合には，それらのどの要素にあたるのかというのを明示して指摘していくことが必要なのだと思います。間接事実はそれなりに指摘されているとは思うのですけれども，判例，法令，行政規則等が挙げているどの要素に該当するのか，その関係を明確にして主張していただければ，より良くなると思います。

門口　行政分野でも，いわゆるソフトローが重要な役割を果たすこともあるわけですね。その場合に，当事者も，その分野をかなりフォローしてきているのでしょうか。

林　行政規則の外部化ということも言われていますし，少なくとも通達や要綱についてはウェブサイト等で公開されていますので，行政事件の経験が豊富な代理人は，行政規則の内容についてもかなりフォローしています。裁判所としても，批判的な検討が必要な場合もありますが，無視することはできず，重視していると思います。

Ⅵ. 争点等整理手続

▶口頭弁論・弁論準備

門口　争点等整理手続についてお伺いします。争点の確定は，弁論準備手続で行われるのか，あるいはすべて口頭弁論で行われるのでしょうか。

林　基本的には口頭弁論で行う事件が多いと思います。先ほど申し上げましたように，ある程度争点が明確な事件が多いという事情に加え，公益に関わ

る事件も多く，当事者以外のその事件に関心を持っている方も多いので，ある程度公開の場でやる必要もあるのだと思います。

　ただ，中には，膝を付き合わせて争点整理をしたほうがいい事件，具体的には住民訴訟で財務会計行為の特定や違法事由の整理が複雑かつ困難な事件や，情報公開訴訟で対象文書の量が多くて，それを逐一整理していかなければいけない事件などは，弁論準備になじむ類型なので，そういう事件では弁論準備手続で争点整理を進めるものもあります。裁判体によって使い方の幅はだいぶあるとは思いますが，必要に応じて柔軟に使われていると思います。

門口　口頭弁論で行うとしますと，当事者とのコミュニケーションを図るのに難しくありませんか。

林　私は，法廷で代理人と若干のやり取りをして，準備事項をお願いした上で次回期日を迎えるようにしています。基本的にはお願いした趣旨を正しく捉えた上で，必要な事項が主張されていると思います。先ほど申し上げた住民訴訟などで原告・被告・裁判所三者の考えがなかなか噛み合わない事件などは弁論準備でやっています。

▶釈明

門口　確かに通常訴訟とは異なって，争点は早いうちに決まる部分がありますから，後見的に裁判所が関与したり，当事者間でやり合うという場面は少ないのかもしれませんね。その関係でお尋ねしますが，裁判所側が釈明や釈明処分をせざるを得ないというような状況はそれほどないのでしょうか。

林　まず訴状，答弁書，第1準備書面で当事者間のやり取りがされて，そこから先は，裁判所が足りないと思ったところ，疑問に思ったところを積極的に釈明をしていくことになると思います。基本的にはそれに正しく対応してくれていると思います。

　改正行政事件訴訟法で，釈明処分の特則（行訴23条の2）が置かれました。実際には釈明処分をするまでもなく，被告側にこの点はどうなのですかと主張を促せば，必要な資料も含めて対応がなされるという状況だと思います。

門口　口頭弁論期日の実情に関して，付け加えられることは何かありますか。

清水　特段付け加えるというほどのことではないのですけれども，やはり先ほどからお話にもありましたように，行政事件では法令の解釈に関する議論

が多いので，どうしても書面の比重が大きくなります。それでも，口頭弁論の場で，裁判所から，あるいは当事者のほうから，疑問点や，このような解釈が考えられるのではないかという点を口頭で指摘するというのはよくあります。ただ，質問を受けた側で，これはこういうことですと説明できるようなものであればその場で議論もできるのですけれども，複雑な論点となりますとなかなかそうもいかないので，その点については検討して書面で回答しますというような場面が多くなります。それは，事件の性質上やむを得ないところがあるのかと思います。

　ただ，そういう形であっても，口頭でやり取りをすることによって，次の書面を作成するときに，どんな方向性で，どういう点に重点を置いてやっていったらいいのかを明らかにしていくことになりますので，そういう意味で有意義であると思います。

▶予備的請求

門口　請求あるいは請求原因の捉え方について，かつては当事者が決められないというような状況があって，予備的請求の趣旨あるいは予備請求の原因がいくつも立てられることがあったように思いますが，争点整理の段階でそのような状況は防がれているということでしょうか。

林　そのような状況になり当事者の主張が迷走するようなことはあまりないと思います。予備的主張がされる場合としては，ある法的な問題についていずれの見解を採るかということで主張すべき事項が分かれてくるようなケースがあると思うのです。このような場合には，裁判所としていずれの見解を採用するのかを示した上で，それを前提に主張をしてくださいということを申し上げることがあります。ただ，当事者として他の解釈を採るべきだとの強い意見があれば，予備的な主張として残ることもあります。

　他方，まだ見解が決まっていないような論点で主張すべき事項が分かれていくようなときには，地裁だけではなくて上級審でどういう判断になるのかも不確定なところがありますので，そういうときには，無駄になるかもしれないけれども，幅広に予備的な主張を検討するように，求めることもないわけではありません。このような予備的な主張は，むしろ積極的な意味があるように思います。

▶政策判断に関わる訴訟の弁論

門口 先ほど，住民訴訟等については，地方公共団体の政策等に関わる場合があるというようにお伺いしましたが，そのような趣旨の争いでは，口頭弁論が熱くなって，法廷が騒然とするような場面もあるのでしょうね。

林 あります。政策判断についてシビアな意見を持っている原告であれば，当然そこは法廷でも主張され，口頭でも補充されることもありますので，案件によってはヒートアップします。議論を戦わせることは必要なことでもありますから，法廷の秩序を維持しつつ，十分に議論してもらえるよう審理を進めるのが，裁判所に期待されるところだと思います。神経を使うところですが，当事者や代理人もそのことは理解されており，最終的には冷静に対応していただいていると思います。

門口 そのような苦労は，あらゆる訴訟にも，またいつの時代にもあるのでしょうが，裁判ではすべての事件を平等に扱わなければいけないものですから，ある意味で特殊，特別な事件であっても，それだけを丁寧にというわけにもいかない難しさがありますね。

清水 小さな事件でも丁寧にとは心がけています。大きな事件も難しければ，小さな事件にも難しい点はあるというのが行政事件だと思います。

Ⅶ. 証拠調べ

▶特徴

門口 それでは，証拠調べについてお尋ねします。証拠調べの実情は，いかがですか。まず概括的なところを教えてください。

清水 行政事件の場合は書証が中心になることが多いのですけれども，主要な書証は適時に適切なものが出されていると思います。処分に至る経過に関するもののほか，法令関係の文献，例えば，六法に載っているような法令だったら条文そのものは要らないのですけれども，入手しにくいものは書証として出していただく必要があるというのは留意点です。

特に条例についてですが，現行の条例はインターネットで入手できます。しかしこれが改正されてしまうと，その改正前の条例を調べるというのは困難です。そうすると，例えば1審の段階では処分時から改正がないという場合でも，控訴審や上告審に行く間に改正されてしまって，処分当時の条例が

わからないと非常に困る事態になりますので，条例については，処分または裁決当時の条文を必ず書証として出していただきたいと思っています。

門口 先ほども主張・立証責任の関係で触れましたが，立証責任の負担をめぐって争いになるということはあるのでしょうか。例えば文書不開示決定取消訴訟では，行政機関の文書保有については原告側にあると最高裁の判例が出ましたが[2]，概ね当事者間でも共有されているのですね。

清水 やはり行政庁のほうが必要な書証を持っていることが多いので，行政庁においてまとまった，つまり処分時に集めた資料などがあって，処分の基礎となったようなものは行政庁側からまとめて出してもらうことが多いと思います。原告のほうとしても，それ以外に持っているものがあれば，自ら積極的に提出することも少なくありません。

　書証をどちらが出すかということで争いになることは，私の経験ではあまり多くないと思います。

▶文書提出命令

門口 証拠の申出に関しては，ただいま日弁連でも議論されていますが，文書提出命令や文書送付嘱託，あるいは当事者照会などは，行政訴訟でもよく使われるのですか。

清水 はい。文書提出命令については，必要に応じて活用されていると思います。ただ，ものによっては事前に情報公開請求などをして，そこで公文書の開示を受けて提出することもあります。文書提出命令の申立ては頻度が多いかというと，そこまでは言えないと思います。また申立てがされた場合でも，被告から任意に提出されることもあります。

▶人証

門口 証拠調べの最後に，証人調べの実情について伺います。かつては租税事件などでは，必ず本人調べの申出があったようですが，最近はいかがですか。

---

2) 前掲注1)。

清水　人証については，一般の民事事件と比べると，そもそも申出自体が少ないと言えます。外形的な事実関係に争いがなく，専ら評価や法令の解釈が問題となるという事案も少なくないものですから，そのようなケースでは人証調べは必要ないということになります。もちろん，事実関係が争いとなっている事案もありますので，必要なものについてはきちんと証拠調べをするようにしています。

門口　行政事件訴訟法には「職権証拠調べ」が規定されていますが，実際に例はありますか。

清水　私の経験ではありません。他の方に伺っても，そういう例はあまりないようです。

訴訟手続──各論

門口　残された時間で特定の訴訟類型についてお伺いします。冒頭にもお話がありましたが，最近の特徴として社会保障関係訴訟，それから法律改正もあった住民訴訟，この2つに絞ってお聞きします。まず社会保障関係訴訟について，その実情なり，その訴訟がどのように進んでいくのかという点を含めてお話しいただけますか。

I. 社会保障関係訴訟

林　事件の特徴のところでもご紹介したように，社会保障関係については事件数が増加していると実感しています。保障水準の切下げをめぐる集団訴訟なども全国で係属しております。そういう訴訟以外にも個々の具体的な事案，障害年金とか生活保護といった具体的な事案に関する訴訟も増えているように思われます。

　実情を付け加えると，先ほど本人訴訟の話がありましたけれども，社会保障関係訴訟は本人訴訟が比較的多いという感触を持っています。社会保障関係訴訟の原告は，何らかの問題を抱えている社会的な弱者の方が多い中で，さらに本人訴訟が多いということになると，ここは代理人としての活躍すべき場が随分ある領域なのかと思っております。

　また，社会保障関係の法律関係は非常に複雑なものとなっています。様々

な規定の解釈が問題となりますが，法律だけではなくて政令，省令，通達といった委任関係や数次の改正の新旧法令の適用関係の読み解きが必要になり，その上で法律レベルの抽象的な定めを具体化した通達や要綱の理解，検討が求められる非常に難しい事件なのだと思います。

　これに加え，行政規則に基づき行われている実務が，法令の趣旨から見て本当に正しいのか，批判的な視点を持ちながら，自分の法律的な主張を展開していかなければいけません。

　それから行政事件の特徴として，人証は少ないと申し上げたのですけれども，社会保障関係事件は，行政事件の中では具体的な事実関係が争点となることが多い類型です。障害等級の認定では医学的な事実の確定・認定とか評価，生活保護では原告の資力がどうなのかという具体的な事実関係が問題になります。そういう意味で法律論と事実認定の双方が問題となってくる事件類型だと思います。

門口　行政庁の行為として自ずと広がりがありますから，1つの事件における判断が拡散せざるを得ないわけですね。行政訴訟一般に言えることでしょうが，今ご指摘の保障水準の切下げをめぐる集団訴訟のような場合に，特別な扱い，例えば，1つの庁に事件を集約，併合させるというようなことはあるのですか。

林　それはしていません。各地の裁判所に並行して係属しています。最終的には上級審で統一されていくのだと思いますけれども，いろいろな裁判体の判断を通じてより良い司法判断が形成されていくのだと思います。

門口　行政訴訟は1件が重いと言われますが，このような集団訴訟などを見ますと，余計にそういうことを感じられますね。

林　そうですね。

II. 住民訴訟

門口　続いて住民訴訟についてお尋ねします。特に平成14年の地方自治法改正前後で，何か違いがあるのかどうかも含めてお話しいただけますか。

清水　住民訴訟については，地方自治法の非常に限られた条文で規定されていますので，その条文を見ただけではよくわからない面があります。他方で，財務会計行為や監査請求期間など住民訴訟に特有の概念があり，そういうも

のについては判例法理で形成されてきた部分が大きく，各判例を踏まえて検討されていないと，なかなか難しい面があります。提訴する前に十分な検討が必要な類型の訴訟かと思います。

林 平成 14 年改正前のいわゆる 4 号請求は，住民が地方公共団体に代位して，当該職員や相手方に対して直接請求する形をとっていましたが，改正後は，地方公共団体の執行機関や職員に対して，当該職員や相手方に請求等することを求める形となりました。訴訟の構造としては変わったわけなのですけれども，具体的に審理すべき内容が変わったということではありません。ただ，執行機関が被告として正面から対応することになり，その説明責任がより強く求められることとなったとは言えると思います。

門口 住民訴訟にも多数の判例が出ていますから，大体のことは定着してきているのでしょうが，地域密着度が高いだけに，ここでも当事者の応酬でかなりヒートアップする場面もあるのでしょうね。

清水 ヒートアップする場面は，ときどき見られます。

おわりに

門口 ありがとうございました。時間があれば他にもいろいろお伺いしたいのですが，ここで，裁判所として心がけていることをお話しいただけますか。行政事件の判決が出る度に，司法は行政に追随しているというような批判が聞かれることがあります。そのようなことは決してないと思うのですが，裁判所として事件に向き合う姿勢などを教えていただけますか。

林 行政手続と司法手続の違いというのがあると思うのです。行政手続というのは，行政の不服申立手続も含めて，大量の案件を迅速に，公平に確実的に処理するという面が強いと思います。

一方，裁判手続というのは，あくまでもコスト，時間はかけても具体的な個別の原告の権利を救済するための手続だと思います。ただし，ここで具体的な権利の救済を目指すというのはケース・バイ・ケースでやっていいというわけではなくて，社会的な影響も踏まえながら，本来あるべき解決を目指すということであり，それが司法の役割なのだと思います。それは常に心がけているところです。

また，法律自体は，いろいろな利害調整の上で成立したものであり，いろいろな要素が組み合わさったものです。その法律が当初想定していなかった事態が起こったり，あるいは当初法律が予定していたこととは違うような運用がされるようになり問題が発生することがあります。司法は，そういう問題が発生したときに，本来法律が目指したところは何なのか，法律だけではなくて社会情勢とかいろいろな要素を考えた上で，真剣に検討して実現する場なのだと考えています。

　そのためには，当事者や代理人と，いろいろな考慮すべき事項を挙げて，十分検討して議論を尽くすことが前提となります。本日，いろいろ代理人にお願いしたい事項とか，訴状や準備書面の問題点といったところを申し上げたのも，最終的にはここにつながっていくのだと思います。

門口　それでは最後に，特に当事者に望まれるようなことがあれば，お願いします。

林　訴訟一般について言えるのかもしれませんが，行政事件というのは関係法令，それから行政実務，判例といったところをきちんと押さえた主張・立証を心がけることが，より強く求められる類型なのだと思っています。その点を意識してほしいと思います。

　また，本日の話でも何回か出ましたが，行政事件は，他の同種事件，行政実務に与える影響が大きくて，個別具体的な権利を救済するために訴訟があるとしても，同時に非常に高い公益性を有している事案が多いと言えます。ですから，原告側も被告側も，事案を解明するために積極的に主張・立証をすること，主張・立証責任という話もありましたけれども，むしろ両当事者が協力して事案を解明していくことを意識してほしいと思います。

　それから弁護士に期待される役割についてですが，先ほども少し申し上げましたけれども，本人訴訟が一定の割合であり，非常にもっともな主張がされる事件も多数あります。いろいろな条件があって難しい面もあるのでしょうけれども，弁護士が活躍する余地は多いのではないでしょうか。また，本日のテーマからは少し離れるかもしれませんが，弁護士が関与する時期についても，訴訟の前の行政手続，不服審査の手続といった段階から関与していくメリットが考慮されてもいいように思います。弁護士の活動として，行政事件についても紛争の予防的な面が注目されてもいいのではないでしょうか。

行政事件ではどうしても原告と行政機関は対立関係にあるという構図となってしまいますが，訴訟の前の段階では，行政機関というのは住民や市民の困っていることに対するサービスを提供する者であることは間違いないのであり，原告側として，むしろ行政機関を利用する，協働するというような発想があってもいいと思います。

門口　どうもありがとうございました。

［2018 年 8 月 27 日収録］

労働訴訟

SPEAKERS

司会	門口正人	MONGUCHI Masahito
	江原健志	EBARA Kenji
	西村康一郎	NISHIMURA Koichiro

労働訴訟への導き

　労働訴訟には，労働契約上の地位の確認の請求，労働契約に基づく賃金等の請求などの民事訴訟事件，労災給付不支給処分や労働委員会の救済命令等の取消しの請求などの行政訴訟事件，そのほか争議行為等の労働組合に関連する訴訟などがある。また，労働審判では，労働契約の存否その他の労働関係に関する個別労働関係民事紛争が対象とされている。

　労働訴訟を取り巻く法律の状況を見ると，平成18年に労働審判制度が導入され，平成19年に労働契約法が成立し，その後もいくつかの重要な法改正がみられた。社会に目を転じると，働き方改革が唱えられて，ジェンダー問題，あるいは各種ハラスメント事件も注目され，IT関係あるいは金融関係等の専門性の高い企業や外資系企業などの増加に伴い，伝統的な雇用管理のあり方や企業理念が問われ，裁判分野でも，高齢者や障害者の雇用に関する紛争，有期雇用における不合理な労働条件の相違の禁止に関する紛争，有期雇用の雇止めに関する紛争，各種のハラスメントに関する紛争，長時間労働等による過労をめぐる事件などが現れて，新規の難しい判断を迫られることが指摘されている。

　審理においては，様々な工夫が試みられているという。第1に，訴状審査段階において，典型的な訴訟について，「補正依頼書」や「事務連絡書」と題するフォームを用意し，項目ごとに補正を促すこと，第2に，計画審理に関して，早い段階でおよその工程を当事者に伝え，主張等の整理に要する期間について認識を共有すること，第3に，裁判所と当事者の間で口頭による議論が交わされ，それによって争点を明確にすること，第4に，裁判所から，手続の節目において，積極的に暫定的な心証を示して，和解の勧告を含む方向性を示して進行管理を図ること，第5に，証拠調べにおいて，労働者側から，手持ちの情報が少ないために，多くの求釈明や多数の人証申請がされることがあるが，それを避けるために，立証を要する事実を絞り込むこと，第6に，裁判体においては，争点整理，証拠調べ，終結前の各ステージにおいて，十分な合議を尽くすことなどが指摘されている。

　当事者においてすべきこととして，第1に，提訴前の準備として，あらかじめ就業規則や賃金規程を検討しておくことはもとより，事案の内容や背景事情を把握して裁判所の理解を促すためにも，実務に関する各種文献等を参照し，関係者からの事情聴取や証拠収集に努めること，第2に，労働紛争を解決するための手続には，訴訟，労働審判，民事保全のほか，簡易裁判所における少額訴訟，民事調停がある

が，これらの中から事案に応じた適切な手続の選択をすること，**第3**に，訴状の作成においては，前記の「補正依頼書」のフォームを参照して的確に記載すること，準備書面の作成にあたっては，要件事実と背景事情を峻別して記載し，特に，規範的要件の当てはめに関する争いにあっては，重要な間接事実を摘示すること，**第4**に，弁論準備手続において，あらかじめ相応の準備をしておいて，積極的に口頭により議論に参加すること，**第5**に，証拠調べに関して，ベストエビデンスの申出を心がけること，などが挙げられる。

　労働審判について特記すれば，原則として3回以内の期日での解決を目指すことを目的としていることから，事前交渉の手続が励行されることが要請され，第1回の審判期日から，充実した主張が応酬され，自ずと争点が明確になることが求められる。そのため，申立書，答弁書で，予想される争点，当該争点に関する重要な事実，当事者間においてされた交渉その他の申立てに至る経緯の概要を記載することが要求されているので，それを怠らないようにしなければならない。このことが，事後の審尋にも寄与することになり，調停に向けての足がかりにもなりうる。

—門口正人

はじめに

門口 本日は労働訴訟を取り上げます。労働訴訟を取り巻く法律の状況を見ますと，平成18年に労働審判制度が導入され，平成19年に労働契約法が成立しました。その後もいくつかの重要な法改正がありました。社会に目を転じますと，働き方改革が唱えられて，ジェンダー問題，あるいは各種ハラスメント事件も注目されております。裁判分野でも新たな類型の訴訟が現れてきていると伺っています。また，雇用をめぐる新しい判例も生まれているということです。このような状況を背景にして，労働訴訟の実際は大きく変容していると伺っていますので，本日は，労働訴訟の現在についてお話をお聞かせいただければ幸いです。

　毎回申し上げていますが，本日お話しいただきますことは，全く個人のご意見ということですので，ぜひ，ご自由に，闊達にお話しくだされば思います。恒例に従って簡単に自己紹介をお願いいたします。

江原 東京地方裁判所民事第36部の江原と申します。本日は，どうぞよろしくお願いいたします。私は，平成29年の8月に東京地裁の民事通常部から今の民事第36部に異動となりまして，現在，同部において労働事件を担当させていただいております。

西村 東京地方裁判所民事第19部の西村と申します。本日は，どうぞよろしくお願いいたします。私は，平成28年4月に現在の東京地方裁判所民事第19部に配属され，現在3年目になります。

労働訴訟の類型

門口 労働訴訟あるいは労働事件の概況からお尋ねします。労働訴訟の類型，併せて労働審判の類型などもご紹介いただけますか。

江原 東京地裁労働部において取り扱っております労働関係訴訟としては，労働契約上の地位の確認の請求——具体的には，解雇あるいは雇止め，休職期間満了退職の無効を理由とするものといったものがあります——，労働契約に基づく賃金の請求，時間外・休日及び深夜の割増賃金の請求，退職金の請求，解雇予告手当の請求といった民事訴訟事件のほか，労災給付不支給処

分，労働委員会の救済命令，公務員の懲戒または分限処分等の取消しの請求といった行政訴訟事件も担当しております。それから，争議行為等の労働組合活動に関連した権利関係に関する請求，労働組合等の労働者の団体の加入関係の存否，組合費の請求といったものを内容とする類型も取り扱っております。なお，安全配慮義務違反に基づく損害賠償請求を内容とする事件は，東京地裁民事部においては，労働部ではなく，通常部に配てんされております。

　また，労働審判につきましては，ご承知のとおり，労働審判法1条で，個別労働関係民事紛争，つまり労働契約の存否その他の労働関係に関する事項について個々の労働者と事業主との間に生じた民事に関する紛争が対象とされています。この個別労働関係民事紛争というのは，先ほど申し上げました民事労働訴訟にあたる類型のうちの個別的労働関係に関するものということになるかと思います。

門口　ただいまのお話を承りますと，集団的労働関係の事件よりも，むしろ個別労働関係紛争のほうが多いと言えますね。

江原　類型としては，個別的労働関係を内容とするもの，集団的労働関係を内容とするもの，いずれも従前どおり現在も取り扱っております。次に触れることになるかと存じますが，事件数の分量的には，ご指摘のとおり，個別的労働関係のほうがはるかに多いと言うことができるかと思います。

事件の概況

Ⅰ. 事件数の趨勢・審理期間

門口　事件数の趨勢などを教えていただけますか。

西村　まず，全国の概況から申し上げます。労働関係訴訟の新受件数は，リーマンショック直後の平成21年に3321件といったんピークを迎えた後に，3000件台の高止まりで推移してまいりました（**図1**）。平成27年に3390件，平成28年に3392件（**図1**），平成29年に3526件[1]と順次最多件数を更新

---

1)「平成29年度労働関係民事・行政事件の概説」曹時70巻8号（2018年）2127頁以下。

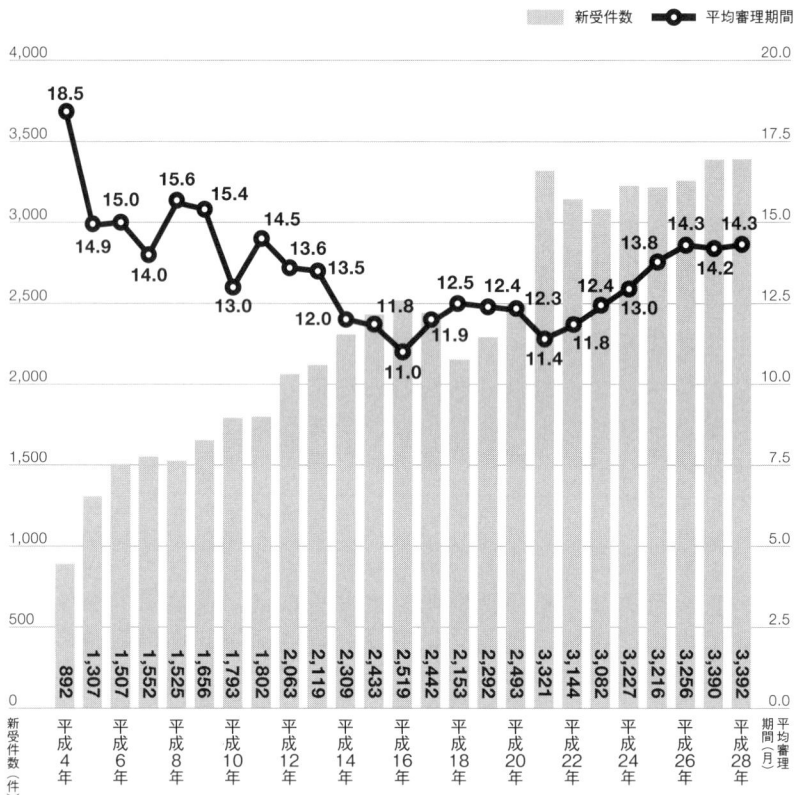

図1 ｜ 新受件数及び平均審理期間の推移（労働関係訴訟）（全国）

凡例: 新受件数 ／ 平均審理期間

※平成 16 年までの数値は, 各庁からの報告に基づくものであり, 概数である。
出典：最高裁判所事務総局「裁判の迅速化に係る検証に関する報告書（概要）」（平成 29 年 7 月）17 頁。

している状況です。このうち東京地裁労働部における民事労働訴訟の新受件
数は, 全国と同様に平成 21 年に 934 件といったんピークを迎えた後, 概ね
800 件台で推移しておりましたが, 平成 29 年には, 969 件と過去最多件数に
達しました（**図2**）。全国の労働関係事件の大体 4 分の 1 が東京地裁の労働
部に係属しているという状況です。

　続いて, 労働審判の新受事件についてです。平成 21 年以降, 概ね 3300 件
台後半から 3700 件台前半の範囲で推移しています。東京地裁労働部におい
ては, 平成 21 年に 1140 件とピークに達しました。その後, 900 件台後半か
ら 1000 件台までの範囲で推移していて（**図3**）, 高止まりと言える状況にあ

248

図2 ｜ 東京地裁 民事労働事件の推移

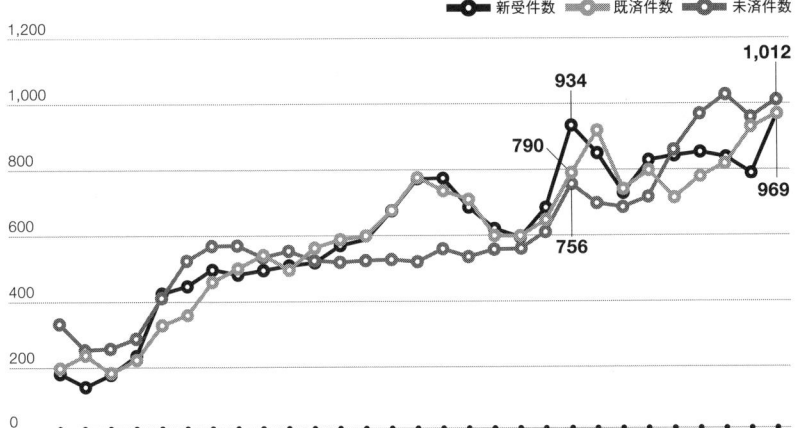

ろうかと思います。

門口 続いて審理期間や終局区分などについてご紹介をお願いします。

西村 全国の平均審理期間は，平成21年に約11.4カ月にまで減少いたしましたが（**図1**），その後漸増して平成29年には約14.7カ月となっています。終局区分としては，判決が約25.6％，和解が63.1％，取下げその他が約9.9％です。東京地裁労働部においては，民事労働訴訟に係る平均審理期間及び終局区分に関する正式な統計はありませんけれども，全国と概ね同じ傾向にあると考えられます。東京地裁でも，現場の実感として，平均審理期間の長期化傾向は否めないという指摘，これは「法曹時報」の69巻9号（2017年）2503頁以下に，毎年，東京地裁労働部の事件概況を載せておりますけれども，この辺りにも記載されているところです。

　東京地裁における労働審判の終局事由は，平成29年において，調停成立が約74.2％，審判が約14.7％，24条終了が約2.4％，取下げその他が約8.7％となっております（**図4**）。平均審理期間は，平成29年においては約77日という状況です。東京地裁労働部は終局事由及び平均審理期間も，概ね全国と同様の状況です。

図3 │ 東京地裁 労働審判事件の推移

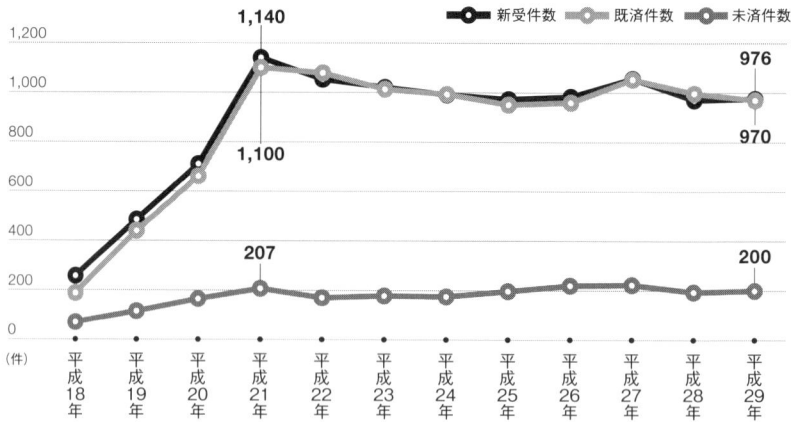

門口　審理期間は，随分短くなったのですね。ひところ，労働事件は長期未済ということで有名でしたが。

西村　全体的に，昔から見ればかなり短くなってきている状況であろうかと思われます。

Ⅱ. 事件の特徴

門口　事件の特徴としては，どのようなことが指摘できますか。

西村　訴訟として現れている労働紛争全体として見ると，集団的労使紛争が減少し，個別労働紛争が大半を占めている状況にあります。とりわけ，割増賃金請求に代表されるような金銭請求が非常に多くなっていると言えるかと思います。

　また，その中でも，ここ最近の現場の実感としては，かなり社会的に注目されるような事案が増加しているように感じられます。具体的には，高齢者や障害者の雇用が問題となる事件であるとか，労働契約法 20 条，これは平成 30 年改正前の，有期雇用における不合理な労働条件の相違の禁止の規定ですけれども，この違反が問題となる事件，あるいは労働契約法 18 条，これは無期転換ルールについての規定ですが，有期雇用に関する無期転換ルールの潜脱と疑われるような雇止めが問題となる事件等があります。また，正確な統計はないのですけれども，各種のハラスメントによる損害賠償との併

図4 ｜ 労働審判の終局事由（東京地裁）（平成 29 年）

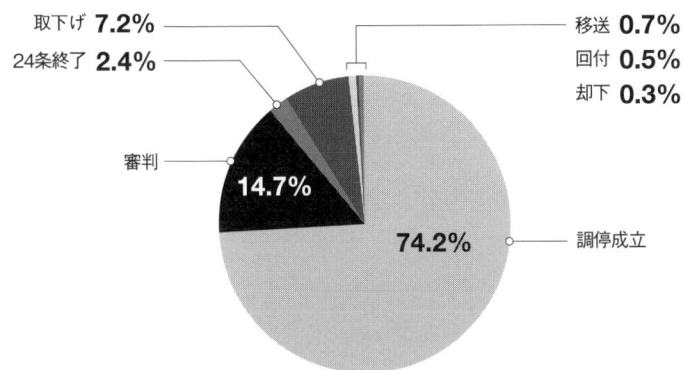

合提起の事案，各類型の複合事案が増加しています。これも，とりわけ地位確認，損害賠償として提起されるものには，かなりの割合で割増賃金・残業代の請求が含まれているという印象があります。

門口　随分新しい形態の訴訟があるような印象を受けましたが，特に新規性のあるものについて，ご紹介をお願いします。

西村　新規性のあるものとしては，先ほど申し上げましたもののうちの労働契約法 20 条の関係です。これは今申し上げましたように，有期雇用契約の労働者と無期雇用契約の労働者との間に，労働条件の相違が不合理と認められることを理由とするような賃金，あるいは損害賠償の請求といった事案ですが，これが相当数係属するようになりました。本年（平成 30 年）6 月 1 日にこれらに関連した最高裁の判決が 2 件ほど言い渡されましたが[2]，現在でも，東京地裁のほうには同種訴訟が数件係属しています。

　また，先ほど申し上げたもののうちの無期転換の関係ですが，これも平成 25 年 4 月施行の労働契約法 18 条，この規定に関し，平成 30 年 4 月以降に有期雇用から無期雇用への転換が実際上始まっていますので，これに伴って，その要件とされている 5 年超の直前にされた雇止めについて，無期雇用への

---

2) ハマキョウレックス事件最高裁判決（最判平成 30・6・1 民集 72 巻 2 号 88 頁），長澤運輸事件最高裁判決（最判平成 30・6・1 民集 72 巻 2 号 202 頁）。

転換を免れるためのものではないかといった主張などがされて，労働契約法19条に基づく地位確認の請求がされるといった事件が，複数件係属している状況です。

門口　割増賃金請求訴訟，あるいは労働契約法20条や18条の事件については，後ほどお伺いすることになるかもしれません。今承っただけでも随分労働訴訟をめぐる事情が動いているという印象を受けます。

西村　割増賃金請求の多さというのは本当に際立っているという印象を受けています。

Ⅲ. 事件処理態勢

門口　続いて，事件処理態勢についてお伺いします。労働訴訟事件の事件処理態勢は，どのようになっていますか。

江原　東京地裁の本庁においては，昭和20〜30年代から既に労働事件の担当部が存在したようですが，その後の平成13年度には，現在の3カ部態勢となったものと承知をしております。これらの担当部は，労働事件のみを担当する専門部になります。なお，東京地裁以外にも目を向けてみますと，全国の各地裁の本庁にも，労働事件の専門部や集中部が設けられている例があります。具体的には，大阪地裁には東京地裁と同様の労働事件の専門部が設けられていますし，また，横浜地裁，さいたま地裁，千葉地裁，京都地裁，神戸地裁，名古屋地裁及び福岡地裁に労働事件の集中部がそれぞれ設置されているということです。

門口　事件の割り振りといいますか，合議，単独のあり方などはいかがでしょうか。

江原　労働事件は，訴訟記録が大部にわたることが多く，また，事件の性質上，社会の耳目を引くということが少なくありません。従前は，このような事件であっても，単独体によって処理されている例が多かったと承知しておりますけれども，判断の質の向上をさらに図るために合議の強化，部の機能の活性化を進めるという観点から，かなりの件数を合議体で審理するという傾向を強めています。具体的な類型としては，複雑困難な案件はもとよりとしまして，社会の耳目を引く事件や波及効がある事件といったものを積極的に合議に付すという運用が定着してきているところです。

門口 かつては事件の受理からある程度争点が確定されるまでは，単独裁判官が担当して，その後合議に回すというような運用がされていたことがあったように伺いますが，今はそういうことはないのですか。

江原 そういうケースもないことはないと思います。ただ，現在は，合議の強化，部の活性化という，先ほど申し上げたような観点から，例えば，新件が部に配てんされますと，その新件を配てんされた日に部に所属する裁判官の全員の回覧に供します。その上で，合単の振り分けをするということをやっておりまして，第1回期日前の早い段階から合議に付すということも，かなりの割合であると言えます。

訴訟手続──総論

Ⅰ. 審理の進行・特徴

門口 いよいよ手続に入ります。手続の入口として，労働訴訟の一般的な審理の進み方を教えていただけますか。

江原 基本的には，通常の民事訴訟，他の類型の民事訴訟と異なるところはありません。一般的には，争点整理のために弁論準備手続を利用することが多いわけですけれども，労働者側の当事者数が多数に上るといった集団訴訟等においては，労働組合等の支援する団体に属する方々の傍聴との関連で，法廷での進行を希望されることがあり，その結果として，口頭弁論の形で進めるということも稀ではありません。

　審理上の特徴として常に念頭に置いているのは，労働関係訴訟では，一般の民事訴訟と比べて，規範的な要件の総合的な判断が争点となることが多いということです。また，強行法規，あるいは公法上の規制といったものの私法的効果を考慮するなどの一般民事事件とは異なる思考方法が求められていることも少なくありません。このような観点から，最新の立法の理解も含め，労働環境を取り巻く情勢や社会通念の変化等を鋭敏に察知していく必要があると考えているところです。

門口 争点等整理手続としては，弁論準備手続が一般なのですね。弁論準備手続に付されるものと，口頭弁論で行われるものの割合はどの程度でしょうか。

江原 あくまで感覚的なものですが，9割方は弁論準備によって進行しているのではないかと考えられます。

門口 わかりました。さらに，審理は具体的にどのように進むのか教えていただけますか。

江原 先ほども触れましたけれども，労働事件においては，規範的な要件の判断が問題になることが多いわけです。例えば，解雇の効力が問題になる地位確認請求訴訟においては，厳密な主張・立証責任の分配をひとまず措いて申し上げますと，まず，使用者側が解雇事由を特定するとともに，その有効性を基礎づける事実関係の主張及びその裏付け証拠を提出し，それを踏まえて，労働者側が使用者側の主張に対する認否を行い，自らの主張である解雇の無効を裏付ける主張及びその裏付け証拠を提出するというのが一般的な進行になります。その上で，適時に，和解手続が開始されるということになります。

門口 ただいま，解雇権の濫用を例示していただきましたが，訴訟の類型によって審理の進め方が異なるところはあるのでしょうか。

江原 審理の一般的な進め方については，訴訟類型によって特に異なるということはないと考えております。なお，労働審判を経た訴訟の場合，つまり，労働審判に対する異議があった場合や，労働審判法24条の規定によって労働審判手続が終了となって訴訟に移行する場合ですけれども，このような場合には，第1回目の期日から弁論準備手続に付し，早期に争点整理等に入るということがよく行われております。

Ⅱ. 提訴前の準備

門口 提訴前の準備とか，事前の当事者同士の交渉の実情などはいかがでしょうか。

西村 東京地裁労働部所属の裁判官の執筆した労働訴訟の実務に関する各種の文献というのが広く周知されているためでしょうか，労働訴訟に関する理解という面で問題が感じられるケースというのはさほど多くないように思われます。他方で，近時，必ずしも労働事件に習熟していないと考えられる代理人が増えているようにも思われるところです。これが原因かどうかはわかりませんが，提訴前の準備であるとか交渉といったものが必ずしも十分にさ

れているとは思えないようなケースも出てきているように思います。

門口 さらに伺いますが，提訴前の準備は必ずしも充実しているとは言えないのか，あるいは充実はしているが問題があるのか，いかがでしょうか。

西村 労働事件においては，就業規則の定め方いかんが争点の設定に大きく影響するということがあります。その意味において，就業規則は，基本的書証の最たるものと言うことができます。したがって，その検討は必須ですが，事前にこの就業規則の有無すら確認されていない事案も散見されるところです。また，割増賃金請求訴訟において，タイムカードの任意提出等を事前に求めないで，その有無の確認すらしていない事案も散見されます。特に，この種の類型においては，1日1日の労働時間が請求原因事実となりますので，その立証手段については，事前に十分な準備をして臨んでいただかないと，労働時間の立証をめぐって審理に無駄な時間を要することになりかねないというところがあるように思われます。

Ⅲ. 訴えの提起・訴状作成

門口 さて，提訴の準備が終わって，訴えの提起になりますが，訴状の作成についての実情，請求の趣旨や請求の原因の記載が的確かどうかも含めて，教えてください。

江原 要件事実といった面では，概ね必要な内容が記載されているのではないかという印象を受けます。ただ，事案の内容とか背景事情といったものを裁判所に理解させるといった観点から見ますと，やや物足りないという内容のものも散見されております。労働審判手続の申立書に記載する程度の記載，そういった記載があるとよいのではないかと感ずるところです。

　労働事件は，いずれも，比較的定型性が高い類型の事件です。そして，先ほども話がありましたとおり，実務に関する文献等が広く周知されておりますので，訴状審査の段階で，要件事実の記載が顕著に欠けているといったものはさほど多くはないと言うことができるかと思います。もっとも，割増賃金請求訴訟における労働時間については，1日1日の始業時刻，終業時刻，休憩時間について，具体的な時刻の主張がなく，「1日当たり2時間は時間外労働をした」といった漠然とした記載しかないという訴状も，時折ですけれども，見受けられるところです。また地位確認請求訴訟におけるバックペ

イの終期についてですが，判決の確定した日以降は，将来の給付の訴えの利益がなくなると解されておりますが，それにもかかわらず，その終期を特定しない請求が記載されていたり，あるいは給与の締め日や支払日の確認が十分でないために，遅延損害金の始期等に誤りがあるといった訴状なども，散見されるところです。こういった点は，就業規則や賃金規程を参照することにより，容易に正確な認識に至ることが多いわけですので，この意味でも，訴状の作成の段階において，就業規則等を十分に参照して検討していただくということが望まれるところです。

門口 ただいま，訴状の作成について非常に有益なご指摘がありました。読者にも役に立つところが多いと思います。さて，訴状に不備があった場合はどのように対処されているのでしょうか。労働事件についての特別なことがあれば教えてください。

江原 裁判官の指示を受けた担当の裁判所書記官において，補正の促しを行うというのが通例です。そして，記載の欠落が著しいような場合は，適宜，補正命令を発しているということです。東京地裁労働部においては，初動重視型の審理の一環として，労働関係訴訟として最も典型的な2つの類型である「解雇無効を理由とする地位確認請求訴訟」，それから「割増賃金請求訴訟」，この2つの類型について「補正依頼書」のフォームを作成し，適宜，これを訴状審査段階において利用しております。このフォームでは，項目ごとに，補正を促すことが多い点をまとめておりまして，チェックを付して当事者に送付することを想定しております。このフォームを一覧していただくことにより，訴状の作成における留意点がわかるようになっておりますので，代理人となる弁護士の皆様にはぜひご活用いただきたいと考えています。また，今申し上げました補正依頼書というのは原告側のフォームなのですけれども，被告側に向けた「事務連絡書」と題するフォームも用意しておりまして，こちらについても活用しているところです。

門口 ただいまご紹介いただいたフォームとか，あるいは事務連絡書は，一般向けに開示されているのでしょうか。

江原 先ほど，西村さんから，東京地裁労働部所属の裁判官が執筆した労働訴訟の実務に関する各種の文献というのを紹介しました。その中でも，最近出版された複数の文献には，具体的なフォームが掲記されています。

Ⅳ. 計画審理・集中審理

門口　司法制度改革で，計画審理や集中審理などが唱えられたわけですが，労働訴訟においても計画審理あるいは集中審理が実施されているのでしょうか。

西村　もちろんそういう試みを続けているところです。実際上は代理人の力量に負うところが大きいというのが実情かと思われます。一般的には，規範的要件の総合的判断が問題になる事案が多いので，当事者の一方がその評価根拠事実について主張した後に，他方当事者がその認否と評価障害事実の主張という形で反論することになります。さらに相手方の反論を見た後に，再反論するという形でさらなる新たな事情を持ち出してくるということがあって，これによって何往復も主張を重ねざるを得ないということが往々にしてあります。こういうことを踏まえますと，計画的な審理の視点を持つことが重要であると考えております。

門口　ただいま述べられたような計画審理における審理方針というのは，当事者に示されるのですか。

西村　審理方針について，労働事件においては，先ほど申し上げました規範的要件が問題となる事案において，この主張に何回ぐらいの期日を要するかという予測を立てやすいところがありますので，早い段階で裁判所が抱いているスケジュール感を当事者にお伝えすることによって，全体として，この主張整理にどれぐらいの期間を要するのかという認識を代理人らと共有するようにしております。

　ただ，裁判所が事情を把握するにつれて，和解の交渉の機運が見えやすくなるというのが労働事件の特徴でもありますので，計画審理ということにとらわれて，硬直的な運用をすることなく，当初の段階では大まかなスケジュール感を伝えるにとどまる裁判官が多いのではないかと思われます。

門口　計画審理を実行するにあたって，さらには審理の時間管理において何か工夫をされていることはありますか。

西村　労働事件においては，準備書面の量が時に膨大なものになることがあります。期日において細かくその内容に触れ出すと，どうしても時間を要することになるのが実情です。このため，弁論準備手続においては，1件当たり

30 分程度の時間をかけて，じっくりと議論をするというのが一般的な運用であると思われます。また，和解の交渉になることが予想される期日については，少なくとも 1 時間程度は確保しておくのが通例であろうかと思われます。

門口　期日の指定については，弁論準備手続も含めて，どのような実情でしょうか。

西村　当事者あるいは代理人がこの情報量の多い準備書面を用意するということになると，期日の間隔がどうしても長くなりがちという面が否めないところがあります。それで，期日の間隔を適切なものにするために，当事者，代理人と交渉することになることも少なくありません。また，代理人の数が多い事件も少なくないことから，今回は被告の主張，次回はそれを受けての原告の反論と，やるべき課題がある程度はっきりしている場合については，その性質に応じて，複数期日の一括指定をすることも多くあります。

V. 準備書面

門口　主張の応酬，準備書面の交換という段階に入ります。まず，準備書面の作成についての実情はいかがですか。

西村　事実経過を詳細に主張する場合が多いため，この準備書面も非常に大部になることが多いです。

門口　かつては，準備書面について，背景事実から書き起こすことから始まって，非常に長いものがあったようですが，現在はいかがでしょうか。

西村　中にはそういうものも散見されるというところです。

門口　先ほど規範的要件についての争いについて触れられましたが，主張・立証責任の分配，あるいは要証事実についての認識は徹底されているのでしょうか。

西村　規範的要件が問題になる事案においては，当事者のどちら側から主張してもらってもさほど変わらないという面もありますので，何が評価根拠事実で，何が評価障害事実であるかということについて，リジッドに主張・立証責任を意識していない準備書面も散見されるというのはあるかと思います。

門口　どちらが立証責任を負担するかという形で争いになることはそれほどないということですか。

西村　そういう事案もないわけではありませんけれども，事実関係をとにか

く供給していただければ，あとはこちらで判断するという形になるわけですので，他の事案に比べるとさほど多くはないのではないかという印象です。

門口　新しい判例がどんどん出てきているという状況が窺えますが，当事者は判例あるいは新しい立法の動向などをよく把握しているのでしょうか。

西村　これも代理人の力量によりけりです。一般的には，労働者側・使用者側ともにそれぞれの立場を専門的に扱っている代理人が，特に東京地裁においては多いものですから，準備書面の中に判例や裁判例や新たな法令等が引用される頻度というのはかなり高いように思われます。ただ，それぞれの立場から，やはり自分に有利だと思われるような裁判例を引用していることが多いものですから，その引用の仕方が適切でないと感じることも少なからずあります。最高裁判例の射程などを深く検討し，掘り下げてある準備書面というのは残念ながらそう多くはないように考えられます。

門口　準備書面の期限が守られているかどうかということでお伺いします。先ほど，準備書面の作成自体が難しかろうと思われる事例もあるように伺いましたが，いかがですか。

西村　労働部においても，通常部における運用と同様で，準備書面の提出期限を期日の1週間前程度の日に設定することが多いと思われます。その場合でも，提出期限が守られないということはしばしばあります。提出期限を過ぎた場合に，裁判所書記官を通じて，電話または書面，FAXによって督促をしておりますけれども，それでも提出が期日当日になるということも少なからずあるというのが実情です。

VI. 争点等整理手続

門口　続いて争点等整理手続に入ります。先ほどのご説明では，ほとんどが弁論準備手続で進行しているということですが，争点の確定について，具体的な作業などを教えていただけますか。

江原　労働事件は，比較的定型性が高いということから，当事者ないし代理人とも認識が共有しやすいという面があります。もっとも，労働事件におきましては，先ほどから出ているとおり，規範的な要件が問題となるということが多いわけですから，要証事実レベルでの争点確定については，裁判所の力量が問われることが多いのではないかと思います。争点整理の段階におき

まして，適宜，裁判所としてはこの事件の争点はこの点とこの点と考えているのだが間違いないでしょうかと，そういった具合に何度も確認をしながら煮詰めていくということが多いように感じております。

門口　訴訟の種類によっては，いわゆるディベート型審理とか言われますが，ただいまのお話ですと，裁判所と当事者間ではかなりコミュニケーションが図られているということですね。

江原　はい，そのように考えております。

門口　先ほどから，間接事実の争いになることが多いことについて話されていますが，間接事実の提示の仕方等について，何か問題を感じられることはありますか。

江原　争点整理手続におきまして，争点を，例えば解雇権濫用の有無であるとか，不当労働行為の有無，そういった感じで抽象的に確認するというだけでは意味に乏しいのではないかと思います。さらに規範的な要件を充足する具体的な事実，そこまで踏み込んだ上で，証拠調べによって確定しなければならない事実が何かという認識を共有したり，間接事実が要証事実との関係でどのような意味を持つのか，その位置づけについて，当事者ないし代理人と認識を共有するように心がけています。

　そういった中で，裁判所の考え方を暫定的な見通しという形で，口頭によって示すということも多いわけですが，なかなか裁判所の意図するところが的確に当事者に伝わらないということも多いように感じております。これは労働事件に限らないわけですが，この辺りの口頭議論のあり方については，裁判所側の課題としても考えていく必要があると思います。

門口　暫定的心証の開示について，弁護士の方々から積極的に努められたいとよく承るのですが，相当の事件において，それぞれの節目節目に，心証を示されているのでしょうか。

江原　まさに節目節目に，暫定的な心証を示して，和解なり何なりということで進めていくということだろうと思います。

門口　心証を開示するにあたって，いろいろ難しさもあるのでしょうね。

江原　ただ，そこはあくまでも暫定的心証ということですので，率直に当事者ないし代理人に対して申し上げると，現在いただいている主張・立証を前提とすればこうなるのではないかということを申し上げて，それに対して

当事者ないし代理人のほうから，そこはこうなのではないかということがあれば，それはそれで承った上で，さらに議論をしていくということではないかと思います。

門口 今のお話で，かなり丁寧な心証の開示をされているというのがよくわかりました。争点等整理手続の関係で，もう1点伺いますが，基本的な事実の確定，あるいは基本的な書証の共有という点ではいかがですか。

江原 労働事件におきましては，当事者ないし代理人と当該事案についての認識を共有することにより，和解の気運が生まれてくるということがよくありますので，「争いのない事実や書証によって認められる動かし難い事実としてはこういったものがありますね。こういった事実を前提としますと，この事案はこういうふうに見えますね。ただ，こういった別の見方もできるかもしれませんので，こういった事実が認定できるかどうかが分かれ目になりそうですね」。そういったやり取りを何度も行うというのが実情です。この意味で，労働事件におきましては，基本的な事実の確定を可能な限り詳細に行って，それに基づいて，事案に対する共通の理解をどの程度深められるかという点が，和解や争点整理の肝になるのではないかと考えております。

　また，賃金の減額に伴う差額賃金を請求するような事案におきましては，使用者の給与制度に対する理解が必須となるわけですが，こういった賃金制度や人事評価制度等については，使用者側からは十分な情報提供がされないということもありまして，裁判所側におきまして，その点の理解が十分でないと争点整理が円滑に進まないということがあります。少なくとも，賃金減額の法的根拠については，速やかに明確にしてもらう必要があると考えております。また，時間外の割増賃金を請求する事案におきましては，労働時間の立証とともに，割増賃金の基礎賃金額の算定が1つの柱になるわけですが，この算定にあたりましては，細かい点の主張・立証が必要になります。例えば，月給制の場合は，月平均の所定労働時間の算定が必要になるわけですが，その算定の前提として，1日の所定労働時間はもとよりとして，年間の所定の労働日数を算出するために，年間の所定休日も明らかにしてもらう必要があります。また，法定休日労働に対する割増賃金請求が含まれている事案におきましては，法定休日をどう考えるかという問題もあります。この辺りのテクニカルな問題については，争点整理の終盤になると忘れがちになってし

まいますので，早期の段階で確定しておくようにしています。

門口　具体的な例を挙げて教えていただきました。労働訴訟に携わる者にとって有益な情報になると思います。

　さて，そのように争点が確定されるとしても，それでもなお裁判所のほうで釈明したり，当事者が求釈明するという場面もあろうかと思いますが，その辺りの実情はいかがですか。

江原　労働事件では，手持ちの情報が少ない労働者側から，使用者側に対する求釈明がされることが多いように思います。また，このような求釈明は，裁判所にその点を意識してほしいという，当事者からのアピールという側面も大きいのではないかと考えられます。こういった求釈明は，裁判所にとっても有用な意味を持つこともありますが，いたずらに争点を拡散させるという弊害もないわけではないので，裁判所としては，他方の当事者に回答させるべき求釈明かどうかを的確に判断することが肝要ではないかと考えております。ただ，求釈明の内容によっては，その対応自体が裁判所の考え方を示唆することにもつながることがあるため，場合によっては，その時期等を含めて慎重にならざるを得ない側面があるというのも事実で，その都度，対応の難しさを痛感しているところです。

門口　ひところよく見られた当事者間の求釈明合戦といった場面は，今なおあるのでしょうか。

江原　求釈明合戦というところまで言えるかどうかはわからないのですが，求釈明の応酬になることもないではないと思います。ただ，私の個人的な印象としては，そんなに多いわけでもないのかなと思います。

門口　それもやはり当事者と裁判所とのコミュニケーションがかなり図られているからということですね。

江原　おっしゃるとおりであるとすれば，望ましいことと思います。

Ⅶ. 証拠調べ

門口　それでは，証拠関係に入ります。まず証拠調べの実情なり，傾向を教えていただけますか。

西村　規範的要件が問題になるという労働事件の性質上，ともすると総花的な立証になるという傾向があります。いたずらに多数の人証が申請されるこ

262

とも少なくありません。事案によってはやむを得ない面もあるのでしょうが，このような事態を可能な限り少なくするために，争点整理におきまして，人証をもって明らかにすべき事実を絞り込む必要性が高いものと思われます。

　また，特に，労働者側から敵性証人の申請がされることも多くありまして，こういった場合でも，争点に即した人証であれば，採用の方向で検討することもあります。ただ，そのような場合には，使用者側から証人申請を改めてしてもらい，双方申請の形にし，さらに使用者側から陳述書などを出していただいた上で，主尋問を実施してもらうなどして，円滑に尋問が実施できるようにしております。

門口　書証関係についてお尋ねしますが，メール等がたくさん申出されるといった状況は，今もよくあるのですか。

西村　メール，Facebook，LINE など，そういった書証がたくさん出てくる状況にあり，かなりその分析に苦労しているというのが実情です。

門口　その場合に，申請側において，ベストエビデンスを選択しているということは感じられますか。

西村　そこも，やはり裁判所側に全体を見てもらいたいと思うところもあるのでしょうか，とりあえず，ドサッと大部なものを出してくるということがあります。そういった場合でも，マーカーを引くなりして，適宜，見てもらいたい部分を強調していただいたり，工夫する代理人もいらっしゃいますので，そういった形でやっていただけると，こちらとしてはありがたいところです。

門口　弁護士会で，昨今，関心を持っているテーマの中に証拠の開示の問題がありますが，文書提出命令や文書送付嘱託・調査嘱託などについて実情はいかがですか。

西村　材料の少ない労働者側が文書提出命令の申立てや文書送付嘱託の申立てなどを行うケースは，かなり多く見られるところです。

門口　それについて，裁判所の判断が遅いという批判を聞くことがありますが，適宜に必要な判断をされているということになりますか。

西村　これらの申立てに対しては，相手方の意見を求め，論点を明確にして速やかに決定を行ったり，必要に応じて所持者に任意提出を求めるなどしており，ひところよりは，かなり迅速に処理しているのではないかと思っているところです。

門口　人証についてはいかがでしょうか。かつては，当事者本人はもとより，敵性証人として会社側の人を数名申し出て，大変な負担を強いられるということがあったようですが，現在は，いかがですか。

西村　今でも当事者間の対立が激しい事件におきましては，代理人間でも激しい異議の応酬がされることもあります。労働事件特有という面もありますが，支援者などが多数傍聴する事件も多くあって，必ずしも争点に直結しない事項について長時間の尋問がされるということもあります。そういった場合には，裁判所による適切な介入が必要とされることも少なくありません。

門口　法廷はいかがですか。騒然とした状況は，現在もなおあるのでしょうか。

西村　ひところよりはずっと少なくなっているのではないかと認識しております。時折といったところでしょうか。

門口　その点で訴訟指揮について難しさを感じられたり，悩まれるという場面はありますか。

西村　異議の対応というのは迅速を要しますので，こちらとしても，即時に判断しなければいけないという難しさは常々感じております。

門口　例えば，口頭弁論の期日前に当事者を集めて段取りを決めるとか，話し合うということもあるのですか。

西村　傍聴人が多い事件などでは，弁論準備に付して争点整理を行うことが難しい事情もありますので，そういった事案におきましては，適宜，進行協議期日等を併用して，弁論と並行しながら，進行協議も併せてやっていくということもあります。

Ⅷ. 事実認定

門口　それでは，事実認定についてお伺いします。先ほどのお話のように，規範的要件の争いが多いとなりますと，事実認定は非常に難しいと想像されますが，事実認定はどのようにされるのでしょうか。当事者の方々が非常に関心のあるところで，事実の認定，あるいは合議はどの段階でどのように行われるのかという質問をよく受けるのですが，いかがでしょうか。

江原　事実認定のあり方については，基本的に他の通常事件の場合と変わりはないと思います。つまり，証拠上動かし難い事実を前提として，当事者の

どちらの主張するところが自然な流れ，合理的な流れとして理解することができるかなどを中心に検討することになります。むしろ，労働事件におきましては，規範的な要件との関連で，生の事実を認定した後の評価が問題となることが多いわけです。これについては，当該業種の実情，あるいは当該使用者の内部の実情をしっかりと把握する必要があります。そのためにも，合議事件におきましては，当事者にどのような主張・立証をさせるべきか，争点整理段階，証拠調べ段階，終結前段階，それぞれの段階におきまして，随時，必要かつ十分な合議を尽くすようにしています。

門口 さらにお伺いしますが，事実認定も含めて，事件処理で悩まれる場面を具体的にお示しいただくことはできますか。

江原 東京地裁労働部におきましては，様々な業種，業態の企業に係る事案が係属しております。例えば，IT関係あるいは金融関係等の専門性の高い企業や，あるいは欧米，中国系等の外資系企業など，伝統的な日本企業とは雇用管理のあり方，あるいは企業理念が根本的に異なる企業の事案と多く遭遇するわけです。こういった企業における事案で，いかに的確に専門的な当該業種に係る知見を収集したり，その企業の考え方を把握し，どこまで評価に反映させていくのかということは常に悩ましい問題です。また，当事者の感情的な対立が非常に激しくて，客観的に見れば枝葉末節と思われるような部分に当事者がこだわってしまって，審理が容易に進まないという事案も少なくありません。適切な紛争解決のために，当事者にどこまで寄り添っていくべきか，これは大変に難しい問題ではないかと考えております。

IX. 和解

門口 もう1つ，当事者からよく出る質問に和解があります。先ほど和解率が約63％というご紹介がありましたが，当事者からの質問に，和解の勧告が裁判所からされる場合とされない場合の基準，その場合の事件の選別に根拠があるのか，当事者側から和解の勧告をお願いしていいのか，申出をすることによって不利に扱われないかというのがよくありますが，和解全般についての実情を，今のような視点からご紹介いただけますか。

西村 ご承知のとおり，労働事件におきましては，民事通常事件と比較して和解率が高いと言われております。早期に和解で解決ができるような事案で

は労働審判の申立てが選択されていることが多いと思われますので，訴訟として係属する事案というのは，労働審判において調停が成立せずに移行した事案であるとか，早期の和解が困難であるとして当初から訴訟を選択された事案が主なものということになります。したがって，一般的に早期の和解成立が困難である事案の中で，このような和解率になっているというのは，事案を見ながら審理の段階に応じて和解を試みていることの結果ではないかと考えております。

　代理人も，裁判所からの和解勧告に対して前向きに受け止めてくれることが多いものですから，証拠調べ前に和解を試みることも実際には多くあります。事案の概要をある程度つかんだ段階で，早期解決が望ましいと考えられる事案については，不確定な要素を残していることを前提とした上で，柔軟な解決を図るということもあります。証拠調べ後の和解については，相応な程度，心証開示をして，和解を試みることになるのが通常ですので，成立に至るケースも比較的多いという印象です。当事者のほうから和解を勧告してほしいというお気持ちがあるときには，代理人によっては，裁判所にわかるような形で何らかのシグナルを示してくれるような方もいらっしゃいますし，そういったやり方で，いろいろなところから，こちらとしても代理人がどう思っているのかなと日々感じ取りながら，タイミングを見計らっているのが実情です。

門口　通常訴訟でもよく質問されますが，和解の勧告を申し入れることが弱気と思われないかと危惧されることが多いのですが，いかがですか。

西村　そういった和解の勧告の申入れをされること自体で，これは不利な事案だと裁判所が受け止めることはないと思っていただいていいのではないかと思います。和解に至る経緯というのはいろいろありますので，そういう意味では安心して，和解を希望される経緯も適宜ご説明いただいたり，あるいは示唆していただければ，と思っております。したがって，何らかの形で，言いにくければ間接的な形でも結構かと思いますのでおっしゃっていただければ，こちらとしてはそれを真摯に受け止めるというところです。

X. 判決

門口　総論部分の最後に，判決についてお伺いします。判決はいわば裁判所

の説明責任を果たす最後の場面とよく言われます。労働事件の判決は特に道行きが非常に長いと言われていましたが，現在，判決の作成はどのような実情にあるのか，さらには判決を作成されるにあたって，工夫されているところなどあればお示しいただけますか。

江原 ご指摘のとおり，労働事件の判決は，往々にして長いものになりがちであると言われているのではないかと思いますが，冗長にならないように常に留意をしているところです。時系列的な事実認定をするにしても，具体的な認定事実が後の判断部分の基礎となるものかどうか，必要な認定事実かどうか，こういったことを吟味しつつ，時系列としての流れのある記載になっているかなどの読みやすさも考慮しています。また，当事者の主張に対する判断についても，その全部を拾おうとすると，どうしても冗長になりがちですので，どの部分に力点があるのか，これは争点整理の中で十分に議論して，適宜，取捨選択をして，判決書に反映させるということが肝要ではないかと考えております。

訴訟手続——各論

門口 それでは，個別の訴訟についてお伺いします。私のほうで勝手に事件を選ばせていただきました。1つ目が，冒頭にもご説明があった解雇権濫用事件，2つ目がハラスメント事件，3つ目が配置転換事件，4つ目が過労をめぐる事件，5つ目が不当労働行為事件，最後に割増賃金請求事件。これらの事件は，最近よく語られる事件で，当事者にとっても非常に関心の高いものですから，具体的にお話を賜りたいと思います。それぞれの審理の特徴とか，主張・立証のあり方などにポイントを置いてご説明いただけますか。

I. 解雇権濫用事件

門口 まず，解雇権濫用事件についていかがですか。

江原 解雇権濫用は，規範的な要件の適用が問題となる典型的な類型ではないかと思います。主張・立証が総花的にならないように，適宜，争点の確認をしつつ，それとの関連においてメリハリをつけて主張整理を行っていくということになります。特に，労働者の勤務成績の不良，能力不足を理由とす

る解雇事案においては，経緯がどうしても長くなってしまい，平板な主張になりがちです。使用者側が強調したい事実がどれなのかをメリハリをつけて主張・立証してもらうということが肝要ではないかと思います。

　また，そのような事案におきましては，使用者側の指導，あるいは警告等がされているかどうかが問題になることが多いものですから，その点に関する使用者側の主張についても，早期に行ってもらうという必要があります。通常，解雇理由については，解雇の時点で明確になっているはずのものであるため，使用者側に対して，速やかに主張・立証を行うように促しており，あまりに時間のかかる使用者に対しては，この点で手間取るということが心証的に不利に働くことがありうるのですよということを伝えて，早期の主張・立証を促すということもあります。

門口　規範的要件の適用が問題になる典型的な類型としてお伺いしましたが，先ほどもお伺いしました間接事実の摘示については当事者から的確になされているということですか。

江原　そうですね。裁判所からの釈明に対する回答も含めますと，結論的には十分な事実の摘示，主張がされることになるとは思いますが，ただいま申し上げたとおり，適時適切にやっていただいているかどうかというレベルになると，中には少し時間がかかったり，手間取ったりという事案もないではないというのが実情ではないかと思います。

門口　ひところは，戦術として，相手方の出方を窺う，あるいは双方が疑心暗鬼になって，なかなかベスト主張を出さないということがあったように伺っていますが，その点は，裁判所の訴訟指揮もあってかなり改善されてきていると伺ってよろしいでしょうか。

江原　ご指摘のとおりかと思います。裁判所の主導ということもあるのでしょうが，代理人の方々におかれましても，そういったご認識をだいぶしていただいているのではないかと思います。そういった意味で，代理人の側にも，口頭議論ということについて，それを敬遠することは，今はだんだんと少なくなってきているのではないかと思います。期日における口頭議論の結果，特に主張を後に控えるということではなくて，控えると裁判所からこれはどうなっていますかと質問していくことになりますので，それに応じて適時に適切な主張・立証がされるということではないかと思います。

Ⅱ. ハラスメント事件

門口　2つ目のハラスメント事件について，先ほどと同様の視点からご紹介いただけますか。

西村　特にパワーハラスメントが問題になる事案について指摘できるのですが，労働者側が使用者側の言動を多数摘示しまして，使用者側がその言動の存在自体を争ったり，あるいはそれが業務上の指導の範囲内であるとして争うことが多くあります。労働者側の主張・立証のあり方いかんによっては，こういった点で争点整理に多大なエネルギーを要することが多くございます。先ほども出ましたが，メールや Facebook，LINE 等の裏付け証拠によって，言動の存在自体を立証できる場合はよいのですが，そのような裏付け証拠が存在しない場合も多くて，そういった中で言動についての認否・反論を繰り返すことで，エネルギーを費やします。その中で争点が拡散して，当事者と裁判所の間で，議論しているうちに重要な争点がどこにあるのかが見えにくくなってしまうことも少なくありません。また，業務上の指導の範囲内と言えるかについては，労働者の勤務実態，勤務成績，あるいは上司との人間関係などを的確に把握しないと判断し難いということもありますので，容易に争点整理が進まないということもあります。こういった類型については，裁判所による適切な心証開示と，それに基づく主張の整理が必要であるとも考えられますが，当事者間の感情的な対立も相俟って，裁判所が心証を開示してもなかなかそれに理解を示してもらえないところもあって，三者間での共通認識ができにくいことがあります。容易に主張整理が進まない1つの類型ではあろうかと思われます。

門口　今，裁判所による適切な心証開示というご指摘がありましたが，通常訴訟のところでも触れられたのですが，裁判所が暫定的にしろ心証開示することによって，それを基にしてまた争いの種が生じて，際限がないというような懸念があるとも伺うのですが，その辺りはいかがでしょうか。

西村　はい，おっしゃるようなケースもありえますので，そういったところも踏まえまして，やはり心証開示を，どういった形で，どの程度するのかというのは非常に難しい問題であると感じております。

Ⅲ. 配置転換事件

門口 続いて，配置転換についてお伺いします。重要な判例も出ているようですが，そのことも踏まえてお話しいただけますか。

西村 配置転換の効力が問題になる事件につきましては，東亜ペイント事件最高裁判決[3]という判例がございますが，これが一定の判断枠組みを示しておりますので，それに従いまして，その配転につき，業務上の必要性があるかどうか，他の不当な動機・目的をもってされたものであるかどうか，あるいは，その労働者にとって，通常甘受すべき程度を著しく超えるような不利益を負わせるものであるかどうかといった要素を検討しながら，当該配転命令がこの権利濫用にあたるかどうかというのを判断していくことになろうかと思われます。その意味で，これも規範的要件が問題になる類型の1つということができますし，今の最高裁判決により，ある程度の要素が明示されておりますので，比較的，当事者にも主張・立証のターゲットが明確になっている類型ではないかと思われます。

Ⅳ. 過労をめぐる事件

門口 配置転換の事件については，ある程度成熟さが感じられますので，この程度にさせていただきます。

　4つ目の過労をめぐる事件ですが，安全配慮義務違反の損害賠償請求は通常部で扱われるということですが，労働部に配てんされる事件について，昨今問題になっています長時間労働等による過労をめぐる事件についてお話しいただけますか。

江原 はい。使用者の安全配慮義務違反を理由とする損害賠償請求事案につきましては，東京地裁民事部においては通常部において扱うということから，それのみで労働部に配てんされるということはありませんが，長時間労働に伴う割増賃金の請求事案などと併合提起されるということにより，労働部に配てんされるということがあります。こういった安全配慮義務違反に関する

---

3) 最判昭和 61・7・14 労判 477 号 6 頁。

事案におきましては，労働者側に安全配慮義務の内容についての主張・立証責任があるというように解されるわけですが，その義務の具体的な内容が明らかにされておらず，その特定をめぐって審理に時間を要するということがあります。過重な業務を基礎づける事実との関連で使用者の予見可能性の対象がどのようなものであるかを特定して，その上で，使用者が何をすれば傷病の発症という結果を回避することができたのかという観点から，その義務の内容を特定するということが重要ではないかと思います。

　また，過労事案につきましては，休職期間の満了により労働者が解雇されたり，退職扱いとなったという場合におきまして，労働者が休職の原因となった傷病について業務起因性があるということで，労働基準法19条により，解雇等が無効であると主張して地位確認を請求する事案ですとか，労働基準監督署長による労災給付の不支給処分の取消請求事案という形で，労働部に行政訴訟事件が係属するということがあります。

　この類型の事案におきましては，長時間労働の有無やその実態，業務の質的な過重性や強度，心理的負荷をもたらす出来事があったかどうかなどを明らかにしていく必要があります。労災給付の不支給処分の取消請求という行政訴訟でしたら，通常は行政庁が原処分及び審査請求の際の一件記録を提出することになりますので，まずはそれを参照して検討することになります。

　また民事訴訟におきましても，別途，労災申請を行っている事案であれば，当事者が一件記録を入手していれば提出してもらうということになりますし，必要に応じて，情報公開請求あるいは訴訟上の文書送付嘱託等の手続を用いまして，その一件記録を入手し，適宜，証拠として提出していただいています。また，この類型の事案におきましては，業務起因性との関係で医学的な論点が問題になるということも少なくありません。その場合は，医師の意見書の提出やそれに基づく当事者の主張に時間を要するなどして，審理が長期化するということも少なくないというのが実情です。

門口　証拠の収集については先ほどお話ししたとおり，日弁連のシンポジウムのテーマにもなり[4]弁護士会で関心が持たれているところですが，文書送

4）「民事裁判における情報・証拠収集方法の確立に向けて」（2018年9月4日）。

付嘱託について，嘱託を受けた側から拒絶されることは，労働事件において
はいかがでしょうか。

江原　労働関係訴訟では，先ほどご説明しました労基署や医療機関に対する
送付嘱託が多いのですが，対象となる文書がないという場合は別として，送付
を断られるということは，ほとんどないのではないかと思います。ただ，その
場合でも，個人情報保護の関係から，嘱託先におきましては，当該個人情報に
係る者については当該個人の承諾を取った上で裁判所に送ってくるという運
用を執っている場合が多いようでして，その関係から，時間が一定期間かかっ
てしまうため，送付を受けるのが遅くなってしまうということはございます。

門口　個人情報保護を理由に誤解に基づいて拒絶されることがあるようで，
その場合は書記官が文書送付嘱託の趣旨をよく話して，嘱託に応じてもらう
ようにしていると伺いましたが，労働部においてもそのような扱いはされて
いるのですか。

江原　結論から申し上げますと，そういった取扱いをしております。ただ，
先ほども申し上げたとおり，嘱託先において自主的に当該個人の承諾を取っ
て送ってくるというような例も少なくありませんので，そういったものであ
れば，あまりに遅延してしまうケースは別として，それはそれで問題ないと
認識しているところです。また，訴訟の当事者ないしそれに準ずる方の承諾
が問題となるのであれば，その当事者の代理人に説明をしてもらって，任意
に承諾をしてもらい，送ってもらうということも，よくあるケースです。

V. 不当労働行為事件

門口　次に，不当労働行為についてお伺いします。不当労働行為についても，
審理のあり様等はかなり成熟していると思われるのですが，以前から，労働
委員会から出てくる資料がたくさんあって大変であるということを聞きます。
いろいろ難しい点もあろうかと思いますが，いかがでしょうか。

江原　不当労働行為につきましては，労働委員会の救済命令等の取消請求事
案が行政訴訟として労働部に係属いたします。当該事案につきましては，労
働委員会におきまして，多人数にわたる人証調べ，審問を行っているという
ことが通例です。また，訴訟段階に至ってから新たな争点が提示されるとい
うこともそう多くはないため，裁判所において人証調べを行う必要がないと

いうことも多くあります。その結果として，比較的短期間で裁判所の訴訟事件は終結に至るということが多いわけです。被告である国，すなわち労働委員会側ですが，そちらからは，ご指摘にありましたとおり，大量の一件記録が提出されますので，裁判所としましては，訴訟の比較的初期の段階でその読み込みに多大な労力を要するということになります。

　また，民事訴訟の中でも，解雇の無効事由として不当労働行為が主張されるということがございます。そういった場合でも，労働委員会で救済命令等の審理が行われているという場合には，その資料を証拠として出してもらうということが考えられます。労働委員会における当事者あるいは証人の人証調べ，審問につきましては逐語の調書で残されているということが多く，時に膨大な量に及ぶということも多いわけですので，必要に応じて尋問調書の必要な箇所にマーカーを引いて提出してもらったり，必要な箇所を準備書面の中で具体的に引用してもらったりして，裁判所の理解が円滑に行うことができるように工夫をしていただいております。

門口　尋問調書などの大量の書証についてマーカーを引いてもらうというのは，なかなか良い試みと思いますが，これは当事者から進んでしていただいているのですか。

江原　はい，そこは，裁判所からの要望どおりやっていただいているのではないかと考えております。

Ⅵ. 割増賃金請求事件

門口　最後に，先ほどからよく出てきている割増賃金請求訴訟についてお尋ねします。近時注目される訴訟のようですが，もう一度ここで総括的にご紹介いただけますか。

西村　割増賃金請求訴訟につきましては，基本的に基礎賃金の単価×時間外労働等の時間数×割増率という式で計算していくことになります。提訴前の準備や訴状審査，争点整理の中でも触れましたが，労働事件の中では，比較的テクニカルな点が問題になることが多い類型です。この点で近時，争点になることが多いのは，いわゆる固定残業代に関する問題です。これにつきましては，高知県観光事件最高裁判決[5]というのがリーディングケースとしてございます。これにより，通常の労働時間の賃金にあたる部分と割増賃金に

あたる部分が明確に区分されているということがその有効要件とされており
ます。近年，明確区分性と言われておりますが，この点に関するいくつかの
最高裁の判例が言い渡されております。テックジャパン事件最高裁判決6)，
国際自動車事件最高裁判決7)などがあり，これによって議論がかなり進展し
ているところですので，これらの最高裁判例については確実に押さえておく
べきかと考えられます。

　また，労働時間の事実認定の関係で近時，目を引きますのがトラックやバ
ス運転手などの割増賃金請求事件で，タコグラフによって労働時間を認定す
る事案です。この種の事案におきましては，タコグラフで停止時間と認めら
れる時間を休憩時間と認定するかどうかというところが激しく争われること
が多くて，タコグラフの分析に著しい労力を要することも多いです。そうい
ったこともありまして，効率的な審理の一環としまして，最も平均的と思わ
れる特定の月をサンプルとして抽出して全体を推計する，いわゆるサンプリ
ング方式と申しますが，こういった方式や，あるいは，労働者が複数の場合
には，そのうちの特定の者を選んでその者から他の労働者を推計する，いわ
ゆるチャンピオン方式と言われる方法によることがあります。これらの方法
によるためには，当然のことながら，サンプリング方式であればどの月を選
択するか，チャンピオン方式であればどの労働者を選択するかという点につ
き，双方当事者の同意を得ることが必要になります。サンプリング方式です
と，繁忙期か閑散期かといった事情もありますので，どの月をこのサンプル
として取るのかというところを十分に協議する必要がありますし，チャンピ
オン方式ですと，誰が平均的な労働時間の原告なのかといったところを十分
に協議する必要があろうかと思われます。

　また，これは従前からしばしば問題となる論点ですが，管理人などの泊ま
り込みでの業務における仮眠時間であるとか，あるいは，労働者の種類は問
いませんが，持ち帰り残業，いろいろな移動時間などの労働時間が争われる
ケースは，昔からもそうですが現在でも依然として多いところでして，これ

---

5) 最判平成 6・6・13 労判 653 号 12 頁。
6) 最判平成 24・3・8 労判 1060 号 5 頁。
7) 最判平成 29・2・28 労判 1152 号 5 頁。

も著明な最高裁判例がいくつかございます。例えば，三菱重工業長崎造船所事件最高裁判決[8]，大星ビル管理事件最高裁判決[9]，さらに，大林ファシリティーズ（オークビルサービス）事件最高裁判決[10]，こういったものがございます。このような事案の最高裁判決の判旨を正確に踏まえて主張・立証を展開していただく必要があると考えております。

門口　例えばサンプリング方式，チャンピオン方式をとるにしても，その前提として，どの月を取るべきかなどいくつかの点で争いがあることもあるのでしょうが，そのような場合はかなり整理をされるのですか。

西村　結論として，双方当事者の同意が取れないと，なかなかそういった方式をとるというのは難しいので，そこは適宜，議論をするということになります。その中で裁判所の考え方等を示すとともに，業務の実情等もかなり明らかにしてもらうということが必要になってくることもあろうかと思います。

門口　わかりました。冒頭に新規性のある事件について述べていただいた箇所で，2018年6月1日の最高裁判例2件に触れられましたが，労働契約法20条（平成30年改正前）に関し，有期労働者と無期労働者との労働条件の相違が不合理かどうかということについて，評論などがたくさん出ています。同種事件がなお係属しているということですが，この扱いなどについて感想などいただくことは，今の時点では難しいのでしょうね。

江原　難しいご指摘ですね。西村さんからご紹介した2つの最高裁判決，これらが示されたところを，我々のほうでも，今，内部でいろいろと検討しているところでして，そこで示されたところが個々の事件においてどのように適用されるのかということを検討し，考えていくということではないかと思います。

労働審判の審理

門口　残された時間に労働審判の審理について伺います。まず，労働審判が，

---

8) 最判平成12・3・9民集54巻3号801頁。
9) 最判平成14・2・28民集56巻2号361頁。
10) 最判平成19・10・19民集61巻7号2555頁。

どのように行われるかご説明いただけますか。

西村 ご承知のとおり，労働審判制度は，原則として3回以内の期日での解決を目指すことを目的としております。そのようなことから，事前に申立人，相手方から争点に関する詳しい主張を出していただきます。それを踏まえて，第1回の労働審判期日におきましては，まずはお互いの主張を見た上での争点の確認をさせていただきまして，その上で争点について，あるいは事案の背景事情等も含めまして，労働審判委員会から証拠調べ的な事情聴取をさせていただくということになろうかと思います。その上で，まずは調停を試みていくというのが労働審判制度の本旨であろうと思われますので，労働審判委員会から適宜，調停に向けた考え方等も示しながら調停の試みをやっているというところです。

門口 そもそも入口の段階で，労働審判手続は受け入れられないということもあるのでしょうか。

西村 他庁では存じ上げませんが，少なくとも，この東京地裁の管轄区域内におきましては，労働審判制度に対する代理人の理解は労使ともに非常に深いものがあるのではないかと，そういう意味では非常に円滑に進んでいるかなという認識です。

門口 さらに，申立書が出てから，第1回審理，審尋が始まるまでの様子をご説明いただけますか。

西村 労働審判では，申立書，答弁書におきまして，予想される争点及び当該争点に関する重要な事実や，当事者間においてされた交渉その他の申立てに至る経緯の概要記載が規則上要求されておりますので，そういった事前交渉あるいは背景事情についての状況が主張書面において明らかにされることになります。その上で，事前交渉の結果としては代理人からの通知書とか，あるいはその回答書などが書証として提出されていることが多くございます。その中に事案の争点に関する記載がございますので，どういった点が争われているかということも通知書等の中で明らかになっていることがあります。そういった事前交渉の手続が励行されていることによって，かなり事案の概要がつかめるという面がございます。

　訴訟について申し上げたところですが，最近は，必ずしも労働事件，労働審判に習熟していない代理人も参入してきているという面もございまして，

我々の目から見ますと，労働審判手続を選択することが必ずしも適切でないような事案，あるいは申立て前の準備や交渉などが必ずしも十分にされているとは思えないようなものが出てきているという面も否めないところです。

門口 申立書の作成・記載要領等を含めて，労働審判手続について，一般的な案内情報は開示されているのでしょうか。

西村 最高裁や一部の各地裁のウェブサイトにおきまして，申立書，答弁書等のフォームが大まかな類型ごとにアップされています[11]。

門口 労働審判についての事前準備は，いかがですか。

西村 労働審判におきまして，規則上，予想される争点及び争点に関する重要な事実等の記載が必要とされていまして，そういった点につきましては，かなりの事案におきまして励行していただいているという印象です。そういった面では，非常に円滑に審理が進むようにやっていただいているのではないかと考えております。

門口 それでは，審尋の実情について，お尋ねします。陳述書の扱いも含めて，ご紹介いただけますか。

西村 事実の調査ないし証拠調べとしての審尋におきましては，労働審判委員会から，主に労働審判官から質問していくというのがほとんどですが，事実関係について非常に突っ込んだ質問をしていきますと，当事者との間でも心証が共有される面がありまして，それが調停に向けての足がかりになって，非常に手応えを感じることもございます。事情聴取に関してどの程度時間を要するかということについても，これも事案によりけりですが，30分から1時間程度はかけているのではないかというような印象です。労働審判員からも積極的に質問してもらっておりまして，実務の最前線にいらっしゃる方からお話を伺えるというところもありますので，当事者に対するインパクトという面でも非常に有用なものがあるのではないかと思っております。

　陳述書につきましては，すべての事案ではありませんが，必要に応じて提出いただいているという印象です。申立書に詳細に記載していただくことにより，実質的に陳述書の役割を果たすという考え方も当然ありうるところで

---

11) http://www.courts.go.jp/tokyo/saiban/roudou_sinpan_tetuzuki/index.html など。

はありますので，その辺りは，事案に応じて選択していただきたいというところです。

　あと，事実の調査ないし証拠調べとしての審尋，これは陳述書が提出されている場合でありましても常に実施しているところですが，心証の共有あるいは調停に向けての足がかりとして，一定程度，役割を果たしているのではないかと考えております。

門口　審判官と審判員の三者のコミュニケーションに不協和音などを感じられることはありませんか。

西村　審判員の先生方も，裁判官と認識を共有してやっていただいているという認識です。常にどの事案におきましても，第1回期日の前には労働審判委員会は3名で事前評議というものを必ず行っておりまして，その中でいろいろと議論させていただく中で，そういった不協和音というのは生じないと言いますか，丁寧に議論を重ねて臨んでいるところです。

おわりに

門口　それでは最後になりますが，当事者に望まれること，あるいは，若手弁護士に伝承していただきたいというようなことがあれば，お示しいただけますか。

江原　これまでご説明してきた中で述べたことのほかに2点ほど申し上げたいと思います。

　まず，労働紛争を解決するための裁判所の手続のメニューといたしましては，地裁のものとしては，訴訟，労働審判，民事保全がございますし，簡易裁判所のものとしましては，訴訟，少額訴訟，民事調停がございます。こういった手続の特色ですとか，特質を踏まえていただいて，当事者ないし代理人の皆様には，適切な手続の選択を採っていただきたいというのが1点目です。とりわけ，労働審判につきましては，3回以内の期日で解決するのが困難な事案，具体的には，争点が複雑困難な事案や，膨大・緻密な立証が必要となる事案，柔軟な解決が困難な事案，こういったものにつきましては，別の手続を選択していただくということが，結果として，早期の解決や妥当な解決に資することが多いのではないかと思います。ただいま申し上げました

争点が複雑困難な事案や膨大・緻密な立証が必要となる事案といたしましては，整理解雇，差別的取扱い，就業規則の不利益変更，労災等に関する事案，労働者性が問題となる事案，日々の労働時間やセクハラ，パワハラにあたる日常的な言動等の細かい事実関係に争いがある事案がこれにあたるのではないかと思いますが，こういった事案につきましては，民事調停や訴訟が適切ではないかと考えられます。それから，柔軟な解決が困難な事案というのは，例えば，当事者が裁判所による厳密な認定判断を強く求める事案ですとか，解雇に関する事案のうち労働者があくまでも職場復帰を求めるといった事案があたるのではないかと思いますが，こういった事案につきましては，通常の訴訟が適切ではないかと考えられます。また，権利関係に争いがない事案ですとか係争の利益が小さい事案，例えば，賃金あるいは解雇予告手当が単に未払になっているというだけの事案ですとか，請求する金額が小さくて弁護士に依頼すると費用倒れになってしまうような事案につきましては，やはり同じく別の手続，具体的には，簡易裁判所の少額訴訟や民事調停，こういったものが，それぞれ，適切である場合が多いのではないかと考えられます。

　2点目といたしまして，最近では，労働審判手続を行っている裁判所において遠方に居住している方でも参加しやすいように，テレビ会議システムを活用するということも行っております。労働審判手続におけるテレビ会議システムの活用は，労働審判法が準用する平成23年に制定された非訟事件手続法等の施行に伴う整備法によって可能となったものですが，近年，活用例が全国的に増加しているようです。裁判所といたしましては，こういったテレビ会議システムの活用も積極的に進めてまいりたいと考えておりますので，当事者，とりわけ代理人の皆様方には，そういったご認識もいただいた上で，適切な申立てをしていただきたいと考えているところです。

門口　西村さんからはございませんか。

西村　江原さんからお話しいただいた以上にはございません。

門口　では，これをもって労働訴訟について閉じさせていただきます。どうもありがとうございました。

[2018年10月5日収録]

民事保全

SPEAKERS

司会	門口正人	MONGUCHI Masahito
	小川直人	OGAWA Naoto
	古谷健二郎	FURUYA Kenjiro

民事保全への導き

保全手続は，いわば訴訟の前哨戦として，本案訴訟で争われる事態を想定して進められる。保全手続の審理にも判断にも，時間の制約の中で，当事者の準備も必ずしも十分でないままに，しかも当事者が感情の整理もつかないままに，手続が進められることに難しさがある。また，保全手続では，本案訴訟においても従来なかった新しい法律問題が提示され，あるいは新たな権利関係がいち早く問題とされることがあるが，これらの争点に迅速果断な判断が求められる。保全事件における判断はもとより，審理のあり様が，本案訴訟にも少なからぬ影響を与えることがある。

最近の事件の特徴としては，太陽光発電，バイオマスの設備の開発事業に関する紛争やインターネット関係の事件などの新しい形態の紛争が増加し，さらに，当事者や法律関係に外国が関係する国際性が指摘され，いわゆるプロバイダ責任制限法に基づく発信者情報開示の紛争にみられるように，判断期間に制約があることから，一層迅速な処理が求められることが挙げられる。また，表現行為のあり方が大きく変容しつつある中，旧来の出版禁止の仮処分などにとどまらず，新たな類型の仮処分事件が生まれてきているが，これらの特徴を有する事件では，決定の社会に与える影響も大きく，被保全権利の存否あるいは疎明の有無について慎重な検討が迫られ，審理自体にも負担を強いてきている。

事件の適正かつ迅速な処理のために，受理時において受付係で申立書，添付書類，疎明資料について厳しく審査がされ，その上で債権者の面接が行われることが通常であるので，当事者においても，申立てにあたって被保全債権や仮差押えの目的物の特定に遺漏がないように努め，疎明資料の厳選を心がけ，必要に応じて立証趣旨などが記載された説明書を提出することなどにも配慮し，面接時には相応の応答ができるように準備を尽くしておくことが求められる。さらに，裁判所に対するアクセスを確保するために，裁判所ウェブサイト中の手続案内に関するページで紹介されている書式などをあらかじめ参照しておくことが望ましい。　　　　　—門口正人

はじめに

門口 今回は民事保全を取り上げます。この企画では，訴訟をテーマにして，通常訴訟，専門訴訟を取り上げてきました。この度は「民事保全」ということで，訴訟とは離れますが，保全手続は，いわば訴訟の前哨戦として，訴訟と切り離すことができない関係にあるともいえます。特に，本案訴訟が始まる前に従来なかった新しい法律問題が提示されたり，あるいは新たな権利関係がいち早く問題になるという意味でも，極めて関心の高いところです。また，保全事件における判断はもとより審理のあり様が，迅速果断が求められる側面から，本案訴訟にも少なからぬ影響を与えることがあると思います。さらに，新しい形態の保全事件も出てきていると伺います。

本日もいろいろお伺いしてまいりますが，いつも申し上げているとおり個人としてのご意見ということですので，どうぞ自由にご発言ください。まず自己紹介をお願いいたします。

小川 裁判官の小川です。私は，約5年半弁護士をした後に，平成13年10月に任官しました。任官当初，東京地裁の保全部に配属されました。平成29年4月からまた保全部に来ることになり，今回は2度目になります。よろしくお願いいたします。

古谷 同じく裁判官の古谷です。私は，平成28年12月から東京地裁の保全部で勤務しております。この部には，平成11年7月から約1年8カ月間勤務したことがありますので，今回で2度目の勤務になります。

門口 ありがとうございます。お二方とも，ご紹介から明らかなように，民事保全について通暁されていますので，本日のお話を楽しみに進めたいと思います。

事件の概況と事件処理態勢

I. 事件の種類

門口 まず，保全事件としてどのような種類があるかを簡単にご紹介いただけますか。

小川 保全事件は，仮差押え，係争物に関する仮処分，仮の地位を定める仮

処分，大きく分けるとこの3つになります。係争物に関する仮処分については，占有移転禁止の仮処分と，処分禁止の仮処分があります。保全事件として扱うものとしては，保全異議，あるいは保全取消しの事件があります。担保に関しては，担保取消しの事件があります。

門口　保全事件を専門に扱う部がある場合，東京地裁では，お2人がお勤めの民事9部になるわけですが，その場合には，そこで扱う事件は，他の専門部で扱う訴訟に関する事件は，取り扱っていないということですか。

小川　はい。例えば家事事件とか，行政事件とか，執行事件に関しては民事保全以外の特殊保全があります。それから門口さんがおっしゃったように，労働関係の事件を本案とするもの，会社関係の事件を本案とするもの，そして知財関係の事件を本案とするものについては，それぞれの専門部が保全事件についても扱うということで，東京地裁の民事9部では，それ以外のものを扱っています。

Ⅱ. 事件の概況

門口　引き続いて，事件の概況をお伺いします。事件数や事件の内訳をご紹介いただけますか。

古谷　民事9部における近時の民事保全事件の総数は，仮差押えと仮処分の合計で大体年間4000件台半ばから4000件弱ぐらいで推移しています。このうち仮差押えについては2000件台で，仮処分が1000件台後半になっています。仮処分の中でも，仮の地位を定める仮処分については，近時は1000件を超える事件数があり，そのうち6割以上がインターネット関係の仮処分になっています。これは，数年前と比べても非常に割合が高くなっていて，当部で今取り扱っている仮地位仮処分の中で，インターネット関係仮処分が主役と言っても過言ではないような状況です。

門口　保全事件がどの程度の期間で終わるかというのは，一概には言えないのでしょうが，いかがですか。まず，仮差押えからお願いします。

古谷　仮差押えだと，いちばん早いもので，申立ての当日に担保決定がされ，その日のうちに担保が提供されると，翌日ぐらいには発令されることになります。不備があり，補正してもらったりすると1週間とか，場合によってはもう少し長くかかるものもありますけれども，それほど時間がかからず終わ

るものがほとんどです。

門口 仮処分になると，それこそ長いものは1年近くかかる事件もあるのでしょうか。

小川 債務者審尋も行う，仮地位仮処分であったとしても，私の感覚だと長くてもせいぜい数カ月で，1年かかる事件はまずないと思います。

Ⅲ. 事件の特色

門口 先ほど，インターネットの事件が6割というお話がありましたが，最近の事件の特徴として，インターネットの事件や，そのほかに新規の事件が多くなっているのでしょうか。事件の特徴を教えていただけますか。

古谷 仮差押えについて，従前は，金融機関とか，信販会社とか，大手企業が債権者となり，貸金や立替金など定型的な権利を被保全権利として申し立てるものが多かったような印象です。そういう申立てもまだ残ってはいますけれども，最近の特徴としては，被保全権利として，非典型契約とか，無名契約を主張するものが増えている印象です。例えば，フランチャイズ契約とか，コンサルティング契約，太陽光発電やバイオマス発電の設備をめぐる当事者間の合意に基づく権利なども主張されることが多くなってきている印象です。

　また，不法行為とか，不当利得返還請求権を被保全権利とする申立てなども，不貞行為や会社の金の使いこみなど，不法行為として理解が容易なものは昔からそれなりにあったわけですけれども，最近は，例えば，メガソーラーの開発に係る権利侵害や注意義務違反が主張されるなど，通常の教科書には必ずしも出ていないような不法行為が主張されることも増えているように感じます。そのようなものについては，被保全権利の存否とか，疎明の有無についても新たな検討が必要になり，それに伴って検討も慎重に行う必要が生じています。このように複雑というか，難しい事件が増えてきている印象です。

　それから，インターネット関係仮処分を筆頭に，当事者や法律関係に外国が関係する事件が増えてきております。国際裁判管轄や準拠法が問題となる事件もそれなりに増えている印象です。

門口 先の通常訴訟や専門訴訟のところでもお伺いしましたが，やはり新し

い型の権利性が問われる事件，複雑困難な事件，そして国際的な事件が増えている傾向が見られるというのはよくわかりました。複雑な事件，あるいは国際的な事件について，当事者の対応は十分できているのですか。審理の関係で後ほどお伺いするかもしれませんが。

古谷 事案によりけりですが，渉外事件に関しては，率直な印象として申立ての時点では必ずしも調査が十分とは言えないものが多いような気がします。

小川 準拠法が問題となるような事件について，当事者に問題意識がなく，法の適用に関する通則法を調べて，やっと気づくというようなことも中にはあります。

Ⅳ. 事件処理態勢

門口 それでは，事件処理体制についてお尋ねします。

小川 実働の裁判官は概ね 10 名程度で対応しています。合議事件にするか，単独事件にするかなのですけれども，処理すべき事件数が，裁判官 1 人当たり多いものですから，基本的には単独事件ということになります。後ほどお話に出るかもしれませんが，世間の耳目を引くような事件とか，結果が重大な事件とか，出版の差止めとか，その他 1 人の裁判官でやるには負担が大きいような事件については合議で扱っています。

門口 先走るようで恐縮ですが，表現の自由が問題になるような事件は，できるだけ合議体で審理するということが，北方ジャーナル事件の判決1)を受けて一般に言われていますが，インターネット関係の仮処分事件というのは，必ずしも合議体ではないようですね。

小川 先ほどご紹介しましたように，インターネット仮処分の事件については，年間 600 〜 700 件程度の新件が来るものですから，表現の自由に関するものであるとしても，体制として合議で扱いきれないところはあります。ただし，第 1 審の裁判所としての方向性を示す意味で重要と思われる事件については，合議で扱うこともあります。また，個々の事件はもちろん担当裁判官の判断に委ねられるものですけれども，部内での一般的な勉強や意見交換

---

1) 最大判昭和 61・6・11 民集 40 巻 4 号 872 頁。

は活発にされています。

門口　これだけ件数が多いと，事件もある程度類型化されてくるでしょうから，当初はともかく次第に単独体でも十分ということにもなるのでしょうか。

小川　はい。おっしゃるとおり，類型化されるものもあります。ただし，非常に動きが激しい分野なので，新しく出てくる問題というのも同じようにありますので，いたちごっこをしているみたいな実情です。

民事保全手続──総論

I. オール決定

門口　それでは，審理手続に入ります。まず総論部分としてお伺いします。審理の方式について，オール決定と言われることがありますが，どういう意味ですか。

小川　保全事件の迅速審理の要請から，保全手続全体を通じての重要なルールで，保全命令，保全異議，保全取消しなどについて，すべて決定でできるというものです。平成元年の民事保全法制定前は，一度口頭弁論を開くと判決で裁判をしなければならず，また，異議や取消しも口頭弁論を開いた上でしなければならないとされていたことから，保全手続の本案化というものが言われていましたので，これに対処するということでとられている方式です。

II. 申立書面と受理時審査

門口　審理について具体的に伺ってまいります。まず申立て，あるいは申立書面について，実情はいかがですか。気になる点はありますか。

古谷　被保全権利が典型的な仮差押えとか，占有移転禁止の仮処分，処分禁止の仮処分のように，比較的定型的なものについては，裁判所ウェブサイト中の当部の手続案内に関するページで書式を紹介しておりますし[2]，書式集なども刊行されているので[3]，それらを参考にしつつ，きちんと検討された

---

2) http://www.courts.go.jp/tokyo/saiban/minzi_section09/hozen_ziken_mousitate/index.html
3) 東京地裁保全研究会編『書式 民事保全の実務〔全訂5版〕』（民事法研究会，2010年）など。

ものについては十分な記載がされていて，漏れも少ないということになります。他方で，そういう書式集等の参照や検討が不十分なためか，必要な要件の記載を欠いていたり，誤記などもたくさん含むような申立書が散見されるのが実情だと思います。

門口 申立てがされたときとそれ以降の手続がどのように進んでいくのか，大まかのところを教えていただけますか。

古谷 まず申立てがされた時点で，受付係で申立書，添付書類，疎明資料についてある程度定型的なチェックを行っております。その場で気づいた点，特に申立書に添付すべき目録等について訂正が必要だということで気づいたことがある場合には，その場で持参された代理人または事務の方などにお伝えして，修正や補充を要請しています。

門口 受理時の審査ですね。

古谷 はい。受付係が受理の時点で行うチェックに続いて，個々の事件を担当する書記官も重ねて同様のチェックを行います。その上で，修正等がある場合，その書記官からも代理人に対して，電話で連絡をすることが多いです。さらにそれを経た上で，担当の裁判官が記録を検討して，後ほど話が出ると思うのですけれども，当部では債権者の面接を全件で基本的に実施しているのですが，その前に裁判官から代理人に電話をかけて，修正を検討するようにお話しすることもあります。

門口 細かいところまでお話ししていただきましたが，まず受理時の書面審査があって，そこで疎明資料等のチェックがされ，続いて裁判官の面接があるということですね。裁判官の面接は，どのようにされるのですか。これは，全件についてあるのですか。

Ⅲ. 債権者面接・債務者審尋

古谷 債権者の面接については，当部では基本的に全件について行っています。債権者面接という呼び方にはなっていますけれども，法律上は債権者に対して行う審尋ということになります。基本的には，早ければ申立てがされたその日，そうでなければ翌日とか翌々日。翌日のものがいちばん多いと思うのですけれども，翌日ぐらいに担当裁判官と債権者またはその代理人と面接をして，事件の内容とか，法律構成，不足している点とか，疎明の要否な

どについて口頭で争点の整理を行う形になっています。

門口 債権者面接についてはわかりましたが，債務者審尋は行われないということでしょうか。

小川 仮差押えと，係争物に関する仮処分は，現状を固定するもので，密行性の観点から，債務者審尋を行うことはほとんどありません。これに対して，仮地位仮処分は，暫定的に新たな法律関係を形成するものです。手続的保障の観点から，債務者の話を聞かないで判断することは許容されないというのが法の建前ですので，原則として債務者審尋を行うことになります。

門口 債務者審尋は，大体どれぐらいの時間，どれぐらいの期間，あるいは何回ほど行われるのか，実情をお示しいただくことはできますか。

小川 通常は債権者の面接から1週間後ぐらいで呼出しの期日を入れることになります。しかし，例えば出版の差止めで火急の案件などについては，場合によっては翌日，呼出しも電話でするような場合もあります。それから回数ですけれども，争点が多岐にわたるような事件については，3回，4回と期日を重ねることもあります。外国法人の事件については，翻訳や本国とのやり取りに時間がかかるものですから，保全というにはちょっとペースが遅いかと感ずるようなものもあります。

門口 建物収去を命ずるなどのいわゆる断行の仮処分ではいかがですか。その場合でも債務者審尋をしないケースもあるのでしょうか。

小川 稀にはあります。例えば自動車の引渡断行などについては，可動性の高さから自動車が隠されてしまうと仮処分命令申立ての目的を達せられないことから，保全の必要性や被保全権利を吟味して例外的に債務者審尋をしないこともあります。また，インターネット仮処分の，いわゆるプロバイダ責任制限法に基づく発信者情報開示は，コンテンツプロバイダが，発信者の情報を保有している期間というのは，通常，数カ月程度といわれています。そういう事件について，外国に正式な送達をしていると発信者情報が消去されてしまうというようなこともありますので，場合によっては債務者審尋をしないこともあります。ただし，繰り返しますが，ごくごく例外という位置づけになります。

Ⅳ. 疎明

門口 訴訟における証拠調べにあたるものとして，疎明についてお伺いします。まず実情について，それから疎明資料の提出について気になるところがあればお願いします。

古谷 仮差押えで，典型的な被保全権利の事件などについては概ね揃っていて，さほど補充を要しないで決定に至るというようなものもかなり多いです。他方で非典型的な被保全権利の事件については，急いで準備することもたぶん影響しているのだと思うのですけれども，必ずしも疎明が十分ではないと感じられる事件も多いと思います。

門口 非典型的事件の例を具体的に挙げていただけますか。

古谷 例えば，太陽光発電，バイオマスの設備の開発事業に関する紛争があります。太陽光発電設備の開発事業に関する契約には，用地の買収または賃借，発電設備の購入・設置，固定価格買取制度をめぐる各種手続の遂行など，様々な要素が含まれています。それに関与する主体も，開発の事業主体とされる者，その者から用地買収や各種申請の手続を受託した者，開発事業に金員を出資する者，開発に関するコンサルタントなど様々です。このような開発事業がとん挫すると，出資者が事業主体に対して出資金返還請求権を主張して仮差押えをしようとしたり，事業主体から用地買収の受託者に対して前渡金返還請求権や不法行為に基づく損害賠償請求権を主張して仮差押えをするなど，様々な申立てがされます。しかし，事業主体が事業内容に通暁しておらず，契約書における関係者の役割や責任が不明瞭であることもありますし，開発が進展しない間に，関係者が履行すべき債務の内容や履行期などが変更されていることもあるので，単に契約書を疎明資料として提出するだけでは疎明として不十分なことも多いのです。その場合，契約書以外の客観的な疎明資料としてどのようなものがあるか，また，客観的な疎明資料で不足するときに，陳述書等によってどこまで詳細な事実関係を補充すべきか検討が必要となるのですが，その検討も必ずしも十分ではなくて，当初の面接の段階では疎明が不足していると感じることも多々あります。

門口 そのほかにも，疎明の関係で，当事者に特にお願いするようなことはありますか。

古谷 債権の仮差押えのときには，保全の必要性との関係で，債務者に対してよりダメージの少ない，不動産仮差押えができないということを疎明するため，債務者が不動産を所有していないことの疎明資料を提出してもらっていますが，その関係の疎明が不足しているということがかなりあります。

　それから，当事者の現住所と，契約書上の住所や不動産登記記録上の住所が異なる場合には，つながりを示す戸籍の附票等の疎明資料が必要ですが，これが不足している場合には，補充に数日かかることもあるので，特に急ぎの申立ての場合には留意する必要があります。

小川 疎明資料自体というよりも，疎明資料と要証事実との関係という点でお願いしたいと思うことがあります。保全手続ですので，短い時間で記録を見て検討・判断することになります。疎明資料をガサッと出されてしまうと，どの要証事実に関する資料なのかがわからないことがあります。それなので証拠説明書あるいは疎明資料説明書をお出しいただくと，立証趣旨がわかり，迅速・的確に判断しやすくなるので助かります。

門口 私自身の経験でも，とにかく疎明資料を出せるだけ出しておいて，あとは面接で済ませようなどという例がありましたが，現在でもそのようなことはありますか。

古谷 先ほどのインターネットの仮処分でも，例えばインターネット上の掲示板で，1000の投稿のうち20の点在する投稿が権利侵害です，と主張する事案で，数十頁に上る掲示板全体を印刷したものを疎明資料として提出して，権利侵害の投稿にマーカーが引かれていないと，どこに権利侵害の投稿があるのかわかりづらいということになります。また，違法性阻却事由に関する疎明資料が多数提出されているのですが，20の投稿のうち，どの投稿に係る違法性阻却事由の疎明資料なのか整理されていないという事例もあります。

V. 担保

門口 次は，当事者に関心のあるところで，保全命令によって債務者が被る損害を担保するものとして，保証，担保についてお伺いします。担保提供の時期や提供の方法などの実情をお話しいただけますか。

小川 時期について，地裁では担保決定から1週間以内ということが一般的だと思います。ただ，年末年始や，連休などに重なるときには，少し長くす

るということはやっています。

　担保提供の方法ですけれども，現在では現金供託がほとんどです。あとは，いわゆるボンド（支払保証委託契約）の方式がみられます。その他の証券類による提供というものはほとんどみられなくなっています。

　それから担保提供者についてですが，本人名でされることがほとんどです。代理人が第三者供託という形で担保提供される例も見受けられます。東京地裁では，第三者供託については許可をするという形を採らせていただいているのですが，あまり関係ない第三者に担保の提供を認めると，債権者本人の意図しないところで事件が進行してしまうというような弊害もありうるものですから，その意味で許可は慎重にしております。

門口　担保額については，当事者側は非常に関心を持っているのですが，何か基準があるのでしょうか。

小川　保全命令の種類，保全の目的物や被保全権利の種類及び価格，あるいは具体的な事件に応じて予想される損害の範囲，さらには疎明の程度などを総合的に考慮して，裁量で判断するということになっております。

　もちろん，全くの自由裁量ではなく，同じような類型の事件で，裁判官によって極端に判断が違うということは望ましくないので，先ほど述べたような要素に基づいて一定程度類型的な指向はしておりますけれども，ここでお示しできるような担保の基準というのはありません。

民事保全手続──各論

I. 仮差押え

▶被保全債権の特定

門口　よくわかりました。それでは，ただいまから各論に入ります。まず仮差押えについてお伺いします。仮差押えでは，前々から言われていますが，やはり被保全債権の特定が問題なのですか。

古谷　被保全債権の特定については，今でもやはり問題はそれなりにあります。特定が不十分ですと，修正や補充に時間がかかることもありますので，申立てにあたっては十分留意していただきたいということになります。

　ちょっと細かくはなりますけれども，例えば実務上，時々見られる類型と

して，貸金元本が 80 万円，利息が 15 万円，遅延損害金が 5 万円で，合計 100 万円の請求権の内金 60 万円という形で請求債権目録が記載されているものがあります。元本は貸金債権，利息は利息債権，遅延損害金は不法行為に基づく損害賠償債権ということで，複数の訴訟物が含まれていますので，その複数の訴訟物をまとめた合計 100 万円のうちの 60 万円というだけでは特定は不十分であり，個々の訴訟物ごとに，例えば貸金元本の内金 50 万円，利息の内金 7 万円，遅延損害金の内金 3 万円で，合計が 60 万円という形で特定していただく必要があるということになります。

　本案では，元本と利息と遅延損害金をまとめて一文で書いて請求することもあってか，それらが別々の訴訟物であるということが必ずしも意識されていないということで，そのような申立ても少なからず見受けられるという実情にありますのでご紹介いたしました。

　あと多いのが，継続的売買契約に基づく○○円の売買代金請求権とだけ書かれることがありますが，継続的売買契約であっても，売買の目的物の種類や始期と終期くらいは特定していただかないと，特定としては不十分とされる可能性が高いと思われます。また，基本契約がない場合には，個々の売買ごとに権利が発生することになるので，債権者・債務者間の売買契約に基づく△月から▲月までの代金合計○○円という形では特定は不十分ということになります。取引一覧表を添付するなどして，個別の売買ごとに代金額またはその内金額を特定していただく必要があります。

▶目的物の特定

門口　仮差押えの目的物の特定は，いかがですか。

古谷　動産を除いては，仮差押えの目的物についても特定が必要だということになります。先ほどの請求債権の特定に近いのですが，債務者と第三債務者との間の継続的な売買契約の場合と個々の売買契約の集合体の場合とで，特定の仕方が異なります。基本契約がない場合には，個別の売買ごとの代金債権を特定しないと発令できないということになりますので，同様に注意していただければと思います。

門口　特定の関係で個別の事例をお伺いします。共同相続財産の預金債権について最大決平成 28・12・19 民集 70 巻 8 号 2121 頁がありましたが，この

決定によって共同相続財産の特定が変わってくるのでしょうね。

古谷 今の時点では，具体例をお示しすることはできませんが，従来の可分債権から，預金の準共有持分というように変更されましたので，少なくともその限りで影響はあると予想されます。具体的な対応については，今後の申立てなども踏まえて検討することになるかと思います。

Ⅱ. 仮処分

▶係争物仮処分

門口 仮差押えについてはまだまだお聞きしたい点はありますが，時間の関係で仮処分に入ります。まず，係争物仮処分について，申立てあるいは審理に関して実情をお伺いします。あわせて注意すべきことなどを教えてください。

小川 簡単にご説明します。まず係争物仮処分のうち，占有移転禁止の仮処分は，執行官が直接占有を取り上げるという形で保全執行するものなので，債務者は直接占有者に限るのですが，申立ての中には，例えば社宅の従業員とか単なる家族とか，直接占有者ではなく，占有補助者を債務者とするものがあります。もう1つは，平成15年の保全執行法改正で，債務者不特定の申立てについても，占有移転禁止の仮処分が申し立てられることになりました。これは特段の事由があることが法律上の要件になっていますが，比較的安易に現地の調査を十分にしないまま申し立てられる場合があります。また，債務者不特定でも保全命令は発せられるのですが，保全執行の段階では，特定していなければ執行不能になるということは，ご注意いただく必要があるかと思います。

古谷 占有移転禁止の仮処分において直接占有者であることが必要であるという点に関しては，占有補助者のほか間接占有者を債務者とする申立ても認められないという問題もあります。賃借人が無断で転貸してしまった事案では，転借人が直接占有者で，当初の賃借人は間接占有者になっているのに，その双方を債務者として申立てをする場合がその例になります。直接占有者以外の債務者については取下げを検討してもらうことになりますので，注意が必要です。

門口 典型的なものとして，処分禁止の仮処分がありますが，これについて

はいかがですか。

小川 処分禁止の仮処分については，例えば詐害行為取消権に基づく処分禁止がよくあります。これにつきましては，詐害行為取消しの要件である被保全債権の成立時期とか，詐害性についての検討が不十分である場合とか，判例上，受益者のところで担保が外されて価値が増えてしまったような場合は価額賠償しか認められていないのですけれども，現物返還が認められる前提で申し立てられる場合などが，たまに見受けられます。

　また，処分禁止の仮処分の目的物に公衆用道路が含まれている場合，固定資産税の評価は非課税であっても，仮処分の登記の登録免許税は必要となるということにご留意いただきたいと思います。この場合，債権者において管轄法務局に公衆用道路の近傍値を確認してもらい，確認された近傍値の評価を基にして登録免許税を計算することになります。

門口 係争物の仮処分で，申立て自体にご指摘のような欠陥や問題があるような場合には，補正を促すのか，突き放して判断するのかという点はいかがですか。

小川 抽象的に申しますと，主張や疎明の補充を促すことで発令に至るケースもありますし，被保全権利を変えてもらって申し立て直してもらう場合もあります。もともと事案として難しい場合については，その旨説明して取り下げていただく場合もあります。例は少ないですが，取下げでなく判断を求められる場合には却下の決定を出すこともあります。

▶断行の仮処分

門口 不動産明渡しの断行の仮処分は，大体どのような場合に認められるのですか。

古谷 不動産の明渡断行の仮処分は，以前は問題となる類型の1つだったのですが，最近は，保全の必要性の観点から，認められる例がほとんどなく，申立て自体も少なくなっています。最近認められた例としては，都市再開発法に規定された市街地再開発組合が債権者となり，権利変換がされたのに建物を明け渡さない元所有者を債務者として，そのままでは再開発全体が止まってしまい，著しい損害が生じるとして明渡断行を申し立て，認められた例が1件あります。

門口　そのような事件では，審尋は，どの程度されるのですか。

古谷　認容方向の事案では，緊急性を考慮して，2，3回程度で判断に至ることもあると思います。明渡断行の申立ては，それ以外にも数件程度はあるのですが，保全の必要性に関して，債務者が明け渡さないことで債権者が賃料相当の金銭的損害を被るという程度の主張にとどまり，本案判決を待てない事情とまでは認められない事例がほとんどなので，それらの事案については，双方審尋期日を指定することなく，占有移転禁止の仮処分に申立ての趣旨を変更していただいて，それで認容することが多いように思います。

▶表現の自由

門口　私の経験では，出版の差止めなど表現の自由に関する仮処分が難しかったと記憶しますが，最近では発信者情報の開示などインターネットに関する仮処分が，新たな形態として出てきているようですね。広い意味での表現の自由に絡む事件の実情，さらに審理上着目しなければいけない点などを教えていただけますか。

古谷　出版禁止の仮処分については，被保全権利などは内容的にも難しいですし，決定の社会に与える影響も大きくなりますので，やはりいまだに難しい事件の類型の1つだと思います。この類型については，先ほどお話のあった北方ジャーナル事件がリーディングケースとされているので，その判例の考え方を基礎として考えていくことになるわけですけれども，現状では純然たる事前差止めを求める申立ては多くはなく，いったん出版されたものについて，さらなる頒布の禁止を求めるとか，再版や重版の禁止を求めるというのが割合的には増えてきているように思われます。そうすると，北方ジャーナル事件の場合と違って，純然たる事前差止めというわけではなく，いったん市場に出たもののさらなる頒布の禁止になるので，北方ジャーナル事件の判断基準からどの程度緩める必要があるかないかというのは，表現の内容とか個々の事例によって違ってきているようにも思えます。ですから考え方が必ずしも固まっていないのではないかとも感じられるところで，やはり判断が難しいのではないかと思っています。

門口　出版禁止など事前差止めということになりますと，自ずと判断の期限が決まりますから，迅速な判断を迫られてより難しくなりますね。

小川　おっしゃるとおりです。先ほど古谷さんからいったん出版されたものに対する請求割合が増えているというのがありましたけれども，中にはいまだ出版されていないものについての差止めの申立てもあります。そのような時間が限られていて，しかも仮処分という枠の中でしなければならない事件は合議体で対応していますけれども，緊張感があり，判断も非常に難しいところですることになります。

▶インターネット関係

門口　ここでインターネットの関係の仮処分について，まとめてお伺いします。この種の事件が非常に増えてきているということでしたが，まず最近の実情をお教えいただけますか。

小川　では，簡単にご説明します。まずインターネット関係の仮処分の種類には，大きく分けて3つあります。1つが，いわゆるプロバイダ責任制限法に基づく発信者情報開示の仮処分です。それから，同法に基づく発信者情報消去禁止の仮処分です。前者がいわゆるコンテンツプロバイダに対して，発信者の情報を仮に開示せよというものであるのに対して，後者はいわゆる経由プロバイダに対して，氏名や住所といった発信者の情報を消去するなということを仮に求めるものです。発信者の氏名・住所を経由プロバイダに開示せよというのは，完全に満足的な結果を生むことになりますので，仮処分ではなく本案でやっていただくことになります。それから3つ目として，投稿記事削除の仮処分があります。名誉やプライバシーなどの人格権に基づく，物権類似の請求権を被保全権利とするものというように，実務的には解釈されています。

門口　この種の事件の主張あるいは疎明に関して，主張立証責任の分配とか，要件事実の認識は，当事者にはあるのでしょうか。

小川　はい。東京地裁では，債権者側代理人も債務者側代理人も，この種の事件に詳しい方が多く，情報も流通していますから，その辺で一般的な認識はされています。

　疎明責任については，いわゆるプロバイダ責任制限法の4条1項では，権利侵害の明白性というのが要求されていますので，この関係で単に権利侵害性だけでなく，違法性阻却事由等の不法行為の成立阻却事由の存在を窺わせ

る事情がないことの疎明も，債権者には必要だといわれております。この点はほぼ争いのないところです。

　これに対して人格権侵害に基づく削除請求の場合に，例えば名誉毀損で一定程度社会的な評価を落としたときに，その後その記事について公共性があるか，公益目的性があるか，あるいは真実性があるかどうかという違法性阻却事由の存在を窺わせる事情のないことの疎明については，いろいろな考え方があるようです。ただ，実務的には，一般的にプロバイダの側には，そういう事実に基づく疎明資料がないことが多いでしょうし，保全の手続という制約された中でということもあり，債権者側が，それらのいずれかがないことの疎明責任を負うという考え方が一般的であるように思われます。

門口　これについては先ほどもお話が出ましたが，件数も年間 600 〜 700 件ぐらいあって，経験も積み重ねているということから，多くは単独で審理しているということでしたね。場合によっては合議というケースもあるのですか。

小川　はい。先ほども申しましたが，一定の類型の中で東京地裁の保全部の判断というのが，やはり全国的に注目される場合もあろうかと思いますので，ケースによっては合議で慎重に判断ということもあります。

門口　検索エンジンに関して，最決平成 29・1・31 民集 71 巻 1 号 63 頁がありますが，この決定後もこの種の申立ては多いのでしょうか。

小川　はい。特にこの決定後に事件が減ったという印象は，ありません。ただ，この最高裁決定の射程については，まだまだ議論のあるところでしょうし，これから新たに最高裁の決定が出れば，各種類型間の射程範囲が明確になっていくのかもしれません。現状では，先ほどおっしゃった検索エンジンに関する削除を求めるものであるということと，人格権としてはプライバシーに関するものであるという理解を前提に，そのほかの類型についても，一定程度のヒントを与えてくれるというように考えています。

▶表現の自由に関係する事件の課題と今後

門口　出版や表現の自由の関係で，今後予想される事件とか，今悩ましく思っている事件などをご紹介していただくことはできますか。

小川　大きな予想というのではないのですけれども，悩ましく思っているも

のとしては，例えば，債権者とその記事の対象者の同定可能性であったり，いわゆる口コミサイトというものであったりします。口コミサイトにつきましては，対象となるものの良いところも悪いところも書き込んでいて，社会的に見ると，消費者間の情報の相互交流性とか，一般消費者と企業との情報格差を埋めるものとしての意義があるといわれているようです。他面，書き込まれた側としては，中には経営上，許容し難いと考えるものもあるでしょう。口コミサイトでの批判的な投稿記事を，債権者の名誉権等との比較衡量の中で，どこまで尊重するべきと考えるか，その判断枠組みをどう考えてゆくのかというのは，非常に悩ましいところです。

古谷 インターネット関係仮処分において，差止めと損害賠償との関係を従来どおりに捉えてよいか悩ましいと感じることがあります。

　一般に，表現行為により他者の権利が侵害された場合の対処としては，損害賠償と差止めの双方が考えられますが，伝統的には差止めのほうが要件としては厳しいと考えられてきたと思います。インターネット関係仮処分のうち発信者情報開示とか消去禁止の仮処分については，最終的には投稿者を明らかにし，その投稿者に対して損害賠償を請求する前段階として位置づけられているので，損害賠償に見合った要件を検討していくのが，たぶん筋だろうと思われます。

　一方で投稿記事の削除に関しては，直接的に表現行為を差し止めることになりますので，従来の理論からすると損害賠償よりもより厳しく認められるべきことになります。しかし，実際に事件を審理していて，当事者，例えば口コミサイト側の代理人などから，発信者が誰かがわかるほうが投稿者にとっては嫌であるという意見を聞くことがあります。投稿者は，自分が気軽な気持ちで書き込んだのに，後で書き込んだ人が誰だかわかってしまって，損害賠償が請求されるほうが困る。また，そのような事態が頻発すると口コミサイトに対して投稿する人が減ってしまって，投稿サイトとしての価値が下がってしまいかねないということが危惧されるというのです。

　他方で，書き込みに関しては，仮に削除されたとしても，投稿者が書き込みの維持に強いこだわりを有していないこともありますし，また，サイト運営者としても，同種の書き込みがたくさんあれば，削除による影響自体はさほど大きくないこともあるようです。ですから従来の議論からすると差止め

のほうが要件が厳しくあるべきなのに，同じ投稿に関して口コミサイトを管理しているプロバイダを債務者とし，発信者情報開示と投稿記事削除の双方を求めた場合に，削除に関してはさほど争わないけれども，開示に関しては強く争うという姿勢の違いが出てくることがあります。このように損害賠償よりも差止めのほうが要件は重いという伝統的な考え方をそのまま当てはめると，かえって投稿者やサイト運営者のニーズと必ずしも合致しないかのような状況が，一部とはいえ生まれつつあるというところをどのように考慮していくか，非常に難しい問題と感じています。

門口 表現の自由といっても，従来の表現の自由と同一には扱えないということですね。

古谷 表現行為のあり方は大きく変容しつつあると思います。その保護のあり方が同一でよいかどうかは，悩ましい問題だと思います。若干重複になりますが，インターネットはもともと気軽に書き込めますし，同じ内容を何度でも書き込もうと思えば書き込めます。従来だと，出版物についてはお金も手間もかけて出版していくので，それを差し止めるとなると，非常に影響が大きくなるわけですが，インターネットのように気軽に書き込めて費用も低廉で，書こうと思えば何度でも同じことを書き込めるという状況下ですと，何度でも書き込める多数の書き込みの1つが消されることよりも，匿名性が特徴なので，書いた人が誰だか判明してしまって損害賠償を請求されることのほうが，投稿者にとっては受ける打撃が大きいという捉え方も出てくるのだと思います。

門口 ご紹介いただいたケースの被保全権利は何とされているのですか。

古谷 発信者情報開示に関しては，プロバイダ責任制限法の開示請求権が被保全権利ということになっていますが，損害賠償請求の前提という位置づけになります。

III. 和解

門口 冒頭で事件の終局のこともお伺いしましたが，民事保全手続においても和解が行われることは，よくあるのでしょうか。

小川 ございます。保全事件の場合は，本案を巻き込んだような終局的な和解に至ることもありますし，保全段階特有の和解もあります。例えば本案の

第1審判決が出るまで，暫定的にこういう状態にいることをお互いに合意しようという内容の和解もあります。

門口　和解について，当事者から上申があるのか，あるいは裁判官側から勧告や何らかの示唆をされるのですか。

小川　ケース・バイ・ケースですし，裁判官によっても和解に対するスタンスは，通常訴訟と同じように多少のグラデーションがあると思います。その紛争当事者にとっていちばん良い解決が和解だと思えば，積極的に和解を勧試するタイプの裁判官も最近は多いと思います。

古谷　ただ，本案だと審理期間がある程度あるので，状況を見ながら裁判官としても和解勧告をするかどうか，もしくは当事者からそういう申出があるかどうかを待ちながら，審理を進めるというやり方もあるかと思うのですが，保全については審理期間がかなり短いので，私自身の感覚としては通常の本案訴訟よりも裁判官のほうがイニシアチブを取って，当事者に水を向けるという例が多いのではないかと思っています。

IV. 決定書

門口　決定書の作成について，苦労されることはありますか。特にインターネット関連事件や出版事件などでは，いかがですか。

古谷　決定書は，本案判決と比べれば理由の要旨ということになりますので，本案と比較して殊更苦労することはないです。

小川　認容決定の場合，理由は相当と認めるという形で終わらせますけれども，却下とか一部却下決定の場合は，事件によってはそれなりになります。しかも決定までの期間があまり長くなるわけにはいきませんので，できるだけ速やかに出さなければいけないという意味で苦労はしています。

おわりに

門口　本日は，民事保全についてお伺いしました。本来なら保全異議，保全取消しについてもお伺いしなければいけないところですが，時間の関係で割愛させていただきます。最後に，民事保全全般について，さらに当事者にお伝えされたいことは何かありますか。

古谷　先ほどの話に出てきましたように，当事者も限られた時間で準備をされるので，仕方のない面もあろうかと思いますけれども，裁判所も限られた時間で迅速に審査というか，審理をする必要がありますので，特に証拠が多い場合には，証拠説明書を作っていただくとか，必要な場所についてマーカーを引いていただくという形で，より迅速な審理に資する疎明資料の作り方をしていただけると，助かるなと思います。

小川　私も古谷さんとほぼ同じです。裁判官はどうしても事実から遠い立場にありますので，当事者代理人が事実をできるだけ裁判官に伝えてやるというつもりで主張や疎明をしていただくと，適正な判断ができるようになるのではないかと思っております。

門口　最後になって恐縮ですが，特に双方審尋型のケースで，当事者から裁判官が一定の方向性ばかり考えて，なかなか主張に耳を貸してくれないという不満があると聞くことがあります。その点について何か感じられるところはありますか。

古谷　短期間に結論を出す必要があるということで，特に債権者側は，通常の本案訴訟よりも急いでおられる方が多いのではないかと思われます。そのような手続の特性を踏まえると，裁判所としても早期に結論を出すべく，訴訟指揮をより積極的に行って争点整理等をしていくという側面は，やはり否定しきれないと思います。その意味で裁判官の訴訟指揮がより強く感じられるのかもしれません。ただ，当事者の主張については，事前にお渡しいただけた書面は当然事前に検討していますし，期日における言い分についても，当事者双方に対する時間の配分の範囲内ではありますけれども，きちんと聞いているつもりです。

門口　意見のやり取りというか，キャッチボールをかなりやることが普通にあるわけですね。

小川　例えば，保全異議などの場合，大体双方の主張が出ていますので，最初に争点を確認して，それに対する主張の要旨を言っていただいて，三者の認識を共通にした上で，さらに反論，再反論という形でやり取りをした後，双方にご了解をいただいて審理終結というように，普通の審理と同じようにやっているつもりではあります。しかし，先ほどのようなご意見があるのであれば，もっと真摯に双方当事者のお話を聞かなければいけないなと思いま

した。

門口　まだまだお聞きしたいことがありますが，時間が尽きましたので，これで終わりにします。どうもありがとうございました。

［2017 年 10 月 13 日収録］

控訴審

SPEAKERS

司会	門口正人	MONGUCHI Masahito
	大段 亨	ODAN Toru
	中西 茂	NAKANISHI Shigeru

控訴審への導き

　裁判はわかりやすく，利用しやすく，かつ，そのためには裁判あるいは裁判所が身近でなければならない。しかしながら，裁判所の敷居は，今なお高いと言われ，特に控訴審になると，近寄りがたい様子である。その原因は，高等裁判所の合議法廷がいかめしく見えるだけではなく，控訴審の審理のあり様にもあるのかもしれない。

　控訴審の審理に対して最も多く寄せられる不満が，「1回結審」についてである。「1回結審」とは，控訴審における第1回口頭弁論期日において直ちに審理を終結させることである。不満は，当事者にとって，控訴裁判所で，さらに丁寧な審理を望んでいるにもかかわらず，当事者の意向を無視するかのように最初の期日に弁論を閉じられることにあるようである。この不満に対して，裁判所は，第1回口頭弁論期日までに十分に記録を読み込み，合議も尽くしているのであるから，請求の当否を判断するのに熟していると考えられる場合には終結しているのであるという。しかも，第1回期日で終結する場合であっても，多くの事件では和解の勧告がされ，その手続内で心証が開示されているので，当事者の理解も得られているはずであるとも伺う。

　事件の受理から審理に至るまでの過程を追ってみると，控訴状が第1審裁判所に提出されると，およそ1月を要して高等裁判所に記録が送られ，事件は各部に配てんされ，配てん部において，控訴状の形式的な審査や必要な補正をした後，第1回口頭弁論期日が指定される。主任裁判官は，控訴理由書の提出後に，さらに原審記録の検討を重ね，合議体3人の合議を経て，第1回期日までに方針が決められるが，特に，複雑な事件，難しい論点を含む事件，原判決の結論や理由に問題がある事件については，主任裁判官による記録検討と並行して，随時合議が行われている。さらに，和解手続の場面などで，必要に応じて心証開示がされ，争点について説明がされることもあるという。

　当事者の関わりから，控訴審における審理の充実についてみると，**第1**に，控訴前の準備については，原審段階から判決結果を想定して大まかな控訴提起の対応方針が決められているはずであり，しかも控訴期間が2週間と限られているので，その間に，当事者本人と控訴に向けての対応方針の確認と控訴に伴う問題点などの洗い出しが求められる。多くの事件では第1回口頭弁論期日に和解の勧告がされるということであるから，あらかじめ和解の方針についても当事者の意向を確認して，

必要に応じて和解案の準備をしておくことが必要である。**第2**に，控訴状の作成については，控訴の趣旨を正確に記載して不服の範囲を明確にすることが必要であり，控訴の理由書の作成については，1回結審の不満から逃れるためにも，不服の点を明らかにすることを第1として，原判決の事実認定や法的判断の誤りと考えるところを簡潔に指摘することが望まれる。**第3**に，控訴審における争点整理のために弁論準備手続の開始を求めるためには，原審における争点整理が不十分であることについて，その理由を付して具体的に指摘することが必要である。**第4**に，証拠については，立証の必要性について，その理由を的確に述べて，申出をすることが求められる。特に，原審で当事者本人が調べられていない場合や陳述書の取調べだけで重要な証人調べがされていない場合には，その経緯を具体的に示して人証調べを申し出ることが必要である。**第5**に，和解については，当事者においても，積極的に位置づけておいてよいであろう。その場合に，原審の和解手続をなぞるようなものであってはならず，執行まで視野に入れて適切な解決策を探ることが重要である。和解期日において，心証を開示されることもあるから，その機会を活かして原判決の不備などを論理的に指摘することを心得ておくべきである。　　　　　　　—門口正人

はじめに

門口 本日は控訴審の手続を取り上げます。この企画は，裁判や裁判所を身近に，裁判をわかりやすく，あるいは利用しやすくという考えから，裁判や裁判所の見えない部分をできるだけ多くの方にお伝えしようという趣旨で始まったものです。裁判所の敷居は，今なお高いと言われていますが，特に控訴審になると，ベテランの弁護士ですらその敷居が高いと見ているようです。

　控訴審の審理のあり方について，いろいろな場面で様々な質問を受け，また，不満を聞くこともよくありますが，質問や不満で最も多いのは，1回結審に関するものです。その理由は，おそらく控訴審についてあまり語られることがないことにあるように思われます。今日は控訴審の見えないところをぜひご紹介いただければと存じます。

　それでは，お二方から簡単に自己紹介をお願いできますか。

大段 現在，東京高裁第 10 民事部で部総括をしています大段です。修習の期は 33 期で，任官は，昭和 56 年 4 月です。初任は広島地裁で，その後各地の裁判所で裁判実務を経験しましたが，高裁での勤務は，平成 13 年 4 月から 3 年近く東京高裁民事部で陪席裁判官を務め，それから，平成 26 年 11 月から 4 年余り東京高裁民事部で裁判長をしております。今日は，よろしくお願いします。

中西 東京高裁第 21 民事部におります中西です。大段さんと同じ 33 期です。初任は札幌地裁で，そのとき門口さんとは同じ部ではなかったのですが，右陪席をされていていろいろご指導いただきました。任官して 38 年近くになり，前半は，法務局や法務省など裁判所の外に出ていたのが半分くらいでしたが，後半は，ずっと裁判所にいて，ほとんど裁判の現場にいます。平成 27 年 8 月から東京高裁で部総括をやっております。今日は，よろしくお願いいたします。

事件の概況

門口 それでは，控訴事件の概況についてお伺いします。最近の事件の特徴も含めていかがでしょうか。

表1│民事控訴事件（ネ）（新受・既済・未済）件数年度別図表

年　　　　　種類	新受	既済	未済
平成20年	6,395	6,365	2,337
平成21年	6,592	6,390	2,539
平成22年	8,488	7,848	3,179
平成23年	8,507	8,572	3,114
平成24年	8,335	8,641	2,808
平成25年	7,321	7,644	2,485
平成26年	6,619	6,772	2,332
平成27年	6,424	6,597	2,159
平成28年	5,926	5,976	2,109
平成29年	5,849	5,818	2,140
平成30年	5,657	5,846	1,951

※なお，上記数値は，司法統計年報の刊行後，異同訂正が生じることがある。

I. 事件数の趨勢・審理期間・終局区分

大段　簡単に東京高裁の状況を説明したいと思います。この10年間の民事
控訴事件の新受事件は，平成23年までは増加傾向にあり，ピークは8507件
でした。その後は減少傾向にあり（**表1**），これは，いわゆる過払金返還請
求事件の増減による影響かと思います。

門口　審理期間や終局区分はいかがですか。

大段　この10年間の民事控訴事件の審理期間は，平成26年頃までは3月以
内の割合が30％前後で推移しておりました。ただ，最近はこの割合が減少
しており，22〜23％くらいになっております。ただ，3月超6月以内の割
合は平成25年までは50％前後でしたが，ここ最近は60％前後になっており
ます。それから，6月超1年以内の割合は，ここ10年では10％ないし15％
前後で推移しております。全体として見ると，約95％前後の事件が1年以
内に終了しております（**表2**）。

　それから，10年間の民事控訴事件の終局区分では，判決が55〜60％程度，
和解が30％前後になっております。取下げ等はやや幅があり，8％ないし

表2 | 民事控訴既済事件の審理期間調べ

事件種別	年度	総数	審理期間														
			3月以内	%	3月超6月以内	%	6月超1年以内	%	1年以内	%	1年超2年以内	%	2年超3年以内	%	3年超5年以内	%	5年を超えるもの	%
民事控訴(ネ)	20	6,365	1,968	30.9	3,114	48.9	955	15.0	6,037	94.8	270	4.2	45	0.7	11	0.2	2	0.0
	21	6,390	1,806	28.3	3,280	51.3	982	15.4	6,068	95.0	245	3.8	48	0.8	26	0.4	3	0.0
	22	7,848	2,504	31.9	3,794	48.3	1,198	15.3	7,496	95.5	300	3.8	36	0.5	16	0.2	0	0.0
	23	8,572	2,642	30.8	4,091	47.7	1,236	14.4	7,969	93.0	538	6.3	48	0.6	12	0.1	5	0.1
	24	8,641	2,547	29.5	4,490	52.0	1,176	13.6	8,213	95.0	355	4.1	51	0.6	19	0.2	3	0.0
	25	7,644	2,574	33.7	3,886	50.8	914	12.0	7,374	96.5	231	3.0	28	0.4	9	0.1	2	0.0
	26	6,772	2,102	31.0	3,694	54.5	729	10.8	6,525	96.4	191	2.8	48	0.7	7	0.1	1	0.0
	27	6,597	1,683	25.5	3,758	57.0	795	12.1	6,236	94.5	163	2.5	25	0.4	173	2.6	0	0.0
	28	5,976	1,329	22.2	3,635	60.8	770	12.9	5,734	96.0	200	3.3	20	0.3	22	0.4	0	0.0
	29	5,818	1,362	23.4	3,363	57.8	838	14.4	5,563	95.6	205	3.5	20	0.3	7	0.1	23	0.4
	30	5,846	1,340	22.9	3,472	59.4	791	13.5	5,603	95.8	194	3.3	31	0.5	13	0.2	5	0.1

16%程度になっております（**表3**）。

門口 和解が30%前後というのは意外と少ないような気もします。

大段 そうですね。ここ10年間を見ても，若干30％を超えるか，あるいは，若干下回ることもありますが，平均すると大体30％程度になっております（**表3**）。

Ⅱ. 事件の特徴

門口 ただいま，過払事件の減少によって事件数が減ったというご紹介がありましたが，そのほか事件の特徴として，何か指摘できますか。

中西 民事の第1審の傾向と同じではないかと思います。事件名として多いのは，損害賠償請求で，具体的には，交通事故，不貞，名誉毀損，被相続人の財産の不正使用を理由とするものが多いように思います。損害賠償請求以外では，離婚，建物明渡し，請負代金，遺言無効などが多く，全体的に見ると，親族間の争いが相当に目立ちます。不動産取引，経済取引に関する事件は，以前から横ばいか，人によっては前より少なくなっているのではないか

310

表3 | 民事控訴事件（ネ）の終局区分別内訳

年	総数	判決	%	和解	%	取下げ等	%
						種類	
平成20年	6,365	3,715	58.4	2,098	33.0	552	8.7
平成21年	6,390	3,540	55.4	2,142	33.5	708	11.1
平成22年	7,848	4,191	53.4	2,564	32.7	1,093	13.9
平成23年	8,572	4,585	53.5	2,577	30.1	1,410	16.4
平成24年	8,641	5,062	58.6	2,536	29.3	1,043	12.1
平成25年	7,644	4,441	58.1	2,338	30.6	865	11.3
平成26年	6,772	3,920	57.9	2,246	33.2	606	8.9
平成27年	6,597	3,788	57.4	2,062	31.3	747	11.3
平成28年	5,976	3,605	60.3	1,833	30.7	538	9.0
平成29年	5,818	3,380	58.1	1,798	30.9	640	11.0
平成30年	5,846	3,436	58.8	1,825	31.2	585	10.0

という感想です。

門口 争い方に着目して何か特徴はありますか。

中西 親族間の争いは，以前も争いは激しかったし，最近も激しいですね。そのほか，あまり変わらないのではないでしょうか。

手続

I. 審理の進行

門口 それでは，手続についてお伺いします。審理が一般的にどのように進むのかについて，まず，控訴状の受理から第1回口頭弁論期日の指定までの実情をご紹介いただけますか。

中西 控訴状は1審裁判所，高裁で審理する控訴事件だと地方裁判所や家庭裁判所に提出されます。高裁に記録が上がってくるのは，大体，控訴状の提出から1カ月後くらいです。高裁に記録が上がってくると，すぐに各部に配てんされます。各部では，控訴状の形式的な審査や必要な補正をした後，裁

判長が第1回口頭弁論期日を指定します。いつ頃に指定するかというと，部によって扱いは違うと思うのですが，私が配属されている部では，控訴理由書の提出期限が民訴規則に定められていて，控訴提起から50日以内となっていますので，第1回口頭弁論期日は，控訴理由書提出期限の1カ月後くらいを大体指定しています。部によっては，控訴状の審査を経てから1カ月後，あるいは1カ月半後くらいに指定しているところもあるようです。

▶審理前の検討

門口 事件の配てんを受けた後，第1回口頭弁論期日前において，事件の検討としてはどのようなことがされているのでしょうか。

中西 東京高裁には，各部に裁判長のほかに陪席が3，4人いますので，部の中の合議体の構成が1種類ではなくて何種類かあります。事件が配てんされると，あらかじめ定められた順番に従って自動的に合議体の構成が決まり，主任裁判官も決まります。主任裁判官は，事件が配てんされると，原審判決を読んで，じっくり読むわけではないのですが，原審の記録もざっと目を通すということをします。

事件が配てんされた時は，多くの事件はそれくらいしかやらないのですが，原審判決を見て難しいと思う事件，なかなか問題が多いと思う事件については，その時点から検討を始めます。そういう事件があると，「難しい事件がありますよ」ということを裁判長に伝えることになります。

門口 そうしますと，事件処理の方針の決定はどの段階で決まることになりますか。

中西 多くの事件では，主任裁判官は，控訴理由書が提出されてから本格的な検討を始めます。難しい論点を含む事件や，原判決の結論や理由に問題がある事件は，主任裁判官は，検討を開始後，裁判長にあらかじめ合議をする必要があることを伝え，これ以降，適宜の時間に合議を重ねて方針を少しずつ決めていきます。裁判長は，主任裁判官から合議の必要を伝えられた場合や，そうでなくても，第1回期日の2週間ないし3週間前には，記録を読んで検討をします。問題がなさそうな事件では検討するのが第1回期日近くになる人もいるようです。第1回期日の前日または期日当日の朝には，全事件について，合議を行い，最終的な方針を決めます。

門口 さらにお尋ねしますが，その方針について，主任裁判官と裁判長の間で，広い意味での合議は，どのような形でされるのでしょうか。

中西 問題がある事件で適宜の時間に合議をする場合は，基本は，主任裁判官と裁判長が口頭で議論し，もう1人の陪席裁判官も議論を聞くことになります。この段階でも，複雑な事案では，主任裁判官が問題点や心証を書いた書面を作成して，裁判長と相陪席に渡すことがあり，参考になる裁判例や文献のコピーを配布します。期日前日の最終的な合議では，主任裁判官は，必ず，最終的な方針や期日での手続を記載した書面を作成して配ります。私の部の例では，主任でない裁判官も合議に加わって発言していますし，それだけでなく，部に属する裁判官全員が合議を聴いていますので，その事件の構成になっていない裁判官も，法的な問題などで，発言をすることがあります。

門口 控訴状等をご覧になって，控訴提起の準備に関して，何か気になる点はありますか。

中西 私の考えでは，判決から控訴提起まで2週間しかありませんので，実際問題として準備といっても難しいのではないかと思います。代理人がついていると，その弁護士さんが1審判決を受け取って，本人に判決内容を説明し，控訴すべきかどうか，控訴した場合の見通しはどうかを説明する必要があるでしょうし，当事者本人にとっては，場合によっては，代理人を変えるのかどうかという問題もあると思います。

　理想を言えば，控訴審でどういうことをするのか，見通しをつけて控訴状を出されればいいのでしょうが，実際には難しいかという気がします。なので，とりあえずの控訴というのがあってもやむを得ないのかと思っております。

大段 私自身は，当事者の経験がないものですから，当事者の実情はよくわかりません。ただ，時間があれば，原判決を踏まえてできるだけ当事者本人と今後の対応方針を大まかでも結構ですので，協議していただけたらと思っております。

II. 控訴状・控訴理由書

門口 続いて，ただいまのお話にもありましたが，控訴状の審査に関してお伺いします。

▶控訴状の審査

門口 まず控訴の趣旨について，的確に記載されていますか。

大段 控訴の趣旨は，必ずしも正確に書かれているとは言えないと思います。特に原判決が一部認容になっていて，原告が控訴をする場合に控訴の趣旨が必ずしも正確に書けていません。その場合，控訴の趣旨第1項で，「原判決中控訴人敗訴部分を取り消す」と記載し，その後，原審での請求をそのまま全額記載しているという控訴の趣旨があります。これは誤りだと思います。

　やはり，この場合，書くとすれば，1審で請求した金額から認容された金額を控除した残りの金額を書くというのが正確かと思います。また，控訴の趣旨第1項で，「原判決中控訴人敗訴部分を取り消す」と書いてあるのに，その後の控訴の趣旨では，敗訴した原審での請求のうち，その一部しか記載していないため，その不服の範囲がわからないものが往々にしてあります。そういう点を正確に書いていただきたい。裁判所とすれば，不服の範囲を明確にしていただきたいと思っております。どの部分を控訴しているのかがわかれば，裁判所側から法廷等で訂正を促して，訂正された控訴の趣旨を述べてもらうということも可能になると思います。

　このように，非常に技術的なところもあるものですから，控訴の趣旨は，最初に「原判決を次のとおり変更する」と書いていただいて，その後で，控訴人において求める判決の内容をお書きいただくというスタイルでもいいのではないかというお考えの裁判長もおられると聞いています。

門口 かつては，不服の範囲を決めることが重要であると考えて，まずは変更判決ではなく，取消部分を明らかにする方式を訓練させられましたが，いずれにしろ不服の範囲を意識することは大事ですね。

　さて，今おっしゃったような点で，控訴状に不備があった場合はどのようにされるのですか。

大段 控訴の趣旨が不明ですと，控訴の提起の手数料の額がいくらかなどという問題もありますので，事前に書記官から補正を促して，控訴の趣旨を特定させる場合もあります。また，その不備の程度がそれほどわかりづらいものではなく，善解して大体そういう趣旨であろうということがわかれば，事前に補正までは促さないで，法廷で釈明を求めて，控訴状の控訴の趣旨を訂正してもらった上で，それを陳述してもらうという扱いにしている場合もあ

314

ります。

▶控訴理由書の作成

門口　引き続き，控訴の理由についてはいかがでしょうか。過不足なく書かれていますか。

大段　これについては，いろいろ問題があると思っています。1 つには，非常に長大な控訴理由書が提出されることがあります。例えば，原判決が 10 頁，あるいは 15 頁程度であるにもかかわらず，50 頁，ときには 100 頁位の控訴理由書が提出されることもあります。その内容を見ますと，原審で提出された複数の準備書面をコピーしてつなげただけの内容に乏しいものがあります。

　裁判官に対して不服の点を明確にするためには，適切な長さがあるはずであり，あまりに長大だと不服の点が曖昧になりますし，効果としてもいかがかと思われます。やはり，原判決の事実認定や法的判断の問題点を，請求の当否との関係で，簡潔に指摘するものが望ましいと思います。

　多くの控訴理由書は，原判決について，その記載の順序に従ってこれを批判し，あるべき事実認定や法的判断を展開しており，一般的にはこれでいいかと思います。ただ，中には原判決の一文一文を細かに批判するものの，事件全体を通じての主張に欠けているものがあり，全体として何が不服なのかを明確に主張していただく必要があると思います。また，一部には，原審の裁判官に対する批判もあり，その表現に若干の行き過ぎがあると感ずるものもありますので，表現にあたっては，その辺りもお考えいただけたらと思います。

門口　1 審段階のお話でも，準備書面が非常に長いという指摘がありましたが，どんどん長くなっているような印象がありますか。

大段　依頼者との関係もあるのかとは思うのですが，この点は強調しておきたいということで，どうしても勢い長くなっているのではないかという気がしております。ただ，繰り返しになりますが，どの点が問題なのかということを簡潔にご指摘いただくほうが効果的であると思います。

中西　余談ですが，1 審判決も長いのではないですか。判決文も長くなっており，実務法律家の文章が全体的に長くなっているのかもしれないです。

大段　それはワープロの影響だと思います。以前のように手書きで原稿を書いてタイピストに活字を打ってもらう時代だと，結構，短い文章のものが多かったと思います。

中西　今はいろいろな裁判例などもデータをコピーして貼り付けられるので，それを入れたりすることがわりとやりやすくなったので長くなっているのかもしれません。

大段　そうですね。

門口　弁護士からの質問には，例えば，良い控訴理由書と悪い控訴理由書の違いはどこにあるか，控訴理由書は1審の最終準備書面と同じようになりがちだが，どのように書くのが効果的かというものがありますが，いかがですか。

大段　最終準備書面のような控訴理由書は要らないと思います。控訴は，1審判決に対する不服申立てということになり，最終的には請求の当否が審判の対象ということになりますが，1審判決の事実認定の誤りなり，法的判断の誤りという点を簡潔に指摘していただくということが効果的なのではないかと思います。

中西　基本的に控訴理由書ですから，1審判決のここが誤りであると指摘すればいいのです。裁判官も原審の判決を読んで，ここはどうかとか，少し論理展開がおかしいけれども大丈夫かなどと思うことがあります。そこを鋭く控訴理由書で指摘してあると，やはり指摘されているなとか，原判決より控訴理由書に書いてある論理展開のほうが優れているなと思ったりもします。それが良い控訴理由書です。一方，我々裁判官が原審の判決を見て，ここはおかしいと思うのに控訴理由書でほとんど触れていなくて，こちらは全く大丈夫だと思っているところを集中的に触れていると，この控訴理由書は何だろうということになります。

Ⅲ. 口頭弁論

▶第1回口頭弁論期日指定

門口　さて，第1回口頭弁論期日の指定について，先ほどあらましをご説明いただきましたが，第1回口頭弁論期日の指定は，どのような作業が終わった段階で行われることになりますか。

中西　第１回口頭弁論は，控訴記録が上がってきて形式的な審査をすれば，すぐに指定します。それ以外に何か内容のあることはしていません。

▶第１回口頭弁論期日の実情

門口　それでは，第１回口頭弁論期日の実情をお伺いします。終結可能な事件と弁論続行の事件の選別，あるいは弁論準備手続か人証調べかということを決める実情についてお尋ねします。

中西　いくつかに分かれるかと思います。終結可能な事件は，弁論を終結して判決言渡しの期日を指定します。言渡期日は，概ね１カ月半ないし２カ月後ですが，部によって多少違いがあると思います。多くの事件は，第１回期日で和解勧告をして，第１回口頭弁論期日が行われた日のうちに，引き続き和解期日を設けます。その後，和解期日が重ねられて指定された言渡期日を過ぎる場合は，言渡期日を変更しています。

　また後で出てくるかもしれませんが，和解期日において裁判所から心証開示されることが，かなりあります。その結果，当事者から弁論再開の申出がされることもあり，事案によっては弁論を再開して主張・立証の補充が行われるということになります。１回で終結するのは，大体，感覚的には全事件の70〜80％くらいです。

　それ以外では，まず，弁論を続行する事件があります。どういう事件を弁論続行するかというと，控訴理由書の提出が第１回期日の直前になり，それに対して被控訴人から反論の必要があるけれども間に合わなかった場合，それから，これは結構あるのですが，第１回期日の直前に附帯控訴がある場合があります。附帯控訴に対する答弁はできるにしても反論する余裕はありませんので，その場合も続行することになります。争点整理が必要な場合は次に述べる弁論準備に付することが多いのですが，弁論準備をするほどのことはないという場合は，弁論期日をもう１回指定します。今述べたような事件では，第２回期日に終結することが多いかと思います。

　３番目に，弁論準備期日を指定する事件があります。弁論準備に付す場合は，第１回弁論期日の日に引き続いて弁論準備を行います。どういう事件を弁論準備にするかというと，原審での争点整理が不十分で控訴審で新たに主張をしてもらう必要があるような場合です。弁論準備手続の中で和解を打診

することもあります。

　それから，数としては多くないのですが，第2回期日に人証調べを行うこともあります。これも後から出るかもしれませんが，人証調べが必要であるが，改めて争点整理は必要でないような場合です。

▶第1回結審と続行の振分け

門口　いくつかのことをお示しいただきましたが，第1回結審と続行の振り分けの基準があるのかということについて，多くの質問を受けます。この点は，いかがでしょうか。

中西　基準という言葉が適切かどうかはわかりませんが，裁判所の立場としては，第1回口頭弁論期日を行えば請求の当否が判断できると考える事件は終結します。そのままでは請求の当否の判断ができない，審理が必要であるという事件は続行します。それ以外の理由はありません。当たり前のことです。何が何でも第1回で終結しようとは思っておらず，判断にはなお主張が必要であるとか，立証が必要である，場合によっては人証調べが必要であるという事件については，当然，続行いたします。

門口　冒頭に申し上げたとおり，第1回結審に関しての不満が非常に多いのですが，それはどこに理由があると思われますか。

中西　当たっているかどうかわかりませんが，1審判決が維持される場合でも，控訴人からはさらに主張したいことがあったということかもしれません。しかしそのような場合は，控訴理由書で十分主張できるのですから，裁判所から見る限り，批判は当たらないのではないかと思っています。

　それから，1審判決と逆の結論になるのに1回で終結してしまうのは，1審で勝訴している被控訴人にとっては不意打ちだと，時々聞くことがあります。先ほど言いましたように，第1回期日で終結する場合，多くの事件で和解勧告をしています。1審と逆の結論になる場合には，和解の中で心証は開示していると思います。結論が逆になる場合，1審判決は維持が困難であるというような，いろいろな言い方があると思いますが，それは伝えていると思いますので，全くの不意打ちはそれほどないのではないかと思っています。

門口　私どもの時代には，1回結審で結論が変わるということは考えられなかったのですが，最近ではそういう事例もあるということでしょうか。

大段　主張・立証によって結論が変わる可能性があるというような場合には，私の部では，できるだけその点について主張・立証を促し，弁論を続行するようにしています。

　ただ，逆に言うと，仮に主張・立証がなされても，結論が変わらないであろうと見込まれるような事件もあるものですから，そういう場合には弁論は終結しますが，和解勧告の中で裁判所の見解を申し上げて，その中で，場合によっては記録に表れていないけれども，こういう事情があるのだという話が出てくる場合もあります。その場合，改めて弁論を再開して，その点の審理をやるということもあります。

門口　不満の原因の1つは，結審することについて十分な説明がされないことにあるような印象ですが，いかがでしょうか。

中西　1回で結審すると控訴棄却，1回で結審しないで続行する場合は変更もありうるということなら，当事者にわかるということでしょうか。裁判所の立場から言うと，先ほど言いましたように，第1回期日で判断ができるということであれば，特に続行する理由はないと考えますので終結しています。裁判所から見ると，1審判決を見て，この事件でこの結論はありえない，1審判決の理由は成り立たないというような事件も間々あります。裁判所から見ると，そのことを当事者もわからないのかというのが正直な思いです。

　これについてついでに言うと，そういう事件で答弁書にどのように書いてあるかですが，1審判決が「あれっ」と思うような理由で結論を出していて，維持できるか疑問であると思うようなときには，たいていの場合，答弁書に詳しい主張が記載されていて，1審判決はこういう理由で結論を出し，被控訴人の他の主張は排斥しているが，他の主張を排斥した点は違うのだなどということがかなり詳しく書いてあります。

　それは，1審判決の理由では維持されない可能性があることが，被控訴人代理人にもわかるからです。でも，そういう判決であるにもかかわらず，答弁書に，原判決の理由づけを表面的に肯定するだけで，他の点は簡単に主張しか書かれていないものがあり，裁判所から見ると大丈夫かと思うようなことがあります。なので，当事者の立場からとは違うのかもしれませんが，1審判決が覆るような事案は，代理人からは全然わからないのかという思いもあります。

門口　依頼者の意向を酌んだ上で1審判決に対する不満を述べているのだから，当事者の納得を考えれば1回くらい続行してもいいのではないかという意見がありますが，いかがでしょうか。

中西　最近の控訴審の状況を見ると，代理人の側も，1回結審であろうという予想の下に出頭されている方が多いように思います。第1回期日では，当事者双方に訴訟の進行について意見を聞きますが，あらかじめ人証の申請があったり，控訴理由書に主張を続けるとの予告があるような場合を除けば，これ以上は主張・立証はないという意見が大部分であり，続行を求める代理人は少ないという印象です。裁判所が1回結審をするから，そのような対応になっているのかもしれませんが，多くの事件では，第1回期日までに必要な主張・立証が行われているのではないでしょうか。先ほどから言っているように，大部分の事件で和解勧告をするので，和解の席で，1審判決に対する不満を述べる機会はまだあるとも言えます。終結しておいて，和解期日で，1審判決の問題点を話したり，心証開示をしたりすることについては，批判もあることは承知していますが。

▶控訴審の事後審化

門口　和解については，後ほどまとめてお伺いしますが，最近，控訴審の事後審化ということがよく言われていますが，これはどのような実情を言うのでしょうか。

大段　民事控訴審は続審制が採用されていますが，控訴審の事後審化とは，請求の当否を最終的な審判の対象としつつも，第一次的には，1審判決について控訴人が不服とする控訴理由書に記載された事実認定の誤りや法令適用の誤りに審判の対象を絞って，これに審理を集中させるような訴訟運営を言います。全体として控訴審の審理の運営については，今，述べたような傾向にあると考えられますが，裁判体によって，原審での審理状況，原判決の完成度，そういったものによってその程度の差異があると思われます。1審の争点整理あるいは認定判断等に問題がある場合には，控訴理由書の指摘事項に限らず，控訴審においても，請求の当否を判断するのに必要な事項について審理を行っているのが実情かと思います。

▶原審記録の見方

門口 ただいまの質問との関係から，記録の見方についてお伺いします。裁判所によっては1審記録の訴状から順番にもう一度読み直すという方法と，控訴理由書を検討してから原審記録に戻るという方法の2つのパターンがあったような印象ですが，いかがですか，ご経験で結構ですが。

大段 基本は，まず原判決を読みまして，どういう事件なのか，あるいは，どのような問題点があるのかについて，原判決から読み取って，その上で控訴理由書を読んで指摘されている問題点を念頭に置いて，記録を読み込んでいくという作業になります。

中西 少なくとも主任裁判官は控訴理由書を読み，原審の記録はすべて読むと思います。

門口 1審の段階についても言われていますが，訴状を読んだ段階である程度見立てがされますね。それは予断というものではなく，裁判官の経験と知見によってこの訴えはどこかおかしい，無理があるというように判断されるのと同じように，控訴状あるいは控訴理由書をご覧になっても，やはり原判決は何となくおかしいなどといった判断は，されるものでしょうか。

大段 そうですね。そういう場合もあります。

▶口頭弁論結果の陳述

門口 第1審口頭弁論期日の関係で，弁護士の方からの質問で，口頭弁論結果の陳述について，いくつかの違いがあるようであるが，その違いはどこにあるのかと聞かれます。その点は置いて，まず，実情はいかがですか。

中西 大部分の事件が，「原判決事実摘示のとおり原審口頭弁論の結果を陳述」ということを裁判長が言って，両当事者が「陳述します」という形式的なことが行われていると思います。

門口 質問は，おそらく，「原判決の事実摘示記載のとおり原審の口頭弁論の結果陳述」と「原審の口頭弁論の結果陳述」とされた場合では，判決の見直しの可能性が違うという趣旨ではないかと推察されますが，いかがですか。

大段 ええ，おそらくは，「原審記録に基づいて原審の口頭弁論の結果陳述」あるいは「原審の口頭弁論の結果陳述」というときは，原判決に主張の記載がないときがあり，あるいは，主張の記載が必ずしも的確にされていないと

きに，「原審記録に基づいて原審の口頭弁論の結果陳述」，あるいは「原審の口頭弁論の結果陳述」ということがあります。

門口　原判決の事実摘示などに疑問があるようなときに，それを引用することを差し控えたいということでしょうか。

大段　ええ。そうです。

Ⅳ. 証拠調べ

門口　高裁で人証調べがされることはないのではと質問されることがありますが，証拠調べ，特に人証調べをするのは，どういう場合か教えていただけますか。

大段　やはり事案の解明のために必要な場合です。特に1審で証人が調べられていない，あるいは当事者本人が調べられていない，しかし，この人証を調べたら，場合によっては1審判決の取消しなり変更がありうるかもしれないという，そういう可能性がある場合には人証調べはやっていると思います。

門口　当事者にとっていちばん不満なこととして，裁判所は事件処理のことばかり考え，とにかく早く事件を1件上がりにしたいというのが露骨に見えるというような批判があるようです。今は説明責任が求められる時代で，裁判所も，いろいろなことについてもっと説明すべきではないのかということになるのかもしれません。いかがですか。

中西　どんな事件であっても，1回で終わらせようとか，必要があっても審理の続行をしないとか，そういう姿勢は絶対ありません。そこは間違いがないのです。結論が出せない場合は，審理を続けます。先日，交通事故の事件で，1審で行われた尋問が極めて短時間で，重要な点を尋問していないため，記録を読んでも事故態様の心証が全くつかめないというものがありました。それで，第1回期日に，当事者双方がこれ以上主張・立証はないと言っているのに，職権で控訴人と被控訴人の本人尋問を次回に行うという決定をしました。そのようなこともあります。

　それから説明責任ということでは，当事者がさらに主張をしたい，証人尋問もしたいというのに，裁判所が「必要がないので結審します」と言うとき，「なぜ必要がないか説明せよ」と言われても，「これまでの審理で判断できます」ということ以上に説明するのは難しいと思います。それ以上に詳しく説

明せよと言われると，判決理由をあらかじめ言うようなことになってしまいます。

V. 和解

▶和解勧告

門口 ありがとうございました。それでは，和解に進みます。控訴審における手続の中で，和解についての質問が多くあります。例えば，どのような基準で和解の勧告あるいは示唆がされるのかということですが，先ほどのお話ですと，概ね，どのような事件も和解は勧告されるということですか。

大段 そうですね，部によって方針が異なるかもしれませんが，事件によっては，和解が不適切な事件，あるいは和解ができないという類型の事件もあるかと思いますが，それを除けば，多くの事件について和解を打診し，特に和解による解決が適切であると考える事件については，積極的に和解勧告をしています。

門口 先ほどのいわゆる1回結審される事件，原判決の維持で問題なしと思われる事件についても，和解を勧告するということですか。

大段 紛争を適切に解決するということになりますと，判決によってはある部分しか紛争を解決することができない場合もありますので，紛争の実態といいますか，それを見て，勝訴判決でもこれで本当に紛争解決になるのかどうかという点は，やはり考えます。もう少し広い目で紛争全体を見て，別の考え方もあるかもしれませんし，場合によっては勝訴判決でも，それが執行という問題になったときに，完全にうまく執行できるかどうかという問題があります。そこは話合いで柔軟に解決し，任意に履行してもらうような和解という解決方法もあるのではないかと思うので，勝訴判決だからといって和解の打診ないし勧告をしないということにはならないのではないかと思います。

中西 今，第1回期日の直後に和解が行われているというのは，代理人弁護士さんにはかなり浸透していると思います。なので，当事者を同行して来られる方もかなりいます。

門口 そうですか，私どもの時代とは違っているかもしれませんね。当時は，和解をそこまで積極的に位置づけることはなくて，やはりそれなりの理由が

ある場合にだけ勧告していたような実情だったと思います。それよりも一歩踏み込んでいるようですね。

大段 中西さんが言われたように，多くの事件で，第1回期日後に和解を打診するなどしていますので，代理人は，第1回期日に出頭するに際しては，当事者と打合せをして，和解についても検討をしておいていただきたいと思います。

中西 もちろん，和解勧告のやり方にいくつかニュアンスの違いがあって，どうしても和解による解決がいいと思うものは積極的に「職権で和解勧告をします」と言いますし，和解は無理そうだけど一応振ってみるかと思う事案については，「この事件，和解しますか」とか「和解できますか」というような言い方にします。

大段 確かに，その問いかけのニュアンスはいろいろあるかと思います。積極的に和解勧告をする事案と，和解の打診という，一応考えを聞かせてくださいという形のものもあります。

門口 和解手続が合議でされるのか，単独でされるのかということも，よく質問を受けるのですが，いかがですか。

大段 基本的には，主任裁判官が受命で行うというのが多いと思います。

中西 もちろん第1回期日前に十分合議をしていますので，結論はその時点で固まっていますし，和解についても，どういう和解に持っていこうか，どういう説得をしようかという点についても事前に合議をしています。なので，1人の受命裁判官がその人だけの考えで和解手続をしているということではありません。

門口 当事者側から見ると，実情が見えないだけに，いろいろな点で疑心暗鬼になっているように思われます。和解の勧告があるかないかで自分たちが敗訴するのかどうかを決めてしまったり，あるいは和解手続が単独で行われることにマイナスのイメージが持たれているようですが，そういうことは一切ないというように承っていいですね。

大段 ええ，先ほど中西さんが言われましたように，和解のやり方，和解の内容は合議を踏まえた上で行っておりますので，そこは，疑心暗鬼になられなくてもよいと思います。

門口 確認しますが，和解に付する理由というのはいろいろあると承ってい

いのですね。

大段 そうですね，和解に付す事案を見た上で，どういう紛争解決があるのか，いろいろな解決方法はあるかと思いますが，できるだけ任意に履行するとか，その紛争を解決するためにはどのような方法が適切であるかということを，裁判所も考えながら和解に付しています。

▶心証開示

門口 和解に関して，もう1つ大きな質問を受けることがあります。先ほども触れられましたが，心証の開示，特に和解手続における心証は信用していいのかどうかという質問です。まず，心証開示というのは必ずされるものかどうかお尋ねします。その次に，今の質問にお答えいただきたいのですが，いかがでしょうか。

大段 心証開示の方法や程度については，事案や裁判官によって異なるかもしれませんが，一般的には，争点についてはこのように考えており，それで結論としてはこういう方向になると説明していると思います。ある程度の方向性は示して説得をしていると思います。

門口 和解には，特に控訴審の和解は事実審の最終段階ということでもあり，当事者に対するコンサルティング機能とか説得の技法としてある程度のバイアスのかかったような心証を開示することがあって，当事者からすると提示された心証は必ずしも信用できるものではないという考え方の運びのようなのですが，いかがですか。極端なことを言えば，勝ち筋の事件であっても負けるという印象を与えるような説明がされることがあるのかということでしょうか。

大段 ないと思いますが。

中西 すべての裁判官のことを知っているわけではないですけれども，少なくとも私の部で，あるいは東京高裁でそういうことはないと思います。

門口 先ほど中西さんがおっしゃったように，相当の検討合議も踏んだ上で，単独の裁判官であっても主任裁判官が心証を開示するということですから，あくまで裁判体の合議に基づいているということは間違いないですよね。

中西 合議に基づいての心証開示です。

門口 質問の趣旨を例示で申しますと，大きな法律問題があるのに，一切お

答えしていただかないで，ただ単にあなたのほうは負けますよ，したがって和解をしなさいという例を示されるのですが，いかがですか。

大段　ただ，それだと納得されないのではないでしょうか。

中西　当事者に対して「和解しなさい」と言うだけで和解できればもちろんいいですけれども，高裁まできている事件はそんな言い方だけで和解ができるはずはなく，きちんとした論理の組立てと，事実の見方，事案の見方が全部できていて，さすがに裁判官はよく事案を見ているというのがわかってもらえないと，とても高裁で和解はできませんので，そんな簡単なものではないと思います。

　ただ，和解の場での説明は，判決文とは違って，断定的な発言を避けたり，微妙な言い回しが入ることもあり，その中で説得的な説明をしなければならないので，簡単なことではなく，当事者にうまく伝わっていない場合があるかもしれません。それで，結論だけ押しつけられたような印象を持たれることがあるのかもしれません。和解における説明方法や心証の伝え方については，裁判所として取り組まなければならない課題であるし，個々の裁判官も技量の向上に努める必要があるように思います。

▶弁論の再開

門口　弁論再開の関係で伺います。1審の段階でも出た話ですが，心証を開示することによって，そういう心証であれば主張を追加したいというように，審理が輻輳することにもなりかねないという指摘があります。弁論の再開について実情はいかがでしょうか。

大段　私の部では，弁論再開申請がありまして，その申請書を読ませていただき，指摘されている主張・立証について審理をして請求の当否に影響するという判断になれば，弁論再開をしております。ただ，その指摘があっても，それだけでは請求の当否に影響しないというときは，弁論の再開をしないという判断をしております。

中西　弁論再開は全然しないかというと，私の所ではまあまあやっています。ただ，心証開示して1審で棄却だったのが認容になりそうだというので，相殺の抗弁を出すとか言われても，それはなかなか応じられないかなと思っています。

VI. 判決

門口　それでは最後に判決を取り上げます。高裁の判決は非常にわかりにく
いと評判がよくありません。法令の改正のいわゆる溶け込み方式によってい
るためにわかりづらいと言われているようです。わかりやすい判決を目指し
て努力されていると思いますが，実情はいかがでしょうか。

中西　今指摘された溶け込み方式，つまり加除訂正型の判決が多いのは事実
です。その様式を弁解するようですが，原判決の完成度が高い場合には改め
て全部書くまでのことはなく，少々の手直しだけで原判決を生かせるという
のなら，あえて書き直す必要がないのだと考えています。それから，加除訂
正型だと1審判決のどこを改めたかが，むしろわかりやすいのではないかと
思います。加除訂正型のほうが判決作成の労力が少なくて済むという点は，
もちろん否定いたしません。

　わかりやすい判決を目指して努力をしているかどうかですが，できるだけ
読みやすいものにしようという考えはあります。まず，あまりにも虫食い的
な，単語1つひとつを改めるというようなことはしないようにしています。
かつてはちょっとした言葉の間違いやワープロの変換ミスまですべて訂正し
ているような判決もありましたが，今はそういう判決は少ないのではないか
と思います。また，改める場合は，単語1つではなく，なるべくある程度の
まとまりの範囲で訂正するようにしています。

　それから，基本的に原判決を全部引用して，修正部分は最小限にして，そ
のほかに控訴理由に対する判断として別項目で書き，そこだけを読んでも，
控訴理由に対する高裁の判断はすべて書いてあるので理解ができるというよ
うな判決を書いている合議体もあります。

門口　できるだけわかりやすい判決を目指して努力されているということは
よくわかりました。私が高裁の裁判長を務めているときに，プラクティス委
員会で，今おっしゃった引用型の判決はできるだけ避けて書き下ろし文章体
にするとか，いくつかの訂正箇所がある場合には文章単位で訂正することと
する提言がされたように記憶しています。いまだに，例えば句読点まできっ
ちりと直している例があるようですが，今のご発言で努力の跡はよくわかり
ました。

おわりに

門口 時間の関係で，以上で控訴審についてのお話を終わりにしたいと思いますが，最後に控訴裁判所からご覧になって，当事者への要望あるいは若い弁護士の方々にお伝えしたいことなどをお教えいただけますか。

大段 これは先ほど述べたことにも関連するのですが，控訴理由書については，請求の当否の判断に影響を及ぼすような原判決の事実認定なり，あるいは，法的判断について，問題点を端的に指摘して，その主張の要旨を簡潔に論じていただくことを望みたいと思います。それから1審と同じですが，控訴理由書を含めて，書面の提出については期限を守っていただきたいということです。

中西 今の点は，陪席裁判官や書記官からぜひ座談会で言ってもらいたいという希望がありました。控訴理由書の提出は民訴規則で控訴提起から50日以内と決められているのですが，実際に守られているのは，感覚的には，せいぜい6割ぐらいです。

門口 それは延期申請もされないのですか。

中西 延期申請がされるのもありますが，ごく一部です，なかなか守られていません。途中で言いましたように，控訴理由書が出て本格的な検討に入りますので，控訴理由書が出ないと，なかなか高裁の裁判官は検討に入れませんので，ぜひそこは守っていただきたいと思います。

門口 どうもありがとうございました。これをもって控訴審の座談会を終わらせていただきます。

[2018年12月12日収録]

雛形要松ほか
『民事控訴審における審理の充実に関する研究』

司法研究報告書 56 輯 1 号（2004 年）42 頁～ 43 頁

第3節　続審制の事後審的運営の特徴

1　続審制の事後審的運営の展開とその意義

　前節で指摘したような訴訟運営論の推移を通覧すると，民事控訴審の審理の在り方としては，続審制の原則の下で，請求の当否を最終的な審判の対象としつつも，第1審の審理の漫然たる繰り返しではなく，まず，第1次的には，控訴理由が実質的に問題とする特定の争点について，審理の対象を絞り，その争点に対する集中的な審理を進める訴訟運営を目指す傾向が広まり，強まってきたと見られるのである。このような訴訟運営は，続審制の事後審的運営と称すべきものであり，これは，第1審の審理の不必要な重複ないし不当な蒸し返しとなりがちな覆審的運営を改め，控訴審の審理を，適時に，集中することにより，その充実を目指す合理的な訴訟運営と理解することができるものであって，これまでの民事控訴審の実態と経験を踏まえ，新民訴法の趣旨に適合するものといえよう。そして，その内容的な特徴としては，次のような三つの運用上のポイントを挙げることができる。

2　控訴理由における争点の絞り込みと集中審理

　当事者は，法律上は，控訴審の弁論終結時までは，当該控訴事件に係る請求の当否について主張し，証拠を提出し，適用されるべき法令の解釈問題について主張することが可能であるが，新民訴法の下では，運営上は，控訴状又は控訴理由書及びこれに対する答弁書その他の反論書の提出をもって具体化される「第1審判決の取消し又は変更を求める理由」の範囲ないし限度で，控訴審の争点が特定されるのが通例となる。通常の場合には，第1審の争点と控訴審の争点とはその範囲を異にせず，そのうちの特定の争点について控訴審で更に具体化ないし深められるのである。ところが，控訴事件の中には，第1審判決の事実整理又は争点整理が不十分であり又は誤っており，それらの整理を基本からやり直すべき場合，第1審判決の争点整理が必ずしも誤っているとはいえないが，証拠に基づく第1審判決の事実認定及び理由判断を踏まえると当該事案の経過から別の客観的ないし合理的な問題点が争点になってくる（いわば第2次的な争点が問題になる）場合など，第1審の争点と控

訴審の争点の範囲が全部又は一部異なってくるケースも時折見られる。

　控訴審における争点の特定，明確化のための弁論は，したがって，上記のような通常の場合の控訴事件と第1審の争点と異なる争点が控訴審で問題になる控訴事件とでは，展開を異にすることになり，これらの弁論を指揮する裁判所も，よく聴き分けて，相応の異なる対応をすることになる。

　続審制の事後審的運営は，多くの控訴事件が上記のような通常の場合に該当する控訴事件であるので，控訴状又は控訴理由書でその争い方が更に具体化され，又は深められた特定の争点（ほとんどは1ないし2個）について，これに対する答弁書その他の反論準備書面による認否反論を聴き，証拠調べの要否を判断し，必要がある証拠を取り調べて最終判断に至るというイメージのものとなる。他面，第1審の争点と異なる問題点が控訴審で争点になる場合にも，その争点の特定，明確化は，第1審の審理経過を踏まえた相当の提出期間内の弁論（主張及び立証）準備の下に，控訴人がまず控訴理由書で主張し，これと同時に（ないし引き続き速やかに）立証の申出をし，これに対して被控訴人が反論準備書面で認否反論し，控訴裁判所はこれらの弁論を聴いて争点を固め，証拠調べの要否を判断し，必要がある証拠を取り調べて最終判断に至るというイメージのものとなろう。

　以上のような集中審理は，それが当該事案に応じた内容で十分に行われた結果，他に実質的な主張立証がない訴訟状態に至るときは，第1回結審になることは何ら問題がない。当事者から実質的な主張の提出や必要性のある証拠の申出の準備がある旨陳述されているのに無理に結審することは集中審理とはいえない。このような主張の提出，証拠の申出は，充実した準備により，第1回期日前になされることが新民訴法の趣旨に沿うところである。続審制の事後審的運営においては，第1回結審は，結果として生じ得るものであり，決して自己目的化されるものではない。

編者紹介　　　　　　　門口正人

1969年東京大学法学部卒業。最高裁判所調査官，内閣法制局参事官，東京高等裁判所判事，名古屋高等裁判所長官等を歴任後，2011年に弁護士登録。

裁判官に聴く
民事裁判の実際と要点

2019年12月20日　初版第1刷発行

編　者　門口正人
発行者　江草貞治
発行所　株式会社 有斐閣
　　　　〒101-0051 東京都千代田区
　　　　神田神保町 2-17
電話　　03-3264-1314（編集）
　　　　03-3265-6811（営業）
http://www.yuhikaku.co.jp/

デザイン　キタダデザイン
印刷　　　株式会社暁印刷
製本　　　大口製本印刷株式会社

©2019, MONGUCHI Masahito. Printed in Japan

YUHIKAKU